公認心理師
スタンダード
テキストシリーズ

13

［監修］
下山晴彦・佐藤隆夫・本郷一夫
［編著］
本郷一夫・大伴 潔

障害者・
障害児心理学

ミネルヴァ書房

目 次

公認心理師
スタンダード
テキストシリーズ

13

［監修］
下山晴彦・佐藤隆夫・本郷一夫

［編著］
本郷一夫・大伴 潔

障害者・障害児心理学

ミネルヴァ書房

● 監修者のことば

　多様化する社会のなかで，「心」をめぐるさまざまな問題が注目されている今日において，心の健康は誰にとっても重要なテーマです。心理職の国家資格である公認心理師は，まさにこの国民の心の健康の保持増進に寄与するための専門職です。公認心理師になるためには，心理学に関する専門知識および技術をもっていることが前提となります。

　本シリーズは，公認心理師に関心をもち，これから心理学を学び，心理学の視点をもって実践の場で活躍することを目指すみなさんのために企画されたものです。「見やすく・わかりやすく・使いやすく」「現場に出てからも役立つ」をコンセプトに全23巻からなる新シリーズです。いずれの巻も広範な心理学のエッセンスを押さえ，またその面白さが味わえるテキストとなっています。具体的には，次のような特徴があります。

① 心理学初学者を対象にした，学ぶ意欲を高め，しっかり学べるように豊富な図表と側注（「語句説明」など）で，要点をつかみやすく，見やすいレイアウトになっている。
② 授業後の個別学習に役立つように，書き込めて自分のノートとしても活用でき，自分で考えることができるための工夫がされている。
③「公認心理師」を目指す人を読者対象とするため，基礎理論の修得とともに「臨床的視点」を大切にした目次構成となっている。
④ 公認心理師試験の準備に役立つだけでなく，資格をとって実践の場で活躍するまで活用できる専門的内容も盛り込まれている。

　このように本シリーズは，心理学の基盤となる知識と臨床的視点をわかりやすく，学びやすく盛り込んだ総合的テキストとなっています。心の健康に関心をもち，心理学を学びたいと思っているみなさん，そして公認心理師を目指すみなさんに広くご利用いただけることを祈っております。

下山晴彦・佐藤隆夫・本郷一夫

編著者まえがき

　本書は，大学・大学院における「公認心理師養成カリキュラム」の科目「障害者・障害児心理学」のテキストです。その点で，「公認心理師試験出題基準」（公認心理師ブループリント）に示される障害に関する小項目（キーワード）を網羅するとともに，障害者・障害児の理解と支援方法についてわかりやすく解説しています。しかし，本書は，公認心理師の試験対策のためだけの本ではありません。資格取得後に公認心理師として出あう問題の理解と解決に役立つ内容や，そもそも「障害」とは何かといったことを考えるきっかけとなる内容も扱っています。

　近年，障害に関する概念は大きく変化しています。以前は，障害は主として個人の能力や機能の問題だととらえられていました。しかし，現在では，障害は個人の特徴だけではなく，個人を取り巻く環境によって規定されると考えられています。すなわち，個人の能力や機能が同じであっても，その個人が生活する物的な環境や周りの人のサポートによって，その人の社会参加，日常の活動，さらには心身機能が異なってくると考えられます。したがって，障害がある人への支援にあたっては，個人の能力や機能の改善だけではなく，個人を取り巻く環境の改善が重要になってきます。その点を踏まえ，本書では，全体を通して，障害を個人と個人を取り巻く人的・物的環境の相互作用として理解し，支援することの重要性について触れています。

　本書は，13章から構成されています。第1章には障害概念とその歴史的変遷が示されています。第2章，第11章，第12章，第13章の4つの章を通して，生涯にわたる障害児・障害者とその家族への支援の実際とポイントが示されています。また，各障害の特徴について述べている第3章〜第10章においても，教育，医療，福祉，保健，労働等の各分野が一体となって，本人だけでなく，その周りの人々へ支援することの重要性が示されています。

　本書での学びを通して，障害がある人，特別な支援ニーズがある人だけでなく，すべての人の学びと生活が充実する方向への支援が実現されることを願っています。

　　2022年2月

編者を代表して　本　郷　一　夫

目 次

本書の使い方

❶ まず，**各章の冒頭にある導入文（この章で学ぶこと）**を読み，章の概要を理解しましょう。

❷ 本文横には書き込みやすいよう罫線が引いてあります。気になったことなどを自分なりに書き込んでみましょう。また，下記の項目についてもチェックしてみましょう。

  ・**語句説明**……重要語句に関する説明が記載されています。

  ・**プラスα**……本文で解説している内容に加えて，発展的な学習に必要な項目が解説されています。

  ・**参照**……本文の内容と関連するほかの章が示されています。

❸ 本文を読み終わったら章末の「**考えてみよう**」を確認しましょう。

  ・**考えてみよう**……この章に関連して調べたり，考えたりするためのテーマが提示されています。

❹ 最後に「**本章のキーワードのまとめ**」を確認しましょう。ここで紹介されているキーワードはいずれも本文で取りあげられているものです。本文を振り返りながら復習してみましょう。

公認心理師スタンダードテキストシリーズ

障害者・障害児心理学

臨床の視点

　障害には，身体障害，知的障害，発達障害などさまざまな種類があります。障害がある人への支援にあたっては，これらの障害の特徴を十分に理解しておくことが必要です。しかし，目の前の障害児者は，必ずしもテキストに示されているような典型的な特徴をもつとは限りません。また，二つ以上の障害の特徴を示すこともあります。重要なことは，人の発達や障害についての基礎的な知識をもちながら，目の前の人をしっかりと理解し，その人とその人を取り巻く人々を支援していくことです。そのような視点から学びを進めていただければと思います。

第1章 障害概念の歴史的変遷と現在の課題

> この章では，まず，公認心理師として，障害という概念をどのようにとらえたらよいのかについて述べます。これは心理の専門家として，障害のある子どもや大人の人々に必要な支援を考える際に，その人自身，周囲との関係，社会環境のどこに介入の重点を置くかを分析・判断する視点を与えてくれる重要なものです。そして，障害のある子どもや大人の，自立や社会参加を支えるための制度について述べていきます。

1 障害とは何か？

プラスα

障碍（しょうがい）
障がいの「がい」の字に「碍」という字をあてた熟語もある。「碍」という字は元々は「礙」と書いていた。「礙」という文字の成り立ちには，大きな石を前に進行を邪魔して止める，さまたげるという意味がある。社会的不利の概念を表す熟語であると言えるだろう。

ICIDH
正式名称は International Classification of Impairments, Disabilities, and Handicaps。

　これまで，「障害」は個人の能力や機能の不全に起因するものとした医学モデルの考え方を基本として定義されてきました。しかし，現代では，社会的障壁の改善によって，障害のある子どもや大人の障害や不利益を改善することができるという社会モデルの考え方が広まり，これと医学モデルを統合した医学・社会統合モデルによる考え方が主流となっています。

　1980年にWHOから発表された**国際障害分類**（ICIDH）では，障害を機能障害（Impairment），能力障害（Disability），社会的不利（Handicap）の3つに分けてとらえていました。

　機能障害とは，疾病や事故などによって起こった身体の器質的な損傷または機能不全のことを指します。能力障害とは，機能障害のために生じる日常生活や学習上の困難のことを指し，教育やリハビリテーションによって改善・克服へと変化し得るものです。社会的不利は，機能障害や能力障害によって，一般の人々や社会との間に生じる社会生活上の不利益，つまり社会参加の制限のことを指し，この不利益の程度は福祉政策などによって，改善が期待されるものです。

　たとえば，脳卒中による右半身麻痺のある方について考えてみましょう。脳卒中による右半身麻痺は，機能障害にあたります。右半身麻痺のために，歩行や書字が困難になったことは能力障害にあたりますが，その程度はリハビリテーションや補助具，教育によって改善が期待されます。また，もし最寄り駅にエレベーターやエスカレーターが設置されておらず，外出の機会が減れば，それは社会的不利を被っているといえます。

　その後，WHOは，この国際障害分類（ICIDH）の後継となる「国際生活

機能分類（ICF）」を
2001（平成 13）年に
発表しました。これは，
障害のある人だけでな
く障害のない人の場合
でも適用できる概念モ
デルであり，生活機能
や健康といったプラス
の側面も見るように視
点を転換し，さらに環
境因子，個人因子など
の観点を加えました

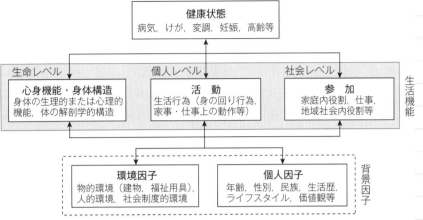

図1-1　国際生活機能分類

健康状態
病気，けが，変調，妊娠，高齢等

生命レベル　心身機能・身体構造
身体の生理的または心理的
機能，体の解剖学的構造

個人レベル　活　動
生活行為（身の回り行為，
家事・仕事上の動作等）

社会レベル　参　加
家庭内役割，仕事，
地域社会内役割等

生活機能

環境因子
物的環境（建物，福祉用具），
人的環境，社会制度的環境

個人因子
年齢，性別，民族，生活歴，
ライフスタイル，価値観等

背景因子

出所：厚生労働省，2002 より作成

（外務省，2019）。機能障害は「心身機能・構造」，能力障害は「活動」，社会的
不利は「参加」という中性的な表現に改められました。ふつう一言で「障害」
といいますが，実は「障害」とは「生活機能低下」のことであり，その生活機
能には，生命レベル，個人レベル，社会レベルの 3 つのレベルがあります。
生命レベルの要因である「心身機能・構造」，個人レベルの要因である「活動」，
社会レベルの要因である「参加」の各々についての心身機能の低下，活動の低
下，参加の低下があり，3 つのすべてまたはいずれかが低下した状態が「障
害」です（図1-1）。当事者に必要な支援や環境調整について考える際には，
この 3 つを区別することがとても重要です。

プラスα

ICF
正式名称は International Classification of Functioning, Disability and Health。

2 ｜ 共生社会の形成に向けて

1　ノーマライゼーションの理念と障害者の権利に関する条約の批准までの動き

　ノーマライゼーションとは，障害をもっていても地域社会で健常者と同じよ
うに普通の暮らしを実現するという考え方です。1950 年代にデンマークのバ
ンク＝ミケルセン（Bank-Mikkelsen, N. E., 1919-1990）が提唱したもので，
スウェーデンのニィリエ（Nirje, B., 1924-2006）が『ノーマライゼーションの
原理（The normalization principle）』を発表したことを契機に，国際社会では
ノーマライゼーションの理念が広まり，国連の「障害者権利宣言（障害者の権
利に関する宣言）」（1975）の土台ともなりました。ノーマライゼーションの考
え方は，大型施設に住むのではなく，生まれ育った町，慣れ親しんだ地域で暮

らせるようにする脱施設化の取り組みを促進させました。

　また，ノーマライゼーションの理念は，障害のある子どもの教育にも影響を与え，分離された特別な学校や学級に通う障害のある子どもを通常の学級へ統合するインテグレーション教育（統合教育）やメインストリーム教育といった理念や実践を世界各国に生み出していくこととなりました。1994年6月にユネスコとスペイン政府共催で開催された「特別なニーズ教育に関する世界会議」においてサラマンカ声明が採択され，インクルージョン（Inclusion），あるいはインクルーシブ教育（Inclusive Education）の促進が国際的に明確に打ち出されました（外務省，2019）。それ以降，一連の動きの中で「障害者の権利に関する条約」が2006年12月に国連総会で採択され，国際的には2008年5月に条約が発効することとなりました。

　我が国では，2007年9月28日にこの条約に署名したものの，2014年1月20日に批准書を寄託するまで6年以上の年月を要しました。この間，日本政府は集中的に障害者に関する制度改革をすすめ，2011（平成23）年8月に障害者基本法が改正され，2012（平成24）年6月に障害者総合支援法が成立（施行は2013（平成25）年）し，また，教育分野では同年7月23日に中央教育審議会初等中等教育分科会によって「共生社会の形成に向けたインクルーシブ教育システム構築のための特別支援教育の推進（報告）」が出されました。さらに，2013年には障害者差別解消法が成立（施行は2016（平成28）年4月）しました（内閣府「障害者差別解消法リーフレット」）。また，同年6月に障害者雇用促進法が改正されました。その後，2014年1月20日に批准書を寄託し，2014年2月19日に同条約が我が国において効力を発生することとなりました。

2 障害者の権利に関する条約

　「障害者の権利に関する条約」（以下「障害者権利条約」）は，障害者の人権及び基本的自由の享有を確保し，障害者の固有の尊厳の尊重を促進することを目的として，**障害者の権利**の実現のための措置等について定める条約です（外務省，2018）。これは，障害者に関する初めての国際条約で，「その内容は，条約の原則（無差別，平等，社会への包容等），政治的権利，教育・健康・労働・雇用に関する権利，社会的な保障，文化的な生活・スポーツへの参加，国際協力，締約国による報告等，幅広い」（外務省，2018）ものとなっています。

　障害者権利条約の第2条では，**合理的配慮**を「障害者が他の者との平等を基礎として全ての人権及び基本的自由を享受し，又は行使することを確保するための必要かつ適切な変更及び調整であって，特定の場合において必要とされるものであり，かつ，均衡を失した又は過度の負担を課さないもの」（内閣府「障害者差別解消法リーフレット」）であると定義しています。

　2016（平成28）年4月に施行された「障害を理由とする差別の解消の推進

プラスα
障害者差別解消法
障害者差別解消法については，内閣府の「障害者差別解消法リーフレット」，「『合理的配慮』を知っていますか？」を参照。下記からアクセスできる。
https://www.8.cao.go.jp/shougai/suishin/sabekai_leaflet.html（最終アクセス日：2020年1月11日）

に関する法律」（障害者差別解消法）（公布は平成 25（2013）年 6 月）では，福祉，労働，医療，教育等々，社会の各分野において，国・地方公共団体の合理的配慮の提供は法的義務であり，事業者の場合は努力義務となると定めています（内閣府「障害者差別解消法リーフレット」）。

　これは，次の理由によるものです。障害者差別解消法は，事業分野を特定せず，包括的に事業者に対して障害者に対する合理的配慮を求めるものです。障害者と事業者との関係は事業・業種・場面・状況によってさまざまであり，求められる配慮の内容・程度も多種多様です。このことから，各省庁ごとに各主務大臣が所掌する分野における対応指針を作成し，事業者は，対応指針を参考として，取組を主体的に進めることとしたためです。

　公立の学校は地方公共団体等管下の機関です。したがって，障害のある児童生徒に合理的配慮を提供することは公立の学校では法的義務となり，私立の学校では努力義務となっています。

　ただし，改正された障害者雇用促進法（平成 28（2016）年 4 月 1 日施行）では，事業主の合理的配慮の提供は法的義務としています。なぜこのようになっているのかというと，雇用の分野においては，障害者権利条約において「職場において合理的配慮が障害者に提供されることを確保すること」とされていることや，障害者の自立や社会参加にとって極めて重要な分野であること，労働者と事業主とは雇用契約における継続的な関係にあるとともに，一般に労働者は事業主の指揮命令下にあることが理由となっています（厚生労働省HP参照）。

　なお，2018 年の「改正障害者雇用促進法」では，雇用の分野における障害者に対する差別の禁止及び障害者が職場で働くに当たっての支障を改善するための措置（合理的配慮の提供義務）を定めるとともに，障害者の雇用に関する状況に鑑み，今までは身体障害者，知的障害者のみが対象でしたが新たに精神障害者を法定雇用率の算定基礎に加える等の措置を講ずるとしています。さらに「改正障害者差別解消法」が可決・成立したため，公布日の 2021 年 6 月 4 日から起算して 3 年以内に，義務として配慮提供が求められるようになります。

プラスα

障害者雇用促進法
厚生労働省のホームページより「障害者雇用促進法に基づく障害者差別禁止・合理的配慮に関するQ&A【第二版】」が閲覧できる。
https:// www. mhlw. go. jp/file/06-Seisakujouhou-11600000 0 - Shokugyouantei kyoku/000012307 2.pdf（最終アクセス日：2021 年 4 月 11 日）
→ 12 章参照

3 ｜ 障害のある人を支える制度

1 「障害者の日常生活及び社会生活を総合的に支援するための法律（障害者総合支援法）」

　障害者への福祉サービスの基本的な部分は，地域社会における共生の実現に向けての理念のもと，「**障害者の日常生活及び社会生活を総合的に支援するた**

参照

障害者総合支援法
→ 13 章

めの法律（以下，障害者総合支援法）」に規定されています。

　この法律の成立までの過去の経緯は以下のとおりです（社会福祉法人全国社会福祉協議会，2018）。障害保健福祉施策は，2003（平成15）年度からノーマライゼーションの理念に基づいて導入された支援費制度により充実が図られてきましたが，①支援制度が身体・知的・精神という障害種別ごとでわかりにくく使いにくい，②サービスの提供において地方公共団体間の格差が大きい，③費用負担の財源を確保することが困難，などの理由により，2006（平成18）年度からは「障害者自立支援法」が施行されました。これにより，障害種別ごとに異なっていたサービス体系が一元化されました。

　その後，障がい者制度改革推進本部等における検討を踏まえて，**障害者（児）を権利の主体**と位置づけた基本理念を定め，制度の谷間を埋めるために障害児については児童福祉法を根拠法に整理しなおすとともに，難病を対象とするなどの改正を行い，2013（平成25）年4月に法律の題名も「障害者総合支援法」と変更されて施行されました。また，2018（平成30）年4月の改正により，障害者自らの望む地域生活を営むことができるよう，「生活」と「就労」に対する支援の一層の充実や，高齢障害者による介護保険サービスの円滑な利用を促進するための見直しが行われ，障害児支援のニーズの多様化にきめ細かく対応するための支援の拡充が図られました（社会福祉法人全国社会福祉協議会，2018）。

　「障害者総合支援法」の目的は「障害者及び障害児が基本的人権を享有する個人としての尊厳にふさわしい日常生活又は社会生活を営む」こととされ，「地域生活支援事業」による支援を含めた総合的な支援を行うことも明記されています。

　法が対象とする障害者の範囲は，身体障害者，知的障害者，精神障害者（発達障害者を含む）に加え，制度の谷間となって支援の充実が求められていた難病等（治療方法が確立していない疾病その他の特殊の疾病であって政令で定めるものによる障害の程度が厚生労働大臣が定める程度である者）としています。障害者手帳を持っている者と対象疾病となっている難病の罹患者は障害者手帳がなくとも障害者総合支援法の対象となり，必要と認められた支援を受けることができます。障害者手帳は身体障害者手帳，**療育**手帳，精神障害者保健福祉手帳の3種の手帳を総称した一般的な呼称であり，これらは次項で説明します。

　なお，比較的新しい障害カテゴリーである発達障害は，発達障害者支援法に定義されています。この法律ができるまでは発達障害のある人への支援を明確にした法制度がなく，身体障害，精神障害，知的障害のどれとも違うため適切な支援が受けられなかった経緯があります。発達障害者支援法は，発達障害者に対する障害の定義と発達障害への理解の促進，発達生活全般にわたる支援の促進，発達障害者支援を担当する部局相互の緊密な連携の確保，関係機関との

協力体制の整備等を目的として，2004（平成16）年12月超党派の議員立法により成立し，2005（平成17）年4月に施行され，さらに，2016（平成28）年に改正されました。第2条で「発達障害」とは，「自閉症，アスペルガー症候群その他の広汎性発達障害，学習障害，注意欠陥多動性障害その他これに類する脳機能の障害であってその症状が通常低年齢において発現するものとして政令で定めるもの」であり，また，「「発達障害者」とは，発達障害がある者であって発達障害及び【社会的障壁により】日常生活又は社会生活に制限を受けるものをいい，「発達障害児」とは，発達障害者のうち十八歳未満のもの」としています（【　】内は2016年度改正によるもの）。本法律では発達障害はICD-10の「F8 心理的発達の障害」や「F9 小児期及び青年期に通常発症する行動及び情緒の障害」に該当するものとされており，それには選択制緘黙やチック障害，吃音症なども含まれています。

　さて，障害者総合支援法により利用できるサービス量は，80項目に及ぶ調査を行って，その人に必要な支援の度合い（「障害支援区分」）を測ります。そしてその度合いに応じたサービスが利用できるようになっています。障害者総

図1-2　障害者を対象としたサービス

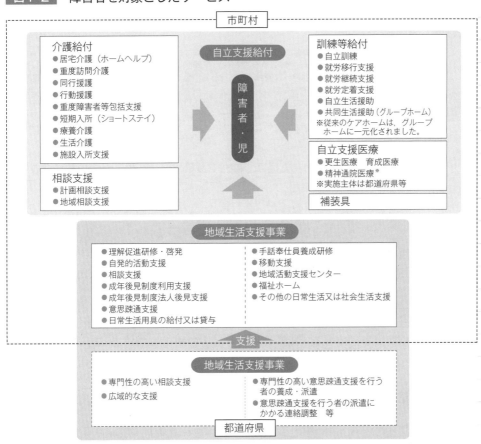

出所：社会福祉法人全国社会福祉協議会，2021

図1-3 障害児を対象としたサービス

都道府県

障害児入所支援	福祉型障害児入所施設	施設に入所している障害児に対して,保護,日常生活の指導及び知識技能の付与を行います。
	医療型障害児入所施設	施設に入所又は指定医療機関に入院している障害児に対して,保護,日常生活の指導及び知識技能の付与並びに治療を行います。

市町村

障害児通所支援	児童発達支援	児童福祉施設として位置づけられる児童発達支援センターと児童発達支援事業の2類型に大別されます。 様々な障害があっても身近な地域で適切な支援が受けられます。 ①児童発達支援センター/医療型児童発達支援センター 　通所支援のほか,身近な地域の障害児支援の拠点として,「地域で生活する障害児や家族への支援」,「地域の障害児を預かる施設に対する支援」を実施するなどの地域支援を実施します。医療の提供の有無によって,「児童発達支援センター」と「医療型児童発達支援センター」に分かれます。 ②児童発達支援事業 　通所利用の未就学の障害児に対する支援を行う身近な療育の場です。
	医療型児童発達支援	
	放課後等デイサービス	学校就学中の障害児に対して,放課後や夏休み等の長期休暇中において,生活能力向上のための訓練等を継続的に提供します。 学校教育と相まって障害児の自立を促進するとともに,放課後等の居場所づくりを推進します。
	居宅訪問型児童発達支援	重度の障害等により外出が著しく困難な障害児の居宅を訪問して発達支援を行います。
	保育所等訪問支援	保育所等(※)を現在利用中の障害児,今後利用する予定の障害児に対して,訪問により,保育所等における集団生活の適応のための専門的な支援を提供し,保育所等の安定した利用を促進します。2018(平成30)年4月の改正により,乳児院・児童養護施設に入所している障害児も対象として追加されました。 (※)保育所,幼稚園,小学校,放課後児童クラブ,乳児院,児童養護施設等

出所:社会福祉法人全国社会福祉協議会,2021

合支援法による総合的な支援は,自立支援給付と地域生活支援事業で構成されています(図1-2)。

　障害児の場合,児童福祉法に基づく障害児に関するサービスもあります(図1-3)。これは,都道府県における「障害児入所支援」,市町村における「障害児通所支援」があります。障害児通所支援を利用する保護者は,サービス等利用計画の作成を経て,支給決定を受けた後,利用する施設と契約を結びます。障害児入所支援を利用する場合は,児童相談所に申請します。また,一部,障害者総合支援に基づくサービスを利用することも可能です。詳しくはwebでダウンロードできる「障害福祉サービスの利用について(2021年4月版)」(社会福祉法人全国社会福祉協議会,2021)などを参照してください。

2 障害者手帳

　身体障害者手帳,療育手帳,精神障害者保健福祉手帳の3種の手帳を総称して「障害者手帳」といいます。本節では,厚生労働省HP「障害者手帳」の

記載内容をもとに障害者手帳についてまとめました。各手帳制度の根拠となる法律等はそれぞれ異なっています。また，各障害者手帳の色，形状，レイアウト等の具体的な仕様については各自治体で定めているため，自治体ごとに様式が異なっています。

①身体障害者手帳

身体障害者手帳制度は，「身体障害者福祉法」に基づき，都道府県，指定都市又は中核市において障害の認定や交付の事務が行われています。身体障害者手帳の交付申請は，都道府県知事，指定都市市長又は中核市市長が指定する医師の診断書・意見書，身体に障害のある人の写真を用意し，福祉事務所又は市役所にて行います。身体障害者手帳は，身体の機能に一定以上の障害があると認められた人に交付される手帳です。原則，更新はありませんが，障害の状態が軽減されるなどの変化が予想される場合には，手帳の交付から一定期間を置いた後，再認定を実施することがあります。

②療育手帳

療育手帳は，「知的障害者福祉法」には手帳発行に関する記述はなく，1973年に当時の厚生省（現，厚生労働省）が出した通知「療育手帳制度について（昭和48年9月27日厚生省発児第156号厚生事務次官通知）」に基づき，各都道府県知事・政令指定都市の長が知的障害と判定した場合に交付されます。申請は，知的障害者の居住地を管轄する福祉事務所の長（福祉事務所を設置しない町村にあっては，当該町村の長及び管轄の福祉事務所の）を経由して都道府県知事等に対して行います。18歳未満は児童相談所，18歳以降は知的障害者更生相談所において，判定を行います。療育手帳制度では，各自治体において，判定基準等の運用方法を定めて実施されており，手帳の名称や程度の区分については，各自治体によって異なっています（公布後は原則2年ごとに判定を行います）。療育手帳を交付された人は，障害者総合支援法に基づく障害福祉サービスや，各自治体や民間事業者が提供するサービスを受けることができます。

③精神障害者保健福祉手帳

精神障害者保健福祉手帳は，1995年の「精神保健及び精神障害者福祉に関する法律」の改正の際，同法第45条に規定されました。この手帳は，一定程度の精神障害の状態にあることを認定するものです。**精神保健福祉法**の対象とする精神障害者は，統合失調症，精神作用物質による急性中毒又はその依存症，知的障害，精神病質その他の精神疾患を有する者です（第5条）が，この精神障害には，てんかん，高次脳機能障害，発達障害（自閉症，学習障害，注意欠陥多動性障害等）も含まれていることに留意してください。そして，知的障害があるが，精神障害がない人については，療育手帳制度があるため，手帳の対象とはなりません（発達障害と知的障害を両方有する場合は，両方の手帳を受けることができます）（厚生労働省HP「精神保健福祉法について」）また，手帳を受ける

プラスα

障害者手帳

障害者手帳については，厚生労働省ホームページ「福祉・介護障害者手帳」が詳しい。https://www.mhlw.go.jp/stf/seisakunitsuite/bunya/hukushi_kaigo/shougaishahukushi/techou.html（最終アクセス日：2021年4月24日）

プラスα

精神保健福祉法

精神保健福祉法については，厚生労働省ホームページ「精神保健福祉法について」が詳しい。https://www.mhlw.go.jp/kokoro/nation/law.html（最終アクセス日：2022年2月23日）

ためには，その精神障害による初診日から6か月以上経過していることが必要になります。精神障害者保健福祉手帳の等級は，精神疾患の状態と能力障害の状態の両面から総合的に判断され，1級から3級まであります。

　申請は，市町村の担当窓口を経由して，都道府県知事又は指定都市市長に行います。なお，精神障害者保健福祉手帳には有効期間感があり，申請受理日から2年間（2年後の月末まで）で，更新を希望する場合は更新手続きを行う必要があります。精神障害者の自立と社会参加の促進を図るため，手帳を交付された人々には，さまざまな支援策が講じられています。

4 現在の課題

　合理的配慮のアセスメントや実施について，公認心理師が貢献できる可能性がおおいにあります。科学技術の発展により，サイボーグ型ロボットの開発など，支援技術が格段に進歩しています。こうした支援技術により障害のある人の活動の制限をより少なくできるようになることも夢ではなくなってきています。その人自身の心身機能や構造における障害と活動の制限，そして社会的障壁からくる参加への障害・バリアとを切り分け，どのような心理的援助や発達的援助が社会的適応や心理的適応を促進するのか，見極めることが重要になります。

　また，社会的障壁を低くしていくためには，周囲の障害理解を促進することも重要です。障害のある人とない人双方の相互理解が進むような心理的なプログラムの開発も期待されます。

　そして，人間の成長の過程において，心身の変化と身を置く社会環境の移り変わりに合わせて，必要な合理的配慮や支援は変化していきますが，一貫した支援をつないでいけるよう，他職種との連携も重要です。

考えてみよう

障害を理解するための医学モデルと社会モデルでは，どのような相違があるでしょうか。それぞれのモデルの長短を考えてみましょう。

✑ 本章のキーワードのまとめ

ノーマライゼーション	障害をもっていても地域社会で健常者と一緒に同じように普通の暮らしを実現するという考え方である。1950 年代にバンク＝ミケルセンが提唱し，ニィリエの『ノーマライゼーションの原理』の発表を契機に国際的に知られるようになった。
国際障害分類〈ICIDH〉	正式名称は International Classification of Impairments, Disabilities, and Handicaps. 機能障害，能力障害（能力低下），社会的不利の 3 つに分類されている。
国際生活機能分類〈ICF〉	正式名称は International Classification of Functioning, Disability and Health。人間の生活機能と障害の分類法として，2001 年 5 月，世界保健機関（WHO）総会において採択された。生活機能というプラス面からみるように視点を転換し，さらに環境因子等の観点を加えた。
障害者（児）の基本的権利	国際的には，国連の「障害者の権利に関する条約」（以下「障害者権利条約」）により，障害者の人権及び基本的自由の享有を確保し，障害者の固有の尊厳の尊重を促進するが求められています。日本はこの障害者権利条約を批准し，2016（平成 28）年 4 月に「障害を理由とする差別の解消の推進に関する法律」（障害者差別解消法）を施行しました。これらは，障害のある人が差別されることなく，平等に社会にインクルードされ，社会参加できるよう，国・地方公共団体や事業者が合理的配慮を提供すること障害者の権利として求めています。
合理的配慮	障害者が他の者との平等を基礎として全ての人権及び基本的自由を享受し，又は行使することを確保するための必要かつ適切な変更及び調整であって，特定の場合において必要とされるものであり，かつ，均衡を失した又は過度の負担を課さないもの。
「障害者の日常生活及び社会を総合的に支援するための法律」〈障害者総合支援法〉	2018 年改正。「自立生活援助」や「就労定着支援」を新設し，重度訪問介護を入院時も継続可能とし，高齢障害者による介護保険サービスの円滑な利用を定めた。
発達障害者支援法	発達障害者に対する障害の定義と発達障害への理解の促進，発達生活全般にわたる支援の促進，発達障害者支援を担当する部局相互の緊密な連携の確保，関係機関との協力体制の整備等を目的として，平成 16 年 12 月超党派の議員立法により成立し，平成 17 年 4 月に施行され，平成 28 年に改正された。 第 2 条では，「発達障害者とは，発達障害（自閉症，アスペルガー症候群その他の広汎性発達障害，学習障害，注意欠陥多動性障害などの脳機能の障害で，通常低年齢で発現する障害）がある者であって，発達障害及び【社会的障壁により】（新）日常生活または社会生活に制限を受けるもの」としている。【 】内は 2016 年度改正によるもの。
療　育	（身体）障害のある子どもへの治療と教育を合わせたアプローチを表す用語。
精神保健福祉法	精神保健福祉法は，(a)精神障害者の医療及び保護を行うこと，(b)障害者総合支援法とともに，精神障害者の社会復帰の促進，自立と社会経済活動への参加の促進のために必要な援助を行うこと，(c)精神疾患の発生の予防や，国民の精神的健康の保持及び増進に努めること，によって，精神障害者の福祉の増進及び国民の精神保健の向上を図ることを目的とした法律です。統合失調症，精神作用物質による急性中毒又はその依存症，知的障害，精神病質その他の精神疾患を有する者を対象としており（第 5 条），これらの精神障害には，てんかん，高次脳機能障害，発達障害（自閉症，学習障害，注意欠陥多動性障害等）も含まれている。

第 2 章

保育・教育現場における障害児への対応

この章では，障害の早期発見，早期支援について述べます。障害がある子どもの支援にあたっては，早期からの継続的支援（「タテ」の連携）と保育・教育，医療，福祉といった専門機関の連携による支援（「ヨコ」の連携）の両方が重要となります。本章では，そのような観点から日本における障害がある子どもへの支援制度と保育・教育現場の支援における公認心理師の役割について学びます。

1 | 早期発見と早期支援

1 乳幼児期における早期発見と支援

①乳幼児健康診査の目的と仕組み

　障害の早期発見の仕組みとして，乳幼児健康診査（以後，健康診査を健診と表記）の制度があります。**乳幼児健診**には，3~4 か月児健診，9~10 か月児健診，1 歳 6 か月児健診，3 歳児健診，5 歳児健診などがあります。このうち，1 歳 6 か月児健診（満 1 歳 6 か月を超え満 2 歳に達しない幼児を対象）と 3 歳児健診（満 3 歳を超え満 4 歳に達しない幼児を対象）は，母子保健法第 12 条に義務づけられている乳幼児健診であり，すべての市町村で実施されています。また，乳幼児健診は，多くは集団健診の形で実施されていますが，医療機関に委託している場合（個別健診）もあります。受診率は非常に高く，全国平均で 1 歳 6 か月健診も 3 歳児健診も 90% を超えています。乳幼児健診がいつ，どのような場所で行われるかは市町村によって異なります。

　乳幼児健診は，特定の疾患の発見を目指す「検診」ではなく，総合的な健康状態を把握することを目的としたスクリーニングです。したがって，何らかの異常があるのに見逃してしまうこと（偽陰性），逆に何らかの異常がないのにもかかわらず，異常があると判断してしまうこと（偽陽性）も出てきます。その点で，まずスクリーニングの段階でどのように精度を上げるかということが問題となります。また，通常，何らかの異常や障害が疑われる場合，2 次検査（精密検査）を実施し，子どもの状態をより詳細に把握します。

プラスα

母子保健法
「母性並びに乳児及び幼児に対する保健指導，健康診査，医療その他の措置を講じ，もつて国民保健の向上に寄与することを目的」（第 1 条）として 1965（昭和 40）年に制定された法律である。この法律において，「「乳児」とは，1 歳に満たない者」（第 6 条 2 項），「「幼児」とは，満 1 歳から小学校就学の始期に達するまでの者」（第 6 条 3 項）をいうと規定されている。

② 1 歳 6 か月児健診

　1 歳 6 か月になると，多くの子どもは，歩行が可能になるとともに発語が確認されるようになります。そのような点から，1 歳 6 か月児健診では，身体の発育・栄養の確認とともに，運動機能，視聴覚機能，行動・言語発達の異常などの確認をします。また，最近では，「共同注意の獲得」のチェックを日本語版 M-CHAT[*] (Modified Checklist for Autism in Toddlers) を用いて保護者から確認する方法や，健診の場で直接観察する試みもなされています。共同注意[*]とは，ある対象に対する注意を他者と共有することです。すなわち，「自分と相手」といった 2 者関係（二項関係）だけでなく「自分と相手と対象」といった 3 つの関係（三項関係）が成立することによって可能になるものであり，人との言語的，非言語的コミュニケーションの基礎となる能力だと考えられます（図2-1）。しかし，共同注意が成立していないにもかかわらず，5 語以上の有意味語をもつ子どもがいることも報告されています（奥野ほか，2014）。また，小渕（2018）は，1 歳 6 か月児健診，3 歳児健診時に実施している発達スクリーニング項目に，①子どもが行為を終えた後に大人へ視線を向ける伝達共有行動（共有確認行動），②行為の共有確認行動に対して大人が拍手をしてほめた際，子どもが笑う，拍手をするなど応答行動（賞賛応答行動）の有無を指標に加えて評価を行っています。これらの行動が確認できない場合には，自閉的傾向などがあることが疑われます。

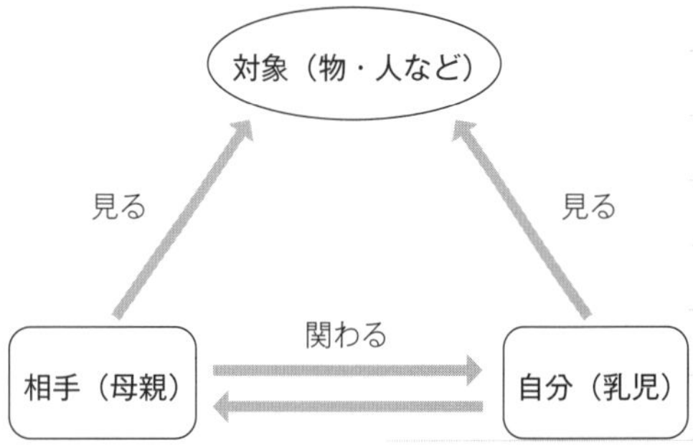

③ 3 歳児健診

　3 歳になると走る，跳ぶなどの粗大運動とともに小さな物をつかむなどの微細運動が発達します。また，認知・言語能力も発達するため，「大きい／小さい」といった対になっている言葉の意味がわかるようになったり，「おなかがすいたらどうする？」といった仮定の質問にも答えることができるようになったりします。その点で，運動発達，認知発達，対人関係の発達に関わる障害の発見が一層可能になります。しかし，3 歳～4 歳の時点では，発達障害を十分に把握することはできないこともあります。なお，**発達障害**とは，「発達障害者支援法」（2005（平成 17）年施行）によると「自閉症，アスペルガー症候群その他の広汎性発達障害，学習障害，注意欠陥多動性障害その他これに類する脳機能の障害であってその症状が通常低年齢において発現するものとして政令で定めるものをいう」（第 2 条）とされています。また，医学的にはアメリカ精神医学会が定める精神疾患の分類の第 5 版である DSM-5[*] の神経発達症群に含まれる障害が該当します。

　通常学級に在籍する知的障害の児童・生徒の乳幼児健診の結果を調べた研究では，1 歳 6 か月児健診で遅れを指摘された子どもは 25.3%，3 歳児健診で

図2-1　共同注意（三項関係）

対象（物・人など）

見る　　　　見る

相手（母親）　関わる　　自分（乳児）

語句説明

M-CHAT（修 正版乳幼児期自閉症チェックリスト）
2 歳前後の幼児に対して，主として自閉スペクトラム症のスクリーニングを目的として用いられる保護者記入式の質問紙である。

共同注意
他者と同じ対象に注意を向け，情報を共有・伝達する行動のこと。共同注意は，三項関係や他者の伝達意図の理解を伴って成立する。

参照

発達障害
→ 3，4，5，6 章

発達障害者支援法
→ 1 章

語句説明

DSM-5
アメリカ精神医学会が 2013 年に改訂した精神疾患の分類と診断の手引き。日本語訳は 2014 年に出版されている。この改訂によって，広汎性発達障害が自閉スペクトラム症に，精神遅滞が知的能力障害に変更された。
→ 4 章参照

表2-1　1歳6か月児健診における問診票と簡易発達検査との関連

問診表　　　簡易発達検査	A群（446名）[30〜27点]	B群（44名）[26〜25点]	C群（20名）[24点以下]	計
H群 [15〜14点]	40 (9.0)	0 (0)	0 (0)	40 (7.8)
M群 [13〜4点]	386 (86.5)	37 (84.1)	11 (55.0)	434 (85.1)
L群 [3〜0点]	20 (4.5)	7 (15.9)	9 (45.0)	36 (7.1)

注：（　）は％を表す。
　　N市問診票：「運動」「言語」「対人関係」「視覚」「聴覚」「その他」の6領域（各5項目）30点満点
　　N市簡易発達検査：①積み木，②はめ板，③絵指示の3課題15点満点
出所：本郷・八木，1997より作成

遅れを指摘された子どもは37.3%であることが報告されています（中塚・高田，2014）。そこで，集団生活を始めるようになって初めてクローズアップされてくる問題に焦点を当て，就学につなげるために，5歳児健診が導入されるようになってきています（小枝，2016）。

④問診票と簡易発達検査との関連

　乳幼児健診は，通常，保護者への質問からなる問診票と子どもに簡単な課題に答えてもらう簡易発達検査から構成されます。しかし，問診票の結果と簡易発達検査の結果が必ずしも一致するとは限りません。表2-1は，1歳6か月児健診における問診と簡易発達検査の関連を示したものです。ここから，問診票（保護者のとらえる子どもの姿）の得点が高いにもかかわらず，簡易発達検査（検査者がとらえる子どもの姿）の得点が低い子ども（AL群，BL群）がいることがわかります。逆に，簡易発達検査の得点が高いのにもかかわらず問診票の得点が低い子どもはいません（BH群，CH群）。このように保護者の認識は，時として子どもの発達をよりポジティブにとらえる方向に偏ることがあります。その点で，問診票の結果だけではなく，簡易発達検査などを通して課題に対する子どもの取り組みの姿を見ることが障害の早期発見と支援にとって重要となります。

　実際，表2-1に示されるL群の子ども36名中32名のフォローアップをした結果，AL群18名中2名（11.1%），BL群6名中3名（50.0%），CL群8名中8名（100%）が「要経過観察」ないし何らかの発達の遅れが確認されました（本郷・八木，1997）。

　なお，健診後には，医師，保健師，心理士などが集まってカンファレンスを行います。これまでの発達の経過，問診票や簡易発達検査の結果，家庭環境や保護者の支援ニーズの有無の検討などを通して，子どもの障害だけでなく児童虐待や養育の不十分な家庭の発見や支援についての検討がなされます。

2　「気になる」子どもの理解と支援

①「気になる」子どもの特徴

　乳幼児期では，子どもの発達的特徴が明確ではなく，保育・教育場面で不適応な状態を示していても障害であるのか気質的特徴であるのか，あるいは子ども自身の特徴なのか環境の影響なのかがよくわからない場合があります。この

ような，障害の確定診断を受けてはいないものの，特別な支援ニーズがあると考えられる子どもは，**「気になる」**子どもと呼ばれます。

「気になる」子どもの特徴として，1）顕著な知的遅れがない，2）感情や行動のコントロールが難しい，3）子ども同士のトラブルが多いといったことがあげられます。具体的な行動特徴としては，a. 対人的トラブル，b. 落ち着きのなさ，c. 順応性の低さ，d. ルール違反，e. 衝動性の高さといった 5 つがあります。また，これらの特徴は，子どもの年齢とともに変化します。

たとえば，対人的トラブルは図2-2に示すように，年齢とともに増加します。これは，「気になる」子ども自身の変化というよりも，周りの子どもの発達（ルール違反に対して周りの子どもが注意するようになるなど）や子ども同士の関係性（トラブルを多く経験したため，ちょっとしたことを意地悪だととらえてしまう関係など）が関連していると考えられます。また。図2-3に示すように，ルール違反が 6 歳で増加することには，その時期に導入される遊びの内容が関係しています。その点で，「気になる」子どもの表面的行動だけではなく，その行動の背景を理解することが重要となります（本郷，2010）。

②「気になる」子どもの行動の原因

「気になる」子どもの行動の原因には，さまざまなものがあります。先にあげた落ち着きのなさといった行動を考えてみましょう。「いすを片付けて，手を洗ってから，ホールに移動してください」といった保育者の指示に対して，いきなりホールにかけ出す子どもは，「落ち着きのない子ども」「衝動性の高い子ども」とみなされることがあるでしょう。しかし，その「落ち着きのなさ」の原因としてはいくつかのことが考えられます。まず，文字通り，衝動性の高さがあげられるでしょう。しかし，それは記憶の問題と関係しているかもしれません。先の保育者の指示は「いすを片付ける」「手を洗う」「ホールに移動する」という 3 つのことを含んでいます。記憶範囲の狭い子どもは，同時に 3 つのことを言われると記憶することが難しくなります。その場合，最後に言われたこと，すなわち「ホールに移動する」に反応することになります。

さらに，落ち着きのなさの原因には，注目要求行動（逸脱することによって他者の注意を集める），物や事態の要求（独り占めしたい，一番

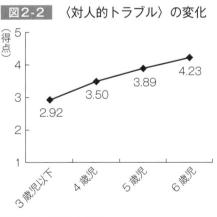

図2-2　〈対人的トラブル〉の変化

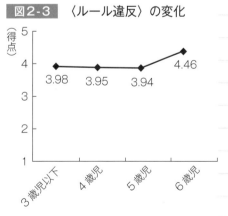

図2-3　〈ルール違反〉の変化

出所：本郷，2019 より引用

になりたい），自己防衛（自分の行動がよくないことだということを理解して言い訳をしようとする）などがあげられます（本郷，2019）。保育・教育現場では，そのような行動の原因を理解したうえでの対応がなされないと問題が改善されないばかりか，悪化してしまうこともあります。たとえば，注目要求行動に基づく逸脱行動の場合，逸脱するたびに保育者が注意をすることは，むしろ子どもの逸脱行動を強化し，逸脱行動を一層増加させてしまうことにつながります。

③「気になる」子どもと発達障害

「気になる」子どものなかには，後に障害の診断を受ける子どももいます。後に診断される代表的な障害としては，自閉スペクトラム症（ASD: Autism Spectrum Disorder），注意欠如・多動症（ADHD: Attention-Deficit/Hyperactivity Disorder），限局性学習症（SLD: Specific Learning Disorder），知的能力障害（ID: Intellectual Disability），発達性協調運動症（DCD: Developmental Coordination Disorder）などがあげられます。

障害の確定診断に伴って大きく2つの点を理解しておくことが重要となります。一つは，障害の併存性です。「気になる」子どもは，どれか一つの障害に診断されるとは限りません。場合によって，複数の障害に診断されることがあります。たとえば，注意欠如・多動症と発達性協調運動症は比較的併存性が高いことが知られています。

もう一つは，発達に伴う状態像の変化です。たとえば，幼いときには，保育場面や，家庭で多動・衝動性が目立ち注意欠如・多動症の特徴が強いと考えられていた子どもが，年齢とともに落ち着くようになってくると自閉スペクトラム症の傾向がより顕著になってくることもあります。ちなみに，アメリカ精神医学会の診断基準であるDSM-5では，自閉スペクトラム症と注意欠如・多動症の併存診断が認められています。

2 │ 保育・教育場面における支援

1 学校場面における障害児教育

①義務教育段階における障害児の割合

2017（平成29）年度の文部科学省の特別支援教育資料（文部科学省，2018）によると義務教育段階の全児童生徒数は約1000万人です。そのうち，障害がある子どもの割合と数は，**特別支援学校**（視覚障害，聴覚障害，知的障害，肢体不自由，病弱・身体虚弱）に在籍する子どもが0.7%（約7万人），**特別支援学級**（視覚障害，聴覚障害，知的障害，肢体不自由，病弱・身体虚弱，言語障害，自閉

語句説明

強化

刺激を与えることによって特定の行動の頻度を増加させること。快の刺激を与えることによって行動を増加させる「正の強化」と不快な刺激を除去することによって行動を増加させる「負の強化」がある。

発達性協調運動症

協調運動が苦手で，日常生活に支障がある状態を示す障害。具体的には，物を落としやすいといった不器用さだったり，はさみの使用や書字などの運動技能の遅れや不正確さなどの特徴をもつ。

→7章参照

語句説明

特別支援学校

障害がある幼児児童生徒が学ぶ学校のこと。以前は，盲学校，聾学校，養護学校と分かれていたものが，2007（平成19）年に法令上特別支援学校に統一された。

特別支援学級

特別な支援を必要とする子どものために小学校，中学校，義務教育学校などに設置された学級。以前は，特殊学級と呼ばれていた。

症・情緒障害）に在籍する子どもが 2.4%（約 24 万人），**通級による指導**[*]を受けている子どもが 1.1%（約 11 万人），計 4.2%（約 42 万人）に上ります。これらは，**特別支援教育**[*]が始まった 2007（平成 19）年度と比較して，特別支援学校で 1.3 倍，特別支援学級で 2.1 倍，通級による指導で 2.4 倍に増えています。さらに，発達障害の可能性のある児童生徒が 6.5%（2012（平成 24）年の調査に基づく）約 65 万人います。これらの児童生徒の多くは通常学級に在籍しています。これらの何らかの障害がある児童生徒と，発達障害の可能性のある児童生徒を合わせると約 10%，100 万人以上にもなります。

②小学校における「気になる」子どもの特徴

　保育者や教師が「気になる」子どもとしてあげる子どもは，性別では男子に多い傾向があります。とりわけ，保育所・幼稚園・認定こども園，小学校では 80% 以上が男子です。小学校での「気になる」子どもの特徴として，「気になる」子ども自身が自分はクラス集団に受け入れられていないといった不全感を抱えながら生活している様子が指摘されています。

　学年で見ると，下学年（1〜3 年生）では，「気になる」子どもは他の子どもに比べて「学級生活不満足群」の割合が高く（「気になる」子 39.7%；他の児童 21.3%），上学年（4〜6 年生）になると「学級生活不満足群」の割合がさらに高くなる（「気になる」子 48.1%；他の児童 16.9%）とともに，「侵略行為認知群」（「承認得点」が高く，「被侵害得点」も高い群）の割合が高くなります（「気になる」子 26.9%；他の児童 15.1%）。

　具体的な項目では，下学年では，「気になる」子どもは他の児童と比べて，「何かしようとするときクラスの人は協力してくれますか」「友だちはあなたの話を聞いてくれますか」「失敗したときクラスの人は励ましてくれますか」「あなたの気持ちを分かってくれる人はいますか」といった承認得点が低いことが示されています。また，上学年になると「気になる」子どもは他の児童と比べて，「クラスにいたくないと思うことがある」「嫌なことを言われたり，からかわれたりしてつらい」「休み時間に，ひとりぼっちでいることがある」といった被侵害得点が高くなることが報告されています（相澤・本郷，2011）。このように，学年が上がるにつれて「気になる」子どもは，クラスのなかでしだいに孤立した存在となっていくことがあります。その点で，支援にあたっては「気になる」子どもだけではなく，クラスの他の児童への支援，クラス集団全体への働きかけも重要となってきます。

③中学・高校における「気になる」生徒の特徴

　中学校になると依然として男子のほうが多いものの「気になる」子どもにおける女子の割合が増加します。高校になると女子の割合がさらに増えます。また，高校になると女子の得点が男子よりも高い項目が出現します。たとえば，「日によって調子の良い時と悪い時の波が大きい」「ちょっとしたことでもいじ

わるされたと思ってしまう」「友だちがしている行為に対して怒る」「一度怒ると なかなかおさまらない」といった対人関係や情動調整の困難さについては，女子の得点のほうが高くなります（本郷ほか，2009）。

　これに関連して，障害名がない生徒のほうが障害名がある生徒よりも気になる得点が高い項目が多くなります。これらには幼い時点からの継続的支援の有無が関係していると考えられます。すなわち，行動の目立ちやすい男子，障害の診断を受けている子どものほうが幼いときから継続的な支援を受けているということです。一方，行動の目立ちにくい女子，障害の確定診断がなされていない子どもは十分な支援を受けてきていないことが思春期になって問題が顕在化するきっかけとなると考えられます。その点で，診断名がつく前の段階から子どもの支援ニーズに沿った継続的支援が重要です。

2　巡回相談の仕組みと支援

①幼児期の巡回相談

　保育・教育現場における支援の一つとして**巡回相談**があります。一般には，市町村で委託された心理士や地域の特別支援学校の教員など外部の専門家が，保育・教育の場に出向き，障害がある子ども，「気になる」子どもなど特別な支援ニーズがある子どもの保育・教育について，保育者や教師に対してコンサルテーション*を行います。しかし，巡回相談の対象となる施設（公立の施設だけなのか私立も含むのか），訪問の頻度（1施設につき年に1～3回程度），訪問の時間（1回あたり1時間～4時間程度），コンサルテーションの方法と内容（行動観察の方法やカンファレンスの進め方など）は，自治体によって異なっています。ちなみに，筆者が関わっているある市の巡回相談では，一つの園（公立・私立の保育所，幼稚園，認定こども園）に年間3回，1回4時間，訪問しています。また，次のような方法で巡回相談を進めています。

　(1)　事前の資料送付：「気になる」子ども，障害がある子どもの特徴を把握するために，「気になる」子どもの行動チェックリスト（D-4様式）（本郷，2010）と社会性発達チェックリスト（本郷，2018）を送付し，巡回相談当日までに保育者に記入しておいてもらいます。また，園の保護者全員に向けて，保育の改善のため，当日，ビデオを使った観察をする旨を事前にお知らせしておきます。

　(2)　行動観察：巡回相談の当日，午前9時30分～11時30分まで行動観察を行います。

　行動観察は原則として，a. 自由遊び場面，b. 朝のお集まり場面，c. ルール遊び場面，d. コーナー遊び場面の4場面で行います。異なる場面を観察することによって，対象児の行動の一貫性と場面による行動の違いを確認します。また，年間を通じて，同じような場面を観察することによって，子どもの行動の変化，発達をとらえることを狙いとしています。

　(3)　保育カンファレンス[*]：行動観察を実施した日の午後，2 種類のチェックリストの結果，日常の保育場面における記録を参考に，午前中に撮影した映像を見ながら保育者とカンファレンスを行います。ここでは，子どもの特徴の理解と今後の支援の方向性，具体的支援内容について話し合います。ちなみに，対象のクラスが複数担任の場合，事前に担任間で相談せずに別々にチェックリストに記入してもらいます。これは，子ども自身が担任によって行動を変えている可能性があるためです。すなわち，どちらの担任の理解が正しいかを確認するためではなく，担任間のチェックの違いから子どもの行動を理解することを目的としています。

②小学校・中学校における巡回相談

　小学校，中学校における巡回相談も基本的には幼児期の巡回相談と同じような形で進められます。大規模な事業として実施されているものとしては，東京都の特別支援教室巡回相談があります。これは，特別支援教室を設置する都内の公立小学校・中学校において，発達障害の児童生徒等特別な指導・支援を必要とするすべての児童生徒について，児童生徒が抱える学習面・生活面の困難を的確に把握し，その困難に対応した専門的な指導・支援を実施するための助言を行うことを目的としています。具体的には，発達障害の可能性のある児童生徒の状態把握，保護者，学級担任等への助言，個別支援計画の作成への助言などを行います。また，巡回相談心理士資格要件としては，公認心理師，臨床発達心理士，特別支援教育士，学校心理士のいずれかの資格を有していることとされており，なおかつ事前に特別支援教室巡回相談心理士養成研修を受講することが義務づけられています。1 校あたり年間 40 時間の巡回相談が行われています。

　しかし，最近では，巡回相談の対象として，通常学級に在籍する障害の確定診断をされていない子ども，いわゆる「気になる」子どもの相談が増えてきていることが指摘されています。このような，「気になる」子どもについては，①発達障害か否か，②発達障害ならばどこまで「特別な扱い」をすればよいか，③どのような特別な支援の方法があるか，④医療，専門機関への紹介の必要はあるか，どのように保護者に勧めればよいかといった質問が教師から寄せられることが多いことが報告されています。そのような点から，巡回相談の課題として，①発達障害以外の多角的視点を提供すること，②「できるように指導する」以外の関係を探ること，の 2 点が指摘されています（古市，2018）。すなわち，現在の子どもの行動特徴だけでなく，これまでの育ちの過程，子どもを取り巻く環境を含めて子どもを理解し，単に「できないこと」を「できるようにする」だけではなく，子どもの長所をさらに伸ばすような働きかけも重要だと考えられます。

③発達アセスメント

　保育・教育場面における支援においては，早期発見と早期支援と同様に，発達アセスメントに基づく支援計画の立案と支援の実施が重要となります。**発達アセスメント**（developmental assessment）は，「人を理解し，人の行動を予測し，その発達を支援する方法を決定するために行われる測定・評価」と定義されます（本郷，2008）。したがって，単に知能検査や発達検査を実施し，その値（IQ や DQ など）を読み取り，記録するだけでは不十分です。測定した結果から，その子どもの将来の発達を予測し，発達によって子どもの豊かな生活を促進するためにはどのような支援が必要かを検討することが重要となります。

　また，発達アセスメントは，その個人の特徴，能力を測定・評価するだけではありません。その子どもを取り巻く，人的環境，物的環境といった環境的側面のアセスメントも重要となります。とりわけ，保育・教育場面は，子どもたちが集団で生活する場です。そのため，ある子どもの行動は周りの子どもの行動や保育者・教師の言葉かけの仕方に大きく影響されます（人的環境の影響）。また，注意の逸れやすさや感覚過敏の特徴がある子どもは，どのような環境で活動に参加したり授業を受けたりするか，どのような位置に座るかなどによって，行動が大きく変化します（物的環境の影響）。

3 ｜ 地域における支援

1　地域連携

①特別支援連携協議会

　障害のある子どもやその保護者が抱えるさまざまなニーズに対して適切な相談・支援を行っていくためには，多分野・多職種による連携が必要となってきます。そのような点から，都道府県においては，障害のある子どもやその保護者への相談・支援に関わる医療，保健，福祉，教育，労働等の関係部局・機関間の連携協力を円滑にするためのネットワークとして，「広域特別支援連携協議会」（都道府県レベル）が設置されています。**広域特別支援連携協議会**は，①相談・支援のための施策についての情報の共有化，②相談・支援のための施策の連携の調整や連携方策の検討，③相談と支援のためのマスタープランの策定，④関係機関が連携して乳幼児期から学校卒業後までを通じて一貫した支援を行うための計画である「個別の支援計画」のモデルの策定，⑤相談・支援に関わる情報の提供，⑥支援地域の設定（都道府県内をいくつかの地域に分ける）などを行います。

また，各市町村，あるいはいくつかの市町村にまたがった一定規模の地域（支援地域）には，「**特別支援連携協議会**」（市町村レベル）が設置されています。この協議会では，障害のある子どもやその保護者に対して，地域に密着した具体的な方策の検討をします。

②継続的支援

医療，保健，福祉，教育，労働等の各機関が，それぞれ適切な支援を行う（「ヨコ」の連携）とともに，それらが一貫してつながった支援となるためには，保護者と必要な情報を共有することが大切です。そのような点から，各自治体では，継続的支援（「タテ」の連携）を目指して，乳幼児期からの子どもの成長の記録を保護者が記録し，保存するための「相談・支援手帳（ファイル*）」が作成されています。このファイルには，乳幼児健診の記録，医療の記録，相談の記録，保育所・幼稚園・認定こども園での記録，小学校の記録，中学校・高校の記録，卒業後の記録などが記入できるようになっています。

このようなファイルがあることによって，関係機関による情報の共有化を図ることができ，円滑な支援が可能となります。しかし，相談・支援手帳をどのようなタイミングで保護者に渡し，記入してもらうかといった点では，難しい問題もあります。保護者が子どもの状態を十分に理解していなかったり，障害を認めたくないと感じていたりしている段階で保護者にファイルを渡し，記入を求めることは，保護者にさらなる負担とストレスを与えることになります。子どもへの支援だけではなく，保護者支援という観点からもファイルの活用方法に工夫が求められます。

2　就学相談

①小学校への進学

従来，多くの市町村教育委員会には，子どもの就学に関する相談を行うため「就学指導委員会」が設置されてきました。最近では，就学先決定時だけではなく，その後の一貫した支援についても助言を行うという観点から，「教育支援委員会」といった名称で設置されているところも増えてきました。また，どのような情報に基づいて就学先を決定するのかといった点についても変化してきています。

従来，障害がある子どもの就学にあたっては，もっぱら障害の状態によって就学先が決定されてきました。しかし，2013 年の学校教育法施行令*の改正によって，障害の状態だけではなく，図2-4 に示されるように，本人の教育的ニーズ，保護者や専門家の意見，就学先の学校における教育や支援の内容等を総合的に判断して決定することになりました。すなわち，市町村教育委員会が，本人・保護者に対し十分情報提供をしつつ，本人・保護者の意見を最大限に尊重し，本人・保護者と市町村教育委員会，学校等が教育的ニーズと必要な支援

語句説明

相談・支援手帳（ファイル）
各自治体でさまざまな名前がつけられている。たとえば，宮城県，和歌山県では「すこやかファイル」，長野県では「わたしの成長・発達手帳」，鹿児島県では「夢 すこやか ファイル」などと名付けられている。県や市町村のホームページからそれぞれの様式をダウンロードすることが可能となっている。

語句説明

学校教育法施行令
1953（昭和 28）年10 月に定められた政令（1956（昭和 31）年 4 月に施行）。学校教育法に基づいて定められた政令であり，義務教育に関する規定と認可，届出，指定に関する規定を主に行う。

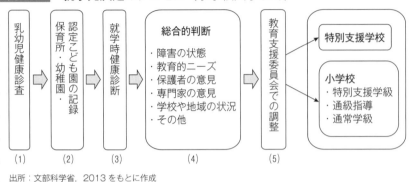

図2-4　就学先決定のプロセス（小学校入学まで）

乳幼児健康診査　(1)
⇒
認定こども園の記録・保育所・幼稚園・　(2)
⇒
就学時健康診断　(3)
⇒
総合的判断
・障害の状態
・教育的ニーズ
・保護者の意見
・専門家の意見
・学校や地域の状況
・その他　(4)
⇒
教育支援委員会での調整　(5)
→特別支援学校
→小学校
・特別支援学級
・通級指導
・通常学級

出所：文部科学省，2013 をもとに作成

について合意形成を行うことを原則とし，最終的には市町村教育委員会が決定することになりました。しかし，実際には，教育委員会の考えと保護者の希望が一致しないケースもあります。そのような場合には，都道府県教育委員会の教育支援委員会に第3者的な有識者を加えて検討することもあります。なお，公認心理師などの心理の専門家は，図2-4の(1)では発達検査など，(2)では巡回相談など，(3)では知能検査など，(4)では専門家としての意見の表明など，(5)では総合的判断と調整などの役割を担うことが期待されています。

②中学校・高校への進学

　幼児期から小学校への移行時期が，保護者にとって最もストレスを感じる時期だといわれます。しかし，中学校，高校への進学の際も，将来の子どもの進学，就労などを見据えた選択が必要となってきます。とりわけ，高校進学においては，入学試験などがあるため，保護者が事前に子どもの状態を進学希望先に伝えるのを控えることもあります。子どもの障害の状態を事前に学校側に伝えることが不利になると考えるためです。しかし，2016年4月1日に施行された「障害者差別解消法」（正式名称「障害を理由とする差別の解消の推進に関する法律」）により，障害のある生徒が受験する際には，負担が重すぎない範囲で配慮することが国公立の学校には義務づけられました。私立学校の場合は「努力義務」となっていますが，さまざまな配慮をする学校も増えてきています。具体的には，別室受験，試験時間の延長，問題用紙の拡大，前日の試験場の下見などの対応がなされています。また，入学後も引き続き，合理的配慮 * を行うことが求められています。

語句説明
合理的配慮
合理的配慮とは，障害者が他の者と同じように十分な保育や教育を受けられるようにするために，本人・保護者の意思を尊重したうえで，園や学校等が障害者一人ひとりの実態に応じて個別に提供すべき無理のない配慮のこと。
→1章参照

考えてみよう

　知的な遅れがないものの，多動・衝動的傾向があり，他児とのトラブルが多い子どもを理解するためには，どのような発達アセスメントが必要でしょうか。保育の場の巡回相談員として可能な方法について，具体的に考えてみましょう。

🖋 本章のキーワードのまとめ

乳幼児健診 （乳幼児健康診査）	心身の健康状況を把握し，健康増進に役立てるとともに，疾病や障害の早期発見と早期支援を目的として行われるスクリーニング。1 歳 6 か月児健診と 3 歳児健診は母子保健法に定められた健診であり，すべての市町村で実施されている。
発達障害	発達の比較的早期に現れる疾患で，学業上や職業上の適応に困難さを引き起こすもの。その原因としては，脳の機能障害が関係している。そのなかには，自閉スペクトラム症，注意欠如・多動症，限局性学習症などが含まれる。
「気になる」 子ども	顕著な知的な遅れがないものの，他児とのトラブルが多い，落ち着きがない，ルール違反が多いなどの特徴があるため，集団参加がうまくいかない子ども。後に発達障害の確定診断がなされる子どももいる。
特別支援学校・ 特別支援学級	特別支援学校は，障害がある幼児児童生徒が学ぶ学校。以前は，盲学校，聾学校，養護学校と分かれていたものが，2007（平成 19）年に法令上特別支援学校に統一された。特別支援学級は，特別な支援を必要とする子どものために小学校，中学校，義務教育学校などに設置された学級である。
通級による指導	通常の学級に在籍する障害がある児童生徒に対して，各教科等の授業は通常の学級で行いつつ，障害に応じた特別の指導を「通級指導教室」といった場で行う特別支援教育の一つの形態である。2018（平成 30）年度からは高校でも始まった。
特別支援教育	障害のある幼児児童生徒一人一人の教育的ニーズを把握し，その持てる力を高め，生活や学習上の困難を改善または克服するために行われる教育。2007（平成 19）年 4 月から，学校教育法に位置づけられ，実施されている。
巡回相談	主として，外部の専門家が保育所・幼稚園・認定こども園，小・中・高の学校等の現場に出向き，子どもの発達のアセスメントと保育，教育目標の設定，支援方法などについて助言をする仕組みである。
発達アセスメント	人を理解し，人の行動や発達を予測し，その発達を支援する方法を決定するために行われる測定・評価。何らかの検査等を用いて人を単に測定するだけでなく，それによって何かを予測し，判断するといった意味が含まれる。
特別支援連携 協議会	医療，福祉，教育等が連携して，障害がある子どもと保護者の支援を行うための仕組みを検討する組織である。都道府県レベルの広域特別支援連携協議会と市町村，あるいは支援地域ごとに設置される特別支援連携協議会がある。

第3章

知的障害（知的能力障害）の理解と支援

本章では，知的障害の定義，原因や分類などの基礎的な事柄について理解を深めたうえで，アセスメントの具体的な手続きについて解説します。アセスメントでは，知的障害児者の支援を考えるうえで実施すべき心理検査などについて説明し，効果的な支援へとつなげるための方法について説明しています。そして，知的障害児者の心理発達について，乳幼児期から成人期にかけて幅広く学び，生涯発達の視点から支援のあり方について見つめていきます。

1 知的障害とは

　本章では，**知的障害**がどのように定義されているのか，またその心理行動特性や支援のあり方について学んでいきます。そのために，心理検査や知的障害児者に対する療育，教育などの支援システムについても学習していきます。

　知的障害という用語の表記は，時代の流れとともに，変わってきています。以前は，精神薄弱，精神遅滞などの用語が使用されました。このように表記は変わっても，知的障害の構成概念を定義する三つの基準は，過去50年間一貫しています（American Association on Intellectual and Developmental Disabilities，以下，AAIDD，2009）。それでは，半世紀も概念定義が大きくは変わらないとされる知的障害とは，どのように定義されているのでしょう。

1 知的障害の定義

　表3-1では，知的障害の定義に関わり世界的にも著名な DSM-5（American Psychiatric Association, 2013）と米国知的・発達障害協会（AAIDD，2009）の定義について説明しています。なお，近年では DSM-5 にあわせて，知的能力障害（知的発達症）などと表記されることも増えていますが，本章では「知的障害」と統一して表記しています。

　知的障害の定義に関わる内容には，ほぼ共通している3つの要素があります。1つは，知的発達に遅れがみられるということです。そもそも知的発達とは，どのように測定されるのでしょうか。これは，知能検査によって測定されるものです。知能検査では，**知能指数**[*]が算出されますが，検査によっては**精神年齢**（MA：mental age）も算出されます。遅れがあると判断される基準とし

語句説明

知能指数

知能指数は，用いられる知能検査によっても算出方法は異なるが，田中ビネー知能検査では，2歳〜13歳までは精神年齢（MA：mental age）から知能指数（IQ）を算出する。具体的には，「精神年齢÷生活年齢×100」の式で求める。14歳以上は，原則として精神年齢を算出せず，偏差知能指数（DIQ）を用いる。WISC-Ⅳは，偏差知能指数を用いている。

表3-1	知的障害の定義

DSM-5（2013）

知的能力障害

知的能力障害（知的発達症）は，発達期に発症し，概念的，社会的，および実用的な領域における知的機能と適応機能両面の欠陥を含む傷害である。以下の３つの基準を満たさなければならない。
A　臨床的評価および個別化，標準化された知能検査によって確かめられる，論理的思考，問題解決，計画，抽象的思考，判断，学校での学習，および経験からの学習など，知的機能の欠陥。
B　個人の自立や社会的責任において発達的および社会文化的な水準を満たすことができなくなるという適応機能の欠陥。継続的な支援がなければ，適応上の欠陥は，家庭，学校，職場，および地域社会といった多岐にわたる環境において，コミュニケーション，社会参加，および自立した生活といった複数の日常生活活動における機能を限定する。
C　知的および適応機能の欠陥は，発達期に発症する。

米国知的・発達障害協会（2009）

知的障害は，知的機能と適応行動（概念的，社会的および実用的な適応スキルによって表される）の双方の明らかな制約によって特徴づけられる能力障害である。この能力障害は，18歳までに生じる。

注：DSM-5においては，全般的発達遅延（臨床的重症度の妥当性のある評価をできない場合で，５歳未満）と特定不能の知的能力障害（５歳以上の人が失明や言語習得前の難聴などに関連する感覚または身体障害のために，その場で実施できる方法でも知的能力障害の評価が困難または不可能な場合）の２つのカテゴリーが設定されている。

ては，測定誤差も考慮したうえで，知能指数が70より低いということになります。ただし，知能検査の結果の解釈においては，臨床的な判断が必要とされています（DSM-5，2013）。

２つ目は，**適応機能**に制約があるということです。適応機能についても，標準化された適応機能に関する尺度を用いて客観的に測定していく必要があります。

３つ目は，発達期にみられるということです。３つ目の要素である発達期というのは，18歳までを指しています。

知的障害については，これら３つの要素を踏まえて，判定していくことになります。

2　知的障害の原因

知的障害の原因については，いくつかの整理の視点がありますが，AAIDD（2009）では，知的障害の危険因子として，生物医学的（遺伝性疾患や栄養など，生物学的経過に関係する因子），社会的（刺激や大人からの反応など，社会と家族の相互作用に関係する因子），行動的（危険な（有害な）活動や母親の物質乱用など，原因になるかもしれない行動に関係する因子），教育的（知的発達と適応スキルの発達を促進する，教育的支援の利用可能性と関係する因子）の４つを示しています。知的障害の原因には，多様な要因が相互に関係しあう可能性があります。病因

プラスα

適応機能
適応機能とは，DSM-5（2013）によれば，概念的領域，社会的領域，および実用的領域における適応的な論理思考の３つの領域としている。

表3-2 知的障害の危険因子

時期	生物医学的	社会的	行動的	教育的
出生前	1. 染色体障害 2. 単一遺伝子疾患 3. 症候群 4. 代謝疾患 5. 脳の発生異常 6. 母親の疾患 7. 親の年齢	1. 貧困 2. 母親の栄養不良 3. ドメスティックバイオレンス 4. 出生前ケアの未実施	1. 親の薬物使用 2. 親の飲酒 3. 親の喫煙 4. 未成年の親	1. 支援がない状況下での親の認知能力障害 2. 親になる準備の欠如
周産期	1. 未熟性 2. 分娩外傷 3. 新生児期の疾患	1. 出産前ケアの未実施	1. 親による養育拒否 2. 親による子どもの放棄	1. 退院後の福祉的支援への医療側からの紹介の欠如
出生後	1. 外傷性脳損傷 2. 栄養不良 3. 髄膜脳炎 4. 発作性疾患 5. 変性疾患	1. 養育者との不適切な相互作用 2. 適切な養育刺激の欠如 3. 家庭の貧困 4. 家族の慢性疾患 5. 施設収容	1. 子どもの虐待とネグレクト 2. ドメスティックバイオレンス 3. 子の安全に無頓着 4. 社会的剥奪 5. 育てにくい気質の子どもの行動	1. 不適切な育児 2. 診断の遅れ 3. 早期介入支援が不十分 4. 特別支援教育が不十分 5. 家族支援が不十分

出所：AAIDD，2009

への多因子的アプローチ（AAIDD, 2009）では，表3-2に示したように，知的障害の危険因子は因子の種類と因子の作用の時期という2つの方向に広がっています。そして，これらの危険因子が，どのように影響しているのか検討していきます。

3　知的障害の有病率・性差・国内での人数

　知的障害の有病率は，およそ1～3％程度の範囲です。また，性差に関しても，およそ女性1に対して男性1.5～2程度の範囲です。ただし，これらは報告によって変動します。

　ちなみに，内閣府（2018）の「平成30年版障害者白書（全体版）」によれば，知的障害者（知的障害児を含む）は108万2000人とされています。在宅の知的障害者96万2000人の年齢階層別の内訳では，18歳未満21万4000人（22.2％），18歳以上65歳未満58万人（60.3％），65歳以上14万9000人（15.5％）とされています。2011（平成23）年と比較して約34万人増加しており，この背景として，以前に比べ，知的障害に対する認知度が高くなり，療育手帳取得者の増加が要因の一つと考えられることを指摘しています。

2 ｜ 療育手帳とアセスメント

1 知的障害の程度と療育手帳

　日本では知的障害のある場合，**療育手帳**に知的障害の程度に関わり，判定区分が示されています。療育手帳は，各自治体が独自に定める制度のため，手帳の名前も異なっており（たとえば，東京都は「愛の手帳」），判定区分も自治体によって異なっています。18 歳未満は児童相談所，18 歳以上は知的障害者更生相談所が判定します。手帳の名称，判定区分については，それぞれの地域で確認をしておきましょう。

2 知的障害のアセスメント

　知的障害の人へのアセスメントは，個人と環境の視点から実施し，適切な支援へとつなげることが求められます。個人へのアセスメントとしては，心理検査，行動観察，本人が書いたノートやテスト用紙，日記，作品などがあげられます。

　心理検査については，知的障害の程度によっては実施困難な心理検査もあることから，検査前に，できる限り知的障害のある人の状態を正確に把握するとともに，各種心理検査に精通していることが必須といえます。つまり，知的障害の人を対象とした心理検査では，知的発達水準や言語理解，言語表出能力などを考慮してテストバッテリー*を組むことが非常に大切です。

　また，知的障害の人を対象とした心理検査では，知能検査だけでなく，地域社会での自立を見据えて適応行動や社会生活能力について検討することも欠かせません。心理検査の結果と実際に居住している環境を踏まえつつ，支援内容を検討していくことが望まれます。

　さらに，ことばの遅れがみられる場合には，言語検査を実施することがあります。知的障害の人は，理解面は優れているものの，ことばで表現することを苦手にしている人が多いです。そのためどの程度理解しているのか，といったより正確な理解面の手がかりを得るためには，知的障害の人に言語検査を実施していく必要があります。なお，知的障害の人を対象とした代表的な心理検査については，表3-3に示したとおりです。

　環境へのアセスメントについては，家庭環境，地域環境などがあげられます。居住している地域社会での自立に向けて，どのような移動スキルや買い物スキルなどが必要になるかは，地域によっても異なることもあります。したがって，環境のアセスメントは，知的障害のある人の自立スキルを支援するうえでも，

参照
療育手帳
→ 1 章

プラスα
療育手帳の判定区分
療育手帳の判定区分は，主に軽度，中度，重度，最重度の 4 つに区分される。

語句説明
テストバッテリー
テストバッテリーとは，複数の検査の組み合わせのこと。

表3-3 知的障害の人を対象として実施する代表的な心理検査

		出版社	刊行年	対象年齢	概要
知能検査	田中ビネー知能検査V	田研出版	2003年	2歳〜成人	2歳〜13歳までは精神年齢（MA：mental age）から知能指数（IQ）を算出する。14歳以上は，原則として精神年齢を算出せず，偏差知能指数（DIQ）を用いる。14歳以上では，「結晶性」「流動性」「記憶」「論理推理」の4分野について，それぞれ偏差知能指数（DIQ）を算出する。
	WISC-IV	日本文化科学社	2010年	5歳0か月〜16歳11か月	全検査IQと4つの指標得点（言語理解指標（VCI），知覚推理指標（PRI），ワーキングメモリー指標（WMI），処理速度指標（PSI）が算出される。全部で15の下位検査があり，基本検査が10となっている。
発達検査	新版K式発達検査	京都国際福祉センター	2001年	0歳〜18歳以上	発達年齢（DA：developmental age）が算出されるが，姿勢・運動，認知・適応，言語・社会の3つの領域から構成されている。発達年齢と実際の年齢（生活年齢）の比を発達指数（DA：developmnetal age）としている。個別式の検査であり，乳幼児にも実施できる発達検査である。
社会性の検査	日本版 Vineland II 適応行動尺度	日本文化科学社	2014年	0歳〜92歳11か月	評価対象者の日常をよく知っている成人（家族，教師など）に対して面接調査が実施される。4つの領域（コミュニケーション領域，日常生活スキル領域，社会性領域，運動スキル領域）と不適応行動領域（オプショナル）と下位領域で構成されており，「運動スキル」領域は対象者が6歳まで，50〜92歳の場合に実施する。
	S-M 社会生活能力検査 第3版	日本文化科学社	2016年	乳幼児〜中学生	6つの領域（身辺自立，移動，作業，コミュニケーション，集団参加，自己統制），129の項目から構成される。全検査社会生活年齢（SA）と社会生活指数（SQ）が算出される。
言語検査	LC スケール 増補版	学苑社	2013年	0歳〜6歳	LC年齢（言語コミュニケーション年齢）とLC指数（言語コミュニケーション指数）が算出される。語彙，文法，語操作，対人的なやりとり（コミュニケーション）などから検査項目が作成されている。また，下位領域である「言語表出」「言語理解」「コミュニケーション」についても，LC年齢・LC指数を求めることができる。
	PVT-R 絵画語い発達検査	日本文化科学社	2008年	3歳0カ月〜12歳3か月	4コマの絵の中から検査者の言う単語にふさわしい絵を選択させる。語彙年齢が算出される。

注：それぞれの検査は適宜改訂がされている。近年では，新版K式発達検査は新版K式発達検査2020に，WISCではWISC-Vに改訂されている。

非常に重要になります。実際の生活に即した支援のあり方を検討していくことが求められます。

3 ｜ 知的障害児者への支援

1 知的障害の気づき

　知的障害は，18 歳までに発症するとされていますが，一般的には乳幼児期の発達において，ことばや運動発達の遅れとして気づかれることが多いです。ただし，ダウン症候群[*]のように，出生直後から，顔や体つきの特徴によって気づかれることもあります。わが子に障害があることがわかったときの保護者のショックは，とても大きいものです。保護者に対しては，障害のある子どもを育てることに，少しでも前向きになれるように心理的なサポートはもちろん，その地域における知的障害の人を対象としたサポート資源や利用できるサービスなどの情報提供をすることが欠かせません。

　さて，日本では 1 歳 6 か月児健診と 3 歳児健診において，発達の遅れが確認され，支援へとつながることがあります。1 歳 6 か月児健診では，知的障害がある場合には「有意味語がみられない」「まだ歩けない」といったような内容が発達の遅れとして，指摘されます。ただ，1 歳〜3 歳頃までは発達の個人差も大きい時期であり，発達の経過を観察しつつ，支援へとつなげることが一般的です。たとえば，1 歳 6 か月児健診において有意味語がみられない子どもであっても，2 歳を過ぎて初語がみられ，3 歳にかけてことばを急速に獲得する場合もあります。しかし，3 歳を過ぎてもことばの遅れがみられ，運動面の発達もゆっくりであるような状況であれば，後述するように専門的な支援へとつなげていくことが多いようです。

　また，軽度の知的障害においては，1 歳 6 か月児健診や 3 歳児健診において発達の遅れは気づかれないこともあります。その場合，小学校での就学相談や小学校入学以降に学習面の顕著な遅れとして気づかれることがあります。就学後においては，学習障害との判別のためにも，まずは知能検査を実施し，知的発達水準を確認する必要があります。

2 早期発達支援

　もし，乳幼児期から言語発達，認知発達や運動発達も顕著な遅れがみられた場合には，必要に応じて理学療法士，作業療法士，言語聴覚士などリハビリテーションの専門家とも連携をとりながら，発達支援を進めていくことになります。心理師としては，その子の発達をトータルにとらえ，他職種との密接な連携を進めながら，支援のあり方を提案していくことが望まれます。

　同時に，心理師の大きな役割として，母親への育児支援があります。以前よ

［語句説明］

ダウン症候群

ダウン症候群は，染色体異常を原因とし，約 800 人から 1000 人に 1 人の割合で生まれる。対人関係は良好なことが多いものの，知的発達に遅れがみられ，しばしば発語の不明瞭さがみられるなどの特性が示されている。

［参照］

健診

→2 章

［参照］

学習障害

→6 章

り，乳幼児期の知的障害の子どもに対しては，早期発達支援の重要性が指摘されてきました。特にダウン症候群の子どもに対しては，一般的に出生後早期に診断されることから，乳幼児期から早期発達支援が取り組まれています。

こうした知的障害のある子どもの早期発達支援の目的は，主に 2 つに集約されます。一つは，子ども自身の発達をできるだけ早期から促すことです。乳幼児期の子どもに対しては，家庭での関わりが基盤になります。したがって，心理師は子どもの発達の状態を正確に把握し，保護者が日々の生活のなかで実践可能な効果的な関わりを提案していくことが求められます。言語・コミュニケーション，認知，そして運動領域に関わる発達支援の方法についても把握し，他職種との連携のもとに，保護者の願いも考慮しながら支援を展開していくことになります。ただし，母親は療育者ではありません。発達の遅ればかりに着目して，その領域の支援をすることだけにとらわれるのではなく，子ども全体をしっかり受けとめ，愛情を注ぎ，親子の絆を大切にして育てていくような関わりを伝えていくことが大切になります。

もう一つは，障害のある子どもを育てることについて悩み，困難さを感じている保護者に対して支援を行い，保護者の適切な関わりを促すことです。知的障害のある子どもの場合，成長がゆっくりで，他の子どもと比較をして不安を抱き，育児に対する意欲を低下させてしまう保護者もみられます。そのようなときに，他の子どもと比較するのではなく，むしろその子の着実な成長を正確に伝え，保護者に希望をもたせる助言を行うことが大切になります。乳幼児期からの早期発達支援では，保護者の不適切な関わりが原因となる二次的な発達の遅れを予防することも目的の一つとなります。

また，インクルーシブ教育が進むにつれて，知的障害の子どもを預かる園が増え，地域の保育園や幼稚園に入園する知的障害の子どももみられています。子どもの安全面，健康面を第一に考えながら，その子の発達の状況を考慮した集団参加，楽しめる園生活の実現を目指して支援を展開していくことが大切です。

4 知的障害児への学校教育

1 教育現場での支援

参照
特別支援学級
特別支援学校
通級による指導
→ 2 章

小学校への就学においては，知的障害の子どもは就学相談により，特別支援学級，特別支援学校のいずれかに就学先が決定されることになります。小学校の知的障害特別支援学級への就学と特別支援学校小学部への就学対象となる基

表3-4	特別支援学校及び特別支援学級の対象となる障害の程度

特別支援学校（知的障害）の対象となる障害の程度（学校教育法施行令第22条の3）
一　知的発達の遅滞があり，他人との意思疎通が困難で日常生活を営むのに頻繁に援助を必要とする程度のもの
一　知的発達の遅滞の程度が前号に掲げる程度に達しないもののうち，社会生活への適応が著しく困難なもの
知的障害特別支援学級の対象となる障害の程度（文部科学省初等中等教育局長の通知（25文科初第756号）
知的発達の遅滞があり，他人との意思疎通に軽度の困難があり日常生活を営むのに一部援助が必要で，社会生活への適応が困難である程度のもの

準は，表3-4に示したとおりです。なお，知的障害の人は通級による指導の対象外とされています。

　知的障害の人は，中学校特別支援学級あるいは特別支援学校の中学部を卒業すると，特別支援学校高等部に入学することが一般的です。特別支援学校の生徒数は，近年増加しており，なかでも高等部の生徒の増加が著しいです。ただし，中学校特別支援学級経験者は，特別支援学校中学部の卒業生に比べると自尊感情が低下していることが指摘されています。障害のない他者との比較を多く経験したことで自信を低下させ，なかには，いじめなどつらい経験をしていることもあります。特別支援学校高等部には，そうしたさまざまな経験をし，中学校までの所属も異なる生徒が入学しており，自尊感情のサポートなど心理面での支援が必要になる場合も少なくありません。知的障害のある生徒の思春期・青年期は，こうした環境の変化に伴う不安が強くなる時期でもあり，まずは本人の不安に寄り添い，安心して過ごせるような配慮や支援を行うことが求められます。

2　特別支援学校におけるキャリア教育

　特別支援学校では，キャリア教育が推進されています。**キャリア教育**とは，中央教育審議会「今後の学校におけるキャリア教育・職業教育の在り方について（答申）」（平成23年1月31日）において，「一人一人の社会的・職業的自立に向け，必要な基盤となる能力や態度を育てることを通して，キャリア発達を促す教育」と定義されています。特別支援教育では，特別支援学校小学部（小学校）から高等部にかけての「キャリアプランニング・マトリックス（試案）」（国立特別支援教育総合研究所，2011）が示されています。「キャリアプランニング・マトリックス（試案）」では，「人間関係形成能力」「情報活用能力」「将来設計能力」「意思決定能力」の4能力領域に基づいて各観点が示され，併せて小学部，中学部，高等部段階で育てたい力も明示されています。これらの具

| 表3-5 | キャリアプランニング・マトリックス（試案）の４能力領域の内容 |

「人間関係形成能力」	他者の個性を尊重し，自己の個性を発揮しながら様々な人々とコミュニケーションを図り，協力・共同してものごとに取り組む。
「情報活用能力」	学ぶこと・働くことの意義や役割及びその多様性を理解し，幅広く情報を活用して，自己の進路や生き方の選択に生かす。
「将来設計能力」	夢や希望を持って将来の生き方や生活を考え，社会の現実を踏まえながら，前向きに自己の将来を設計する。
「意思決定能力」	自らの意志と責任でよりよい選択，決定を行うとともに，その過程での課題や葛藤に積極的に取り組み克服する。

出所：国立特別支援教育総合研究所，2011

体的内容は，表3-5のとおりです。

　なお，自分の進路を考えるうえでは，自分自身を見つめ，自己理解を深めることが欠かせません。そのため，キャリア教育においても，特に自己理解は大切になります。知的障害の人の自己理解においては，自分一人でできること，支援を受ければできること，支援があっても難しいことなどに整理して，自己理解を深めていくことが大切になります。なぜなら，自分自身の限界を知り，苦手なこと，難しいことに対する対応方法や援助要請のスキルを習得することで，過度な失敗経験を予防し，自信の低下を予防することにもつながるからです。知的障害の人の自己理解の発達段階を踏まえたキャリア教育の支援についても，すでに書籍（小島・片岡，2013）で紹介されています。

　そして，特に軽度知的障害の人においては，自分自身の障害をどのようにとらえていくのかといった障害受容に関わる支援も大切になります。これは，療育手帳の取得そのものを，どのようにとらえているのかということとも関係します。知的障害の人を対象に，療育手帳の認識について検討した研究（水内・岩坪，2019）からは，療育手帳を肯定的に認知するうえでは，本人を取り巻く周囲の関わりが重要であることが示唆されています。さらには，知的障害の人の自己認識について検討した研究（杉田，2017）において，知的障害の人が利用したいと思うサービスを工夫していくこと，あるいは知的障害が利益であると思えるような合理的配慮を社会は用意していくべきである，とも述べられています。知的障害の人の自己理解を支援することは，周りの人が知的障害の人をどのように理解し，適切な支援を提供できるかという環境要因と大きく関わっていると考えられます。こうした知見を踏まえつつ，知的障害の人の自己理解や障害認識に関わる支援を展開していくことが望まれます。

　さらに，近年，合理的配慮に関わり，知的障害のある人に対しても「意思の表明」へとつながる力を育てることが求められています。これに関連する概念として，新たにセルフアドボカシースキルが注目されています。**セルフアドボカシースキル**とは，片岡（2017）によれば，以下の２点を中心に定義づけら

れます。1 つは，「自分一人でできることと，周りの支援を得てできることが分かる力」，もう 1 つは「何を，どのようにしてほしいのかを他者に求められる力」としています。そして，自己理解と提唱力がキーワードとなることを述べています。知的障害の人の自己理解は，セルフアドボカシースキルを発揮するためにも欠かせないものです。提唱力は，言語・コミュニケーション力と関係しますが，知的障害のある人は有意味語の表出時期が遅れる，ことばが数語から，なかなか増えないなど発達の遅れがみられます。知的障害の人の日常会話では，簡単な名詞での会話が中心となり，動詞や助詞を適切に使って話すことは苦手になりがちです。そのため，**生活年齢**（CA：chronological age）が同程度の定型発達児と比較しても，同年齢水準の理解力はあっても言語表現をすることが苦手な場合があります。こうした理解言語と表出言語能力のギャップを確認するためにも，先述のように知的障害の人を対象として言語検査を実施していく必要があります。

　また，知的障害の子どものなかでも，診断名によってことばの発達の特性がみられます。一般に，ダウン症候群の子どもの言語発達は，理解言語に比べて表出言語が顕著に遅れます。発語が不明瞭なことも多く，学齢期以降に吃音がみられるようになることもあります。そして，統語発達も遅れます。ダウン症候群の人には，軽度の難聴など聴覚障害があることも 60％程度と多く，聴力を確認したうえで支援を行っていく必要があります。

　このように，知的障害の子どもにおいて，言語発達は診断名による特性や個人差がありつつ，発達していきます。学校教育現場では，こうした障害特性と個人差を踏まえた支援により，その子の能力を最大限ひきだす教育が期待されます。

参照
吃音
→ 5 章

3　青年期・成人期の発達と支援

　知的障害の人の多くは，特別支援学校高等部卒業後は，就労していきます。知的障害の人の就労の場は，企業等における雇用（一般就労）場面と，いわゆる福祉的就労の場面に大別されます（若林，2017）。

　知的障害の人の平均寿命が延びている今日，高齢になった知的障害者をめぐる課題も示されてきています。かねてから一般の高齢者に比べて高齢知的障害者は平均寿命が 10 年ほど短く，しかも急速に機能の低下が進む傾向があることが示唆されており，知的障害者の多くは 50 歳代から高齢者としての支援を必要としていると考えられています（遠藤，2014）。このように，日本においては知的障害の人の高齢化が急速に進んでおり，成人期以降における機能低下予防や精神的な幸福感を実感できるような支援のあり方について追究していく必要があります。

　また，ダウン症候群の人のなかには青年期において「退行」といわれる，日

プラスα
一般就労と福祉的就労
一般就労とは，一般企業等において労働契約を結んで働くことである。対して福祉的就労とは，一般就労が困難な場合に，福祉サービスを受けながら働くことを指している。

常生活の適応水準の低下が急激にみられることが報告（横田，1996；小島ほか，1998）されています。この現象は，環境の変化がきっかけになる場合も多くみられるため，特に環境の急激な変化については，十分に配慮しつつ支援を展開していくことが望まれます。さらに，ダウン症候群の人は，他の知的障害の人に比べても，早期から老化現象がみられることが指摘されています。成人期以降の発達的な変化についても，障害特性の影響を受けているため，診断名による共通性についても理解したうえで，支援のあり方を模索していく必要があります。

　成人期以降の豊かな生活のためには，心身の健康，余暇活動の充実，さらにはソーシャルサポートも含めた人とのつながりが欠かせないでしょう。くわえて，早期から老化現象がみられるため，知的障害の人の加齢に伴う心理・行動機能の維持プログラムや精神的な幸福感を充実させるような支援が求められます。残念ながら，日本では成人期以降の知的障害のある人を対象とした心理学的研究は少なく，特性を考慮した支援プログラムの開発などは今後の課題といえます。

考えてみよう

1．知的障害の人に心理検査を実施する際には，どのような点に留意する必要があるか考えてみよう。
2．知的障害の人が，自分自身の障害について悩んでいた場合には，どのような心理的支援が求められるでしょう。

本章のキーワードのまとめ

知的障害	現在のところ，知的発達に遅れがある（IQ70 より低い），適応行動に制約がある，発達期（18 歳まで）に生じるという 3 つの基準によって定義づけられる。
知能指数	知能検査や年齢によって，知能指数の算出方法が異なる。田中ビネー知能検査では，2 歳～13 歳までは精神年齢（MA：mental age）から知能指数（IQ：intelligence quotient）を算出する。具体的には，「精神年齢÷生活年齢×100」の式で求める。14 歳以上は，原則として精神年齢を算出せず，偏差知能指数（DIQ）を用いる。WISC-Ⅳは，偏差知能指数を用いている。
精神年齢	精神年齢（MA：mental age）は，知能の発達水準を表す。田中ビネー知能検査の 2 歳～13 歳までに使用される。
生活年齢	実際の年齢のことである。田中ビネー知能検査において 2 歳～13 歳までの知能指数（IQ：intelligence quotient）は，精神年齢（MA）を生活年齢（CA）との関係から算出する。
適応機能	DSM-5（2013）によれば，適応機能は概念的領域，社会的領域，および実用的領域における適応的な論理思考の 3 つの領域としている。適応機能の測定は，日本版 Vineland-Ⅱ 適応行動尺度によって実施される。
療育手帳	療育手帳は，各自治体が独自に定める制度である。そのため，手帳の名前も異なっており（たとえば，東京都は「愛の手帳」），判定区分も自治体によって異なっている。
キャリア教育	中央教育審議会「今後の学校におけるキャリア教育・職業教育の在り方について（答申）」（平成 23 年 1 月 31 日）において，「一人一人の社会的・職業的自立に向け，必要な基盤となる能力や態度を育てることを通して，キャリア発達を促す教育」と定義されている。
セルフアドボカシー	自己権利擁護とも訳される。自分自身の援助要請など，支援等を求める意思表示を行っていくことであり，そのためには自己理解が重要とされている。

第4章

自閉スペクトラム症の理解と支援

自閉スペクトラム症／自閉症スペクトラム障害（ASD：Autism Spectrum Disorder）は，自閉症，アスペルガー症候群，広汎性発達障害といった従来別々の呼称として知られてきた障害を統合的にとらえた概念です（以下では自閉スペクトラム症と表記します）。この章では，自閉スペクトラム症の代表的な定義や歴史，主な特性や支援方法について順に学んでいきたいと思います。

1 | 自閉スペクトラム症とは

　　ここでは，**自閉スペクトラム症**／自閉症スペクトラム障害（ASD：Autism Spectrum Disorder）の代表的な定義として，アメリカ精神医学会による精神疾患の診断統計マニュアル第 5 版（DSM-5：Diagnostic and Statistical Manual for Mental Disorders Fifth edition）と世界保健機関（WHO：World Health Organization）による国際疾病分類（ICD：International Classification of Diseases）の第 10 版である ICD-10 の定義について順に述べていきます。

1 　DSM-5 における自閉スペクトラム症の定義

　DSM-5[*]において自閉スペクトラム症は神経発達症群/神経発達障害群のカテゴリーに分類され，表4-1のように定義されています。ここでは，「複数の状況で社会的コミュニケーションおよび対人的相互反応における持続的な欠陥」があること，反復的，限定的な行動，興味，または活動を示すことの 2 点が特徴としてあげられています。以下ではそれぞれ順に定義を述べていくこととします。また，上記の特徴が発達早期に存在していること，ただし，その後も社会的要求が能力の限界を超えるまで明らかにならないこともある旨も記されています。たとえば，大人になって就労に至るまで上述の特性を周囲から指摘されることなく過ごしてきた，といったことがあげられるでしょう。

①社会的コミュニケーションおよび対人的相互反応について

　自閉スペクトラム症における「社会的コミュニケーションおよび対人的相互反応」には次のような特徴が含まれると述べられています。相互の対人的，情緒的関係に問題があること（たとえば，通常の会話のやりとりができない，興味

語句説明
DSM-5
アメリカ精神医学会による精神疾患の診断・統計マニュアルの第 5 版である。2013 年に公開された。

プラスα
自閉スペクトラム症と知的能力障害との関連性について
DSM-5 における自閉スペクトラム症の定義には，知的能力障害等ではうまく説明できず，しばしば自閉スペクトラム症と知的能力障害は同時に起こることも記載されている。

表4-1	DSM-5における自閉スペクトラム症の定義

A．複数の状況で社会的コミュニケーションおよび対人的相互反応における持続的な欠陥があり，現時点または病歴によって，以下により明らかになる（以下の例は一例であり，網羅したものではない）。
(1) 相互の対人的一情緒的関係の欠落で，例えば，対人的に異常な近づき方や通常の会話のやりとりのできないことといったものから，興味，情動，または感情を共有することの少なさ，社会的相互反応を開始したり応じたりすることができないことに及ぶ。
(2) 対人的相互反応で非言語的コミュニケーション行動を用いることの欠陥，例えば，まとまりのわるい言語的，非言語的コミュニケーションから，視線を合わせることと身振りの異常，または身振りの理解やその使用の欠陥，顔の表情や非言語的コミュニケーションの完全な欠陥に及ぶ。
(3) 人間関係を発展させ，維持し，それを理解することの欠陥で，例えば，さまざまな社会的状況に合った行動に調整することの困難さから，想像上の遊びを他者と一緒にしたり友人を作ることの困難さ，または仲間に対する興味の欠如に及ぶ。
B．行動，興味，または活動の限定された反復的な様式で，現在または病歴によって，以下の少なくとも2つにより明らかになる（以下の例は一例であり，網羅したものではない）。
(1) 常同的または反復的な身体の運動，物の使用，または会話（例：おもちゃを一列に並べたり物を叩いたりするなどの単調な常同運動，反響言語，独特な言い回し）。
(2) 同一性への固執，習慣への頑なこだわり，または言語的，非言語的な儀式的行動様式（例：小さな変化に対する極度の苦痛，移行することの困難さ，柔軟性に欠ける思考様式，儀式のようなあいさつの習慣，毎日同じ道順をたどったり，同じ食物を食べたりすることへの要求）
(3) 強度または対象において異常なほど，きわめて限定され執着する興味（例：一般的ではない対象への強い愛着または没頭，過度に限局したまたは固執した興味）
(4) 感覚刺激に対する過敏さまたは鈍感さ，または環境の感覚的側面に対する並外れた興味（例：痛みや体温に無関心のように見える，特定の音または触感に逆の反応をする，対象を過度に嗅いだり触れたりする，光または動きを見ることに熱中する）
C．症状は発達早期に存在していなければならない（しかし社会的要求が能力の限界を超えるまでは症状は完全に明らかにならないかもしれないし，その後の生活で学んだ対応の仕方によって隠されている場合もある）。
D．その症状は，社会的，職業的，または他の重要な領域における現在の機能に臨床的に意味のある障害を引き起こしている。
E．これらの障害は，知的能力障害（知的発達症）または全般的発達遅延ではうまく説明されない。知的能力障害と自閉スペクトラム症はしばしば同時に起こり，自閉スペクトラム症と知的能力障害の併存の診断を下すためには，社会的コミュニケーションが全般的な発達の水準から期待されるものより下回っていなければならない。

出所：American Psychiatric Association, 2013 より作成

や感情などを共有することが少ない，他者とのやりとりを開始したり応じたりすることができない等），非言語的コミュニケーションを用いた対人的相互反応が困難であること（たとえば，視線を合わせることや身振りの困難さ，身振りや顔の表情の理解の困難さ等），人間関係を発展，維持，理解することが困難であること（社会的状況にあった行動をすることや想像上の遊び（ごっこ遊び）を他者と一緒にすることの困難，仲間に関する興味関心がない等）などです。

②**反復的，限定的な行動，興味，または活動について**

　自閉スペクトラム症における「反復的，限定的な行動，興味，または活動」には次のような特徴が含まれると述べられています。常同的または反復的な身体の運動，物の使用，または会話を行うこと（たとえば，あるテレビ番組の短い1シーンだけを何度も繰り返し再生して見る，同じ色の積み木だけを積み上げる，反響言語（エコラリア*）がみられる等），同一性への固執，習慣への頑なこだわ

語句説明

エコラリア
言われたことをすぐにそのまま言い返す即時性エコラリアと，以前聞いたコマーシャルの一部を後から繰り返すなどの遅延性エコラリアとがあることが知られている。

り，または言語的，非言語的な儀式的行動様式がみられること（儀式のような
あいさつの習慣や同じ道順にこだわる，同じ食物ばかり食べる等），きわめて限定
された興味，感覚刺激に対する過敏さや鈍感さ（たとえば，痛みや体温に対して
無関心，光や動きを見ることに熱中する等）などです。こうした**感覚過敏・感覚
鈍麻**が「反復的，限定的な行動，興味，または活動について」の特徴の一つに
含まれるようになったことは，以前の定義からの変更点の一つといえるでしょ
う。

　なお，自閉スペクトラム症と診断される割合について，最新のアメリカの統
計では1.85％の発生率であり，男性のほうが女性よりも4倍多く診断されて
いることが報告されています（Centers for Disease Control and Prevention,
2019）。

2 以前の自閉スペクトラム症の定義について

　自閉スペクトラム症の特性についてはすでに述べましたが，自閉症やアス
ペルガー症候群などの旧来の名称も依然として用いられることが多いと思われま
す。それゆえここでは，DSMの第4版（DSM-Ⅳ）におけるそれらの名称の
位置づけについても紹介したいと思います。実際，DSM-Ⅳにおいては広汎性
発達障害というカテゴリーが用いられてきました。そして，その下位分類とし
て自閉性障害（自閉症），アスペルガー障害（DSM-Ⅳではアスペルガー症候群で
はなく，アスペルガー障害と表記），その他分類不能の広汎性発達障害
（PDD-NOS：Pervasive Developmental Disorders-Not Otherwise Specified）
などに分類されていました（図4-1）。自閉性障害（自閉症）の定義においては，
対人的相互作用の質的な障害（DSM-5の対人的相互反応と対応しているものと考
えられます），意思伝達の質的な障害（同じく社会的コミュニケーションと対応し
ているものと考えられます。DSM-5では，上述の対人的相互反応と統合されて「社
会的コミュニケーションおよび対人的相互反応」となりました），興味活動の限定
（同じく反復的，限定的な行動，興味，または活動と対応しているものと考えられま
す）の3点が特徴としてあげられていました。アスペルガー障害の定義では，

図4-1　DSM-Ⅳにおける広汎性発達障害の分類

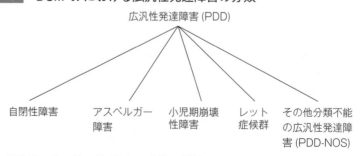

広汎性発達障害（PDD）

自閉性障害　アスペルガー障害　小児期崩壊性障害　レット症候群　その他分類不能の広汎性発達障害（PDD-NOS）

出所：American Psychiatric Association, 1994

上記の 3 点の特徴のうち意思伝達の質的な障害の欄がなく，また知的な遅れを伴わないことが記されていました。その他の広汎性発達障害（PDD-NOS）の定義においては，上記の 3 つの障害の特徴を有しつつ，他の広汎性発達障害（自閉性障害，アスペルガー障害等）などの診断基準を満たさない場合に用いられるとされていました。

3　ICD-10 における自閉スペクトラム症の定義

　次に，ICD-10*では自閉スペクトラム症ではなく広汎性発達障害というカテゴリーが使われています。広汎性発達障害とは「相互的な社会関係とコミュニケーションのパターンにおける質的な障害，および限局した常同的で反復的な関心と活動の幅によって特徴づけられる一群の障害」と定義されており，広汎性発達障害のもとに小児自閉症（自閉症）やアスペルガー症候群が位置づけられています。また，IQ（知能指数）はさまざまな水準にあること，4 分の 3 の症例で著しい知的能力障害（原文では精神遅滞と表記）が認められることも記載されています（World Health Organization, 1992/1993）。広汎性発達障害というカテゴリーが用いられている点は DSM-5 と異なりますが，両者の定義のなかで取り上げられている自閉スペクトラム症の特性そのものが著しく異なるというものではないと考えられています。

2 ｜ 自閉スペクトラム症と発達障害：発達障害者支援法について

　前項では，国際的な診断マニュアルである DSM-5 や ICD-10 における自閉スペクトラム症の定義について紹介してきました。本邦においても診断に際してそうした国際的な診断マニュアルが採用されていますが，発達障害に関する法律としては 2005 年に発達障害者支援法が施行されています。発達障害者支援法において，旧来の自閉症やアスペルガー症候群という名称はそれぞれ発達障害の一つとして位置づけられています。発達障害者支援法の第二条において発達障害は「自閉症，アスペルガー症候群その他の広汎性発達障害，学習障害，注意欠陥多動性障害その他これに類する脳機能の障害であってその症状が通常低年齢において発現するものとして政令で定めるもの」と定義されています（文部科学省，2016）。脳機能の障害であること，低年齢において症状が発現することを共通の特徴ととらえることができるでしょう。なお，自閉症のなかでも知的発達に遅れを伴わないタイプの自閉症は，高機能自閉症と呼ばれています。2003 年の文部科学省の「今後の特別支援教育の在り方について（最終報告）」によれば（文部科学省，2003），「高機能自閉症とは，3 歳位までに現

語句説明

ICD-10
WHO（世界保健機関）の国際的な精神科診断基準の第 10 版である。およそ 10 年ごとに改訂作業が進められ，2019 年 5 月にICD-11 が正式承認され，現在日本語訳版の改訂が進められている。

プラスα

ICD-11 への改訂について
2019 年 5 月に ICD-10 から ICD-11 への改訂が正式に認められ，現在日本版への翻訳作業が進められている。

参照

発達障害
→ 2 章

発達障害者支援法
→ 1 章

プラスα

発達障害の定義について
左記の発達障害の定義（文部科学省，2016）は行政政策上のものであって，学術上の発達障害の定義とは必ずしも同一ではないとされている。

れ，1他人との社会的関係の形成の困難さ，2言葉の発達の遅れ，3興味や関心が狭く特定のものにこだわることを特徴とする行動の障害である自閉症のうち，知的発達の遅れを伴わないものをいう。また，中枢神経系に何らかの要因による機能不全があると推定される」と記されています。また，アスペルガー症候群とは，知的発達の遅れを伴わず，自閉症の特徴のうち言葉の発達の遅れを伴わないものである旨が記されています。

3 ｜ 自閉スペクトラム症の歴史

　ここでは，自閉スペクトラム症の歴史について，代表的なものをいくつか紹介していきたいと思います。

　自閉スペクトラム症のうち，旧来自閉症として知られてきた症例を最初に報告したのはアメリカの児童精神科医レオ・カナー（Kanner, L.）です。1943年，彼は「自閉的孤立（人との関係が孤立していること）」「同一性への欲求（身体の動きや振る舞いが繰り返しであること）」「能力の孤島（極端な優れた能力を持っていること）」という特徴をもった11人の症例を報告しました。その後，1960年代ごろまで，自閉症は親の育て方により情緒的な問題を抱えているものととらえられていました。現在ではこうした考えは否定されており，脳の機能的な問題であると考えられています（ただし根本的な原因は解明されていません）。カナーに遅れること1年，1944年にオーストリアのハンス・アスペルガー（Asperger, H.）も，独特な行動上や表現上の現象がみとめられ，その結果として人との社会的つながりに注目すべき独特の困難をもつ複数の子どもたちについて報告しています。

　イギリスのローナ・ウィング（Wing, L.）は，こうしたカナーやアスペルガーの報告例の類似点に着目しました（Wing, 1996）。彼女は，社会的相互交渉の障害，コミュニケーションの障害，想像力の障害の3点は両者の共通した特徴であると考えました（"ウィングの三つ組"として知られています）。そうした観点から，障害を独立したものとしてとらえるのではなく，スペクトラム*として濃淡でとらえることを提唱するに至りました。なお，ウィングは想像力の障害について，反復した常同的な動作と表裏一体であると述べています。つまり，想像力に障害があるということは，目の前にずっと変わらずあり続けるものにこだわるということを意味しているものと考えられています。

語句説明
スペクトラム
スペクトラムとは連続体のこと。もともとは切れ目のない"光線"の意味である。ウィングは自閉スペクトラム症を障害の有無ではなく濃淡でとらえようとした。

<table>
<tr><td>**4**</td><td>**自閉スペクトラム症の主な特徴**</td></tr>
</table>

ここまで，DSM-5，ICD-10 による定義を中心に，法律での定義，歴史を紹介してきました。ここでは，それらをふまえて自閉スペクトラム症の特徴についてより理解できるよう，社会的コミュニケーションおよび対人的相互反応，反復的，限定的な行動，興味，または活動の順に紹介していきます。

1　社会的コミュニケーションおよび対人的相互反応について

すでに述べた DSM-5 に記されている特徴を含め，自閉スペクトラム症における社会的コミュニケーションおよび対人的相互反応の特徴については，以下のようなことがしばしば指摘されてきました（Baron-Cohen, 2008/2011）。すなわち，他者への極端な無関心，アイコンタクトの異常，相互関係の欠如（役割交代や対話が困難，独り言），一人でいることを好むことなどが知られています。また，他人が何を感じ，何を考えているか予測することや他者の行動にどのように反応してよいかわからないこと，表情や声や態度から他者の感情表現を読み取ること，物事には一つではなく複数の見え方があることなどを理解することが困難であることなどがあげられています。また，社会的コミュニケーションに関しては，エコラリア（オウム返し）や新造語，言葉の字義通りの理解，さまざまな程度の言葉の遅れ，社会的文脈にそぐわない言葉の使用などが知られています（表4-2）。

表4-2　自閉スペクトラム症における社会的コミュニケーション
　　　　　および対人的相互反応の特徴

- 他者への極端な無関心
- アイコンタクトの異常：目を合わせることの困難，あるいは長く見つめすぎたり，他者のパーソナルスペースに侵入してきたりすること。
- 相互関係の欠如（役割交代の不在，対話の不在，独り言）
- 一人でいることを好むこと
- 人が何を感じ，何を考えているのかを予測することの困難
- 他者の行動にどのように反応したらよいかわからない
- 表情や声や態度から他者の感情表現を読み取ることの困難
- 一つだけの正確な見え方ではなく，他の見え方があることを受け入れることの困難
- エコラリア（オウム返し）
- 新造語
- 言葉の字義通りの理解
- 様々な程度の言葉の遅れ
- 社会的文脈にそぐわない言葉の使用

出所：Baron-Cohen, 2008/2011

次に，自閉スペクトラム症における反復的，限定的な行動，興味，または活動については，具体的に次のような特徴をもつことが知られています（Baron-Cohen, 2008/2011）。たとえば，手をヒラヒラさせること，からだをぐるぐる回すこと，興味あるもの（たとえば，数字やものごとの細部）へのこだわり，ものを並べること，おもちゃの自動車のタイヤを回転させること，回転するものにひきつけられるようになること，高頻度の反復行動，変化に対してひどいかんしゃくをおこすなどがあげられるでしょう（表4-3）。

表4-3 自閉スペクトラム症における反復的，限定的な行動，興味，または活動について

- ・手をヒラヒラさせること
- ・からだをぐるぐる回すこと
- ・興味あることへのこだわり（例えば，何にでも触ること，石の収集，テントウムシの採集，狭いトピックの情報の収集など）
- ・ものを並べること
- ・おもちゃの自動車のタイヤを回転させること，そして回転するものにひきつけられるようになること（例えば，洗濯機，扇風機の羽根，風車）
- ・高頻度の反復行動
- ・変化に対するひどいかんしゃく
- ・断片的な高い技能や知的能力
- ・特異的な記憶
- ・同一性への希求

出所：Baron-Cohen, 2008/2011

5 ｜ 自閉スペクトラム症のその他の特徴

ここでは，自閉スペクトラム症の背景に存在する要因について，心の理論，実行機能，中枢性統合能力について取り上げて順に概説していきます。

1 心の理論とは

心の理論とは，他者の考えや気持ちを理解する能力のことを指しています。バロン＝コーエン（Baron-Cohen, 2008/2011）は「他者の行動の意味を理解し，行動を予測するための他者の視点に立つ能力であり，他者の考えや気持ちを理解する能力のことである」と述べています。有名な心の理論の課題として誤信念課題が知られています（図4-2を参照）。「サリーがビー玉をバスケットの中にしまった後，サリーは外出してしまう。彼女の外出中にいたずらなアンはビー玉を箱に隠す」という旨のコマ漫画として提示され，「サリーは帰って

プラスα

誤信念課題

誤信念課題と称されるのは，アンがビー玉を箱に隠したことをサリーは知らず，そのために「サリーは自分でビー玉を隠したほうにあるだろう」という誤った信念をもつことが理解できるかが問われることに拠る。

プラスα

マインド・ブラインドネス

他者の心を読めないという観点から，マインド・ブラインドネスと呼ばれ，ミラーニューロン（自ら行動する状態でも，同じ行動を他者がするのを見ている状態でも活動する神経細胞）の存在などを含めて自閉症スペクトラムを理解するための研究が進められている。

図4-2　サリーとアンの実験

これはサリーです。　　　　　　　これはアンです。

サリーは，カゴをもっています。　　　アンは，箱をもっています。

サリーは，ビー玉をもっています。サリーは，ビー玉を自分のカゴに入れました。

サリーは，外に散歩に出かけました。

アンは，サリーのビー玉をカゴから取り出すと，自分の箱に入れました。

さて，サリーが帰ってきました。サリーは自分のビー玉で遊びたいと思いました。

サリーがビー玉を探すのは，どこでしょう？

出所：Frith, 2003 より改変

きた後，ビー玉を見つけるためにどちらの箱を先に探しますか？」と問う課題です。実際，自分でビー玉を隠したほうをサリーが探すと答えるのは定型発達で 4 歳程度であることが知られています。また，知的発達に遅れのある子どもでも精神年齢（MA）が 4 歳に達すると，同様に答えることが可能になることも明らかにされています。一方で，自閉スペクトラム症の子どもは，「（アンが隠したほうの）実際にビー玉が入っている箱を探すだろう」と答える傾向にあります。この事実は，他者（ここではサリー）の視点に立つことが困難であることを示唆していますが，年齢を重ねることによって本課題を通過できるようになる自閉スペクトラム症の子どもも存在します。そうした背景には，むしろ答えへと導く方略が定型発達と自閉スペクトラム症の子どもとでは異なるのではないかという主張もあります（別府，2011）。定型発達の子どもが，理由づけができないいわゆる直感的心理化（他者の心を直感的に理解する）と理由づけができるいわゆる命題的心理化（言語的類推を繰り返して処理する）の両方を用いて心の理論課題を解くのに対し，自閉スペクトラム症の子どもは前者の働きが弱いことが指摘されています。

2　実行機能障害について

　実行機能とは，自らの活動（運動・注意・思考）をコントロールする能力であり，具体的には自らの活動を計画，実行，監視，修正する機能といえるでしょう。

　自閉スペクトラム症における実行機能障害については，自らの活動を計画すること，注意の切り替え等が困難であることが知られています。それゆえ，最初に取り組もうとした活動とはかけ離れたことをしてしまったりします。実行機能障害そのものは前頭葉に損傷を受けた脳損傷者に観察される特徴として知られています。一方，自閉スペクトラム症においては前頭葉に明らかな器質的な損傷が見られないこと，定められたルールに従って円盤を左端から右端の杭に移動させることが求められる「ハノイの塔課題」など，一部の実行機能を測定する課題では著しい成績低下が認められていないことも知られています。

3　弱い中枢性統合について

　自閉スペクトラム症のさらなる特徴の一つは，中枢性統合能力が弱いことです。中枢性統合能力が弱いということは，情報の全体と部分（あるいは詳細）をバランスよくとらえることが困難になり，むしろ部分あるいは詳細にのみ注目する傾向があることを意味します。自閉スペクトラム症の方々の注意が部分に向きやすいことや，細部の記憶が優れていることなども中枢性統合能力と関係があると考えられています。

---

6 ｜ 自閉スペクトラム症への支援

　自閉スペクトラム症への**発達支援**を行ううえでは，他の障害と同様に，対象の発達アセスメントを慎重に行うことが求められます。発達アセスメントとは，「人を理解し，人の行動や発達を予測し，その発達を支援する方法を決定する測定・評価」であると述べられています（本郷，2014）。アセスメントを行っていくうえでは，既存の心理発達検査の実施のみならず，複数の状況における行動観察や保護者からの聞き取りなども重要になります。また，アセスメントを行う際には，個の能力のみならず，環境との相互作用や変化をとらえることも大事になってきます。

　以下では，そうしたアセスメントを経て行われる自閉スペクトラム症を対象とした支援の代表的なものについて，ソーシャルスキルトレーニング，応用行動分析，認知行動療法，TEACCH の順に取り上げて概説していきます。

プラスα
前頭葉
前頭葉には，実行機能のほかに注意や意欲，自己認識，感情のコントロールなどが関与していると考えられている。

中枢性統合能力
中枢性統合能力が弱いと部分に注意が向きやすくなる。自閉スペクトラム症においては，全体と部分の両方に注意を向けることで生じるといわれているエビングハウスの錯視図形などにおいて，錯視が生じないことが知られている。

参照
アセスメント
→2章，10章

1　ソーシャルスキルトレーニング

ソーシャルスキルとは，「他者との関係や相互作用を促進するための技能」（日本発達障害学会，2008）と定義されています。その対象範囲は広く，自閉スペクトラム症を対象とした**ソーシャルスキルトレーニング**（SST）として次のようなものが知られています。つまり，他者の感情の認知や表情認知に関すること，挨拶の方法に関すること，会話のルール（会話の開始や会話に応じること，会話の順番を守ること等）に関すること，アイコンタクトの方法などです。なかには，漫画化あるいは電子化され平易に実施可能なものも存在しています。多くの実践で，ソーシャルスキルの改善があること，般化がみられることが確認されています。

2　応用行動分析

応用行動分析とは，スキナーによって始められた行動分析学から得られた知見を，社会でのさまざまな問題に応用しようとして始められた手法で，ABC分析が主に用いられています。ABC分析とは，先行条件（Antecedent），行動（Behavior），結果（Consequence）の頭文字をとったものです。これらの視点を用いて子どもの行動を分析してその法則性を理解し，望ましい行動を増やす，あるいは望ましくない行動を減らすといったことを通じて行動のマネジメントを行います。自閉スペクトラム症を対象に取り上げられる行動としては，対人行動（コミュニケーションの表出，挨拶などの社会的スキル，遊び等），問題行動（自傷，他害，授業中の離席等），認知・学習（個別課題における弁別スキル等），日常・地域生活（身辺自立や調理，買い物や公共交通機関の利用等），登校や参加（学校への登校や送迎バスから降車する等）などが存在することが知られています（須藤，2018）。

3　認知行動療法

自閉スペクトラム症における情動調整を支援するための方略として，**認知行動療法**に基づいたアプローチが存在しています。たとえば，アイコンタクトや仲間との経験の共有，仲間への関心，不安，表情認知，アイデアの共有，感情認知などが取り上げられています。思考パタンを変える方法やメタ認知[*]方略を使う方法が教えられ，練習を行うといった手法が用いられており，問題が改善することが示されています（藤野，2013）。

4　TEACCH

TEACCH[*]プログラムは，アメリカのノースカロライナ州で行われてきた，自閉スペクトラム症の当事者と家族を対象とした生涯支援プログラムです。診

語句説明

メタ認知
メタ認知とは，もう一人の自身であるかのように，自身の認知行動を客観的に把握する能力を指す。

TEACCH
TEACCHとはTreatment and Education of Autistic and related Communication-Handicapped Children の頭文字をとったものとされている。現在は，TEACCH Autism Program（TEACCH 自閉症プログラム）と改称されている。
→11章参照

断評価，家族向けのコンサルテーション，親のサポートグループ，ソーシャルプレイおよびレクリエーションのグループ，高機能の患者への個別カウンセリング，就業サービスといった諸サービスが提供されています。同時に，教師やさまざまな分野の専門家等を対象とした訓練を国内外向けに行うことが含まれています。自閉スペクトラム症に対して，構造化（物理的構造化や視覚的構造化，個別のスケジュール化，ワークシステム化等）されたあいまいさのないアプローチ方法を用いることが知られており，その有効性が実証されています。

考えてみよう

1．本章で紹介したような自閉スペクトラム症の特性を有する一方で，たぐいまれなる才能を発揮している人もいます。なかには，サヴァン症候群と呼ばれている人もいます。どういった分野の才能が報告されているかまとめてみるとともに，サヴァン症候群について調べてみることをお勧めします。
2．本章で学んできたことに加え，自閉スペクトラム症と併存することが知られている精神症状についても是非まとめてみてください。

本章のキーワードのまとめ

自閉 スペクトラム症	「社会的コミュニケーションおよび対人的相互反応」と，「反復的，限定的な行動，興味，または活動」の二つが特徴としてあげられる。同時に，これらの症状が発達早期にみられることがあげられる。
感覚過敏・ 感覚鈍麻	感覚過敏とは，五感（視覚，聴覚，嗅覚，味覚，触覚）が敏感すぎることを指し，対照的に感覚鈍麻は五感が鈍感すぎることをいう。
DSM-5	アメリカ精神医学会による精神疾患の診断・統計マニュアルの第 5 版である。2013 年に公開された。
ICD-10	WHO（世界保健機関）の国際的な精神科診断基準の第 10 版である。およそ 10 年ごとに改訂作業が進められ，2019 年 5 月に ICD-11 が正式承認され，現在日本語訳版の改訂が進められている。
心の理論	他者の考えや気持ちを理解する能力のことを指す。つまり，「他者の行動の意味を理解し，行動を予測するための他者の視点に立つ能力であり，他者の考えや気持ちを理解する能力」（Baron-Cohen, 2008/2011）といわれている。
実行機能	実行機能とは，自らの活動（運動，注意，思考）をコントロールする能力であり，具体的には自らの活動を計画，実行，監視，修正する機能を指す。実行機能を担っている脳部位として前頭葉があげられる。
発達支援	児童発達支援にかかわる機関に含まれるのは，児童支援センターと児童発達支援事業所であり，市町村の認可に基づいて設置されている。手帳の有無にかかわらず子どもやその保護者を対象とした支援が行われている。
ソーシャルスキル トレーニング 〈SST〉	ソーシャルスキルとは他者と相互作用を促進するための技能のことを指す。そうしたスキルのトレーニングのことであり，自閉スペクトラム症を対象としたものとして，たとえば他者の感情の認知や表情認知に関すること，挨拶の方法，会話のルール，アイコンタクトの方法などが存在する。
応用行動分析	スキナー（Skinner, B. F.）によって始められた行動分析学の知見を，社会でのさまざまな問題に応用しようとして始められた手法。先行条件（Antecedent），行動（Behavior），結果（Consequence）の頭文字をとった ABC 分析が用いられている。
認知行動療法	認知（受け取り方や考え方）に働きかけて，気持ちを楽にし，行動をコントロールするための心理療法の一つである。
TEACCH	エリック・ショプラー（Shopler, E.）によって開発された。TEACCH プログラムは自閉スペクトラム症児者やその家族を対象に生涯にわたって提供されるものであり，さまざまなサービスを提供している。構造化されたあいまいさのないアプローチ方法を用いることが特徴的である。

第5章 コミュニケーション障害の理解と支援

この章では，話し言葉の障害を理解する枠組みとして，「発声・発語」「言語」「コミュニケーション」という3つの領域について解説します。次に，それぞれの領域における障害のタイプや特徴について述べていきます。コミュニケーション障害のさまざまな現れ方を踏まえて，一人ひとりの困難に合った適切なアセスメントや支援のあり方について考えていきます。

●関連する章▶▶▶第3章，第4章，第6章，第9章

1 コミュニケーション障害とは

　私たちの生活は他者との関わりなしには成り立ちません。大人に育てられ，仲間との集団のなかで遊びや学びを経験する発達期の子どもにとって，他者との交流は必須です。そのような場面では，表情や身振りといった非言語的手段や，話し言葉という記号的な構造をもつ言語的手段で情報を伝え合います。もしもこのような手段が機能しなかったならば私たちの生活はどのように変わるでしょうか。情報が伝達できないことによる不都合が生じたり，学びや交流の機会が損なわれたりするだけでなく，発信者自身の参加意欲や自己肯定感といった当事者の内面にも影響を与えます。

　なお，**コミュニケーション障害**という言葉は，自閉スペクトラム症や注意欠如・多動症の場合のような，他者との関わりや**語用論**[*]的側面の困難のみを指す場合もあります。しかし本書では，音声として表出する側面や，語彙を知識として蓄え，語を統語（文法）のルールに沿って表出・理解する記号的側面の困難も含めた，音声言語によるコミュニケーション全般を対象として，その影響について考えていきます。

1 「発声・発語」「言語」「コミュニケーション」の3領域

　話し言葉に関わる困難は多様な形で現れるため，発声・発語，言語，コミュニケーションという3つの領域に分けて整理することが有効です。発声・発語領域とは，音によって表現される側面を指し，脳からの指令を唇や舌の運動によって表出する一連の過程を扱います。言語領域とは，発話を構成する語彙の知識や文法能力といった言語の記号的側面を指します。コミュニケーション

語句説明

語用論

言語学の一分野であり，文脈や話者の意図に沿って適切に言語を運用する側面を扱う。たとえば，皮肉は字義通りの意味の裏に話者が伝達したい意味を含んでいる。話者と聞き手の関係性や，発話が起こった状況をふまえた解釈が求められる。

48

領域とは，社会的な慣習に沿って，場面や文脈に合った適切な表現で自分の意図や考えなどを相手に伝える側面を指します。以下にそれぞれの領域について解説します。

2　発声・発語領域

　話し言葉を構成する母音は，肺からの呼気で声帯（図5-1矢印a）を振動させ，それを原音として舌の位置を変えながら口腔で共鳴させて産出します。また，唇や舌で呼気の流れを妨げたり，鼻腔に通したりして子音をつくります。したがって，話し言葉として適切な表出には，声帯による音声の産出，口唇，舌，歯茎(b)，硬口蓋(c)，軟口蓋(d)といった構音器官の適切な構造，構音運動の正確さ，流暢な構音運動の連続といった土台が前提となります。発声・発語領域の発達は，乳児期では音声産出のレパートリーの拡大として現れます（プラスα参照）。幼児期には，比較的早期から産出される子音（[m]，[t]など）や，正確な構音の難しい子音（[s]，[r] など）が認められますが，典型的な発達ではいずれの子音も学齢までにほぼ確立します。

3　言語領域

　伝達内容のない発声は話し言葉とはいえません。日本語や英語といった特定の言語に固有の語彙と，その組み合わせのルールである文法が備わっている必要があります。言語面の大まかな発達的変化について，語彙，統語（文法），複数の文のつながりである談話*の3側面で整理すると表5-1のようになります。言葉は，一語文の段階から，語をつなげて話す語連鎖・統語段階，複数の文をつなげて話す談話段階，学齢期に入り，言語を介して新たな知識を身につけていく学習言語段階へと進んでいきます。なお，この表は対人場面でどのように発話が機能するかというコミュニケーション面についても示しています。

4　コミュニケーション領域

　対人的コミュニケーションの基礎は乳児期から築かれ，視線や表情で親密さを示したり，幼児期にかけて身振りや言葉を使って要求（両手を差し出す／「だっこ」），叙述（指さし／「でんしゃ」），挨拶（手を振る／「バイバイ」）などを表現したりするようになります。言語面のレパートリーの拡大に伴い，文化的な慣習に沿った理解・表現や，相手の内面に配慮した適切な理解・表現が求め

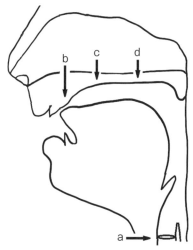

図5-1　[s]を発音する際の口腔内の様子

注：舌先が歯茎bに接近し，呼気が通る狭い隙間をつくる。

プラスα
話し言葉以外の言語
本章では話し言葉（音声言語）を中心に述べるが，聴覚障害児者の用いる手話も統語構造のある言語である。また，視覚的な文字も言語表現の手段である。

乳児期の音声産出の発達
生後0〜1か月時の乳児の発声は，鼻にかかるあいまいな母音が中心である。2〜3か月時は[g]や[k]の子音が聞かれる"GOO 段階"，4〜6か月時はより母音らしい響きとなる拡張期と呼ばれる。7〜10か月時には子音と母音の組合せとなる規準喃語が確立し，「ダダダ…」といった反復喃語が聞かれ，11〜12か月時には異なる音節が連続する多様的喃語へと展開していく（Oller, 1980）。

語句説明
談話
言語学における談話（discourse）とは，2つ以上の文のまとまりを指す。

表5-1 語彙の獲得以降，学齢期までの言語発達段階

発達段階	内　容
単語段階	**語彙**：社会的語彙（いや，もっと等），基本的な名詞・動詞等 **コミュニケーション**：基本的な機能（要求・叙述・挨拶等）
語連鎖・統語 段階	**語彙**：語彙の拡充，基本的な疑問詞（なに，どこ，だれ），位置を表す語 **統語**：2〜3 語文，格助詞を含む文 **談話**：簡単な報告 **コミュニケーション**：簡単な質問への言語的応答
談話段階	**語彙**：語彙の拡充，時間を表す語，気持ちを表す語の拡充 **統語**：受身文など助動詞の拡充，連体修飾節（例：「走っている犬」）など **談話**：ストーリーの理解，語り表現，推論，理由の説明 **コミュニケーション**：気持ちの説明，簡単な説明や語り
学習言語段階	**語彙**：学習語彙（漢字熟語など）， **統語**：より複雑な文構造 **談話**：5W1H を含む表現，順接・逆接の接続詞を用いた表現 **コミュニケーション**：丁寧語・尊敬語の使用，比喩・皮肉・ユーモアの理解，発表や報告活動，感想や判断の説明，話し合い

られるようになります。たとえば，大人に向けて言葉遣いを変えていなかった幼児も，学齢になると先生には丁寧語や敬語を使って話すようになります。また，「時計持ってる？」という質問は，時計の所持について知りたいのではなく，時間を教えてほしいという話者の要請を間接的に表す問いです。このような婉曲表現や，比喩，皮肉，尊敬・謙譲表現の理解と使用は，言語の語用論的側面です。このような言語の運用面はコミュニケーション領域に対応します。

2 ｜ コミュニケーション障害への
支援の場

　ここから先は，3 領域のそれぞれでどのような困難が生じ得るか，また，それに対してどのようなアセスメントや支援があり得るのかについて考えていきます。はじめに主な支援の場を整理します。

　コミュニケーション障害に対する支援の場は，発達段階によって異なります。幼児期は，1 歳 6 か月児健診や 3 歳児健診などの乳幼児健康診査で言葉の遅れが指摘されることが多く，その場合，地域の発達支援センター，福祉センター，児童発達支援事業所などでの療育や，医療機関での相談・診察にしばしばつながります。保育所や幼稚園における巡回相談を介して，地域や医療機関での個別的支援につながることもあります。話し言葉は，認知や社会性，身辺自立のスキルなどとも並行して育っていくため，幼児期の支援には，言語，心理，保育，福祉等の複数の職種が関わることも多いという特徴があります。一

参照
乳幼児健康診査
→2章

方，学齢期においては，通常の小学校では「**ことばの教室**」などと呼ばれる通級による指導[*]や，特別支援学校では**自立活動**[*]が支援の場の例としてあげられます。このように多くの児童生徒は，学校において支援を受けます。通常の学級に在籍し，特にコミュニケーション領域に困難のある児童生徒においては，仲間との関わりや学校への適応においても課題を示すことがあるため，情緒障害を対象とした通級による指導や，スクールカウンセラーなど心理職の担当者による支援もしばしば求められます。

　なお，病院のような医療機関では，コミュニケーション障害は主に言語聴覚士（ST）が担当します。ST が配置されている診療科は耳鼻咽喉科，形成外科，小児科，リハビリテーション科など，医療機関によって異なります。医療機関では成人期以降も含めて年齢段階を問わず対応が行われますが，小児科は乳幼児に限定され，形成外科は発声・発語領域を主に対象とし，後述する失語症はリハビリテーション科が対応するなど，医療機関や科による違いもあります。相談者の実態に合わせて ST 以外に心理職や理学療法士（PT），作業療法士（OT）も支援に関与します。

3 ｜ 発声・発語領域に関わる障害への対応

1　発声・発語領域に関わる障害の理解

　先述のとおり，発声・発語には，①声帯による音声の産出，②構音器官の適切な構造と構音運動の正確さ，③流暢な構音運動の連続が求められます。これらのいずれの側面における問題もコミュニケーションに支障を生じます。

①音声障害

　声帯にポリープや結節と呼ばれる小さな隆起ができた場合には，声がかすれる声質の変化（嗄声）が生じます。学齢期までは音声障害が主訴となることはほとんどありませんが，成人期以降は，地域生活や就労場面において音声の質が話者にとって支障になると感じることがあります。日常生活に最も大きな影響を与える音声障害は，声帯を含めた喉頭にがんができることによって，喉頭を全摘出した場合でしょう。声帯を摘出し，呼吸は喉に開けた気管孔と呼ばれる穴を通して行います。声帯振動による発声の手立てがなくなるだけでなく，気管孔の手入れを頻繁に行う必要があったり，気管孔を通した呼吸により鼻腔にほとんど空気が流入せず，食べ物のにおいを感じにくくなるため食事が楽しめなかったりするなど，日常生活にも大きな影響が生じます。

語句説明

通級による指導
通常の学級に在籍する軽度の障害がある児童生徒に対して，障害に応じて個別または小集団での指導を行う特別支援教育の一つの形。
→ 2 章参照

自立活動
障害がある児童・生徒の自立を目指して，教育的な活動を行う指導領域であり，特別支援学校学習指導要領に位置づけられている。「健康の保持」「心理的な安定」「人間関係の形成」「環境の把握」「身体の動き」「コミュニケーション」の 6 区分がある。

参照

失語症
→ 9 章

②構音障害

　構音面の障害には表5-2に示す3タイプがあり，発達期に最も一般的に見られるのが**機能性構音障害**です。構音器官に形態の異常がなく，麻痺などの神経学的な異常もないものの，サ行音がタ行音に置き換わったり，カ行音がタ行音になったりするなど，比較的一貫した誤りが生じます。幼児の発話ではサ行音が舌足らずに聞こえても違和感はありませんが，学齢近くになっても特定の子音が別の子音に置換されている場合は，仲間から誤りの指摘も受けやすくなり，本人も意識するようになります。**器質性構音障害**は，口腔の先天的な形態異常による構音の問題です。口蓋裂の場合，硬口蓋（図5-1のc）や軟口蓋(d)に先天的な亀裂があるため，多くは形成外科的な治療後に医療機関で構音訓練を行います。**運動障害性構音障害**は，神経学的な原因を伴う構音障害です。小児では脳性麻痺，成人期以降では脳卒中の後遺症としての麻痺性構音障害や，パーキンソン病など進行性の疾患などによる発語の不明瞭さが該当します。

表5-2　構音障害のタイプとその特徴

タイプ	説　明	特徴的な構音の例
機能性構音障害	構音器官に形態の異常がなく，麻痺などの神経学的な異常もないが，比較的一貫した誤りがある。	「さかな」が「タカナ」「シャカナ」になるなどの子音の置換や歪み。
器質性構音障害	唇や舌，口蓋などの構音器官の形態異常による（例：口蓋裂，口唇裂）。	口蓋裂の場合，鼻腔でも共鳴が起こることによる母音の鼻音化（開鼻声）や子音の不明瞭さ。
運動障害性構音障害	神経学的原因にもとづく（例：脳性麻痺に伴う構音障害）。	構音運動の困難による発話速度の低下や発話全般の不明瞭さ。

③吃音

　吃音では他の音に置き換わることはないため，構音障害とは区別されます。スムーズに音節を連続させることに困難があるため，流暢性の障害とも呼ばれます。主な吃音症状としては，主に語頭音節で生じる音の繰り返し（「が，が，がっこう」），引き伸ばし（「がーっこう」），ブロック（「g…がっこう」）があり，重症度によって頻度が変わります。吃音は発語の非流暢さだけでなく，顔をしかめたり，手足を振ったりするなどの随伴症状を示す場合もあります。比較的流暢に話せるときもあれば，人前での音読やスピーチなど，緊張を強いられる場面で吃音が生起しやすくもなることから，発話場面に敏感になります。吃音は，発話への恐れや不安といった心理面の影響や，集団のなかでの孤立，自己否定などの状態も生じやすいことに留意する必要があります。

2　発声・発語領域におけるアセスメント

　発声障害に対しては，聴覚印象からの声質の評価や，医師による声帯の医学

プラスα

機能性構音障害

DSM-5 では，語音症／語音障害とも呼ばれる。

機能性構音障害における誤りパターンの例

機能性構音障害における置換には，以下のようなパターンがあり，子どもによって誤り方は異なる。

[s]→[t]　さかな→タカナ

[s]→[ʃ]　さかな→シャカナ

[k]→[t]　かめ→タメ

[r]→[d]　らっぱ→ダッパ

プラスα

吃音

DSM-5 では，小児期発症流暢症（吃音）／小児期発症流暢障害（吃音）とも呼ばれる。2歳から5歳にかけて吃音が始まることが多く，女児よりも男児に多く起こる。また，吃音のある親族がいる場合には生起する確率が高くなる。原因にはいくつかの説があるが，まだ解明されていない。吃音が発症した後に自然回復する場合も多いが，発吃の段階で，将来自然回復するのか，それとも吃音が持続するかについての予後は見通せない。

的診断が行われます。構音障害については，会話場面の観察だけでなく，絵カードの呼称，音節の復唱，文章の音読などを含む構音検査を行い，どの音がどのように置換されたかなど，誤りの特徴を評価します。吃音については，会話や音読場面での録音を書き起こし，吃音症状のタイプや生起頻度を求め，非流暢性の特徴や重症度を評価します。これらのアセスメントには，医療機関ではSTがあたりますが，構音障害や吃音のある児童が通級による指導を受ける場合，「ことばの教室」の担当教員も実施します。

3　発声・発語領域への支援

　発声・発語領域の困難から，当事者は表5-3に示すような影響を受けます。心理職としては，本人や対人関係におけるこれらの影響を踏まえ，本人への心理面のサポートや，家族を含む周囲の人との関係調整を図ります。子どもにとっての「良い聞き手」とは，子どもの構音の誤りや非流暢さを指摘したり修正させたりするのではなく，子どもが伝えようとしているメッセージの内容に共感し，子どもの発話の意欲を最大限に高めるような聞き手であることを家族に理解してもらい，それを実践するよう働きかけていきます。また，吃音は音のブロックや引き伸ばし，繰り返しなどにより発話時間が長くなることから，周囲の人には吃音を理解してもらい，話し手にストレスを与えないように，穏やかに発話に耳を傾けるよう促します。

　なお，脳性麻痺などの運動障害性構音障害や知的障害を伴う言語表出のある場合，不明瞭さが著しいうえに，神経学的要因のために指導で明瞭さが改善しにくいことも少なくありません。このようなケースでは，音声言語を補助したり，音声言語の代わりとなったりする手段を活用する**AAC**（Augmentative and Alternative Communication；**補助代替／拡大代替コミュニケーション**）を

表5-3　発声・発語領域の障害の与える影響

障害のタイプ	本人への影響 （個人内）	対人関係や社会参加への影響 （個人間）
音声障害 （喉頭摘出の場合）	話し言葉による自己表現ができないこと以外に，気管孔の手入れの必要性など日常生活にも影響が生じる。	意思伝達の方法を確立する必要がある（電気式人工喉頭*，食道発声*，筆談等）。
構音障害	自分の構音の不明瞭さや誤りを自覚する児者ほど，自己肯定感が低下する。	（機能性構音障害）幼児期の誤構音が残る場合，幼さの印象を与えがち。（器質性・運動障害性構音障害）不明瞭さや音質の違和感のため，コミュニケーション場面から疎外されやすい。
吃　音	予期せぬ時にも非流暢さが生じるため，常に発話の不安を抱き，人前で話す場面を避ける。	発話により時間を要するため，聞き手には傾聴態度の維持が求められる。

プラスα

AAC

手話のように手の動きで意味を伝える身振りサインは道具を必要としない。これに対し，絵図版や文字の指さしで意思を表したり，画面に示された内容に触れると音声に変換されるタブレット端末等の電子機器を活用したりするといった，道具を用いるタイプのAACもある。

語句説明

電気式人工喉頭と食道発声

電気式人工喉頭は，上面が振動するマイクロホンの形状の機器であり，振動面をあごの下に当てると，口腔内で共鳴が起こり，母音様の音が産出できる。食道発声では，空気を食道の上部に取り込み，その空気を押し出して食道上部の粘膜を振動させ，発声の音源とする。熟達には訓練が必要である。

用いることが望ましい場合があります。

4 言語領域に関わる障害への対応

1 言語領域に関わる障害の理解

　幼児期から学齢期にかけての言語領域の困難は，一般的に「言葉の遅れ」と
みなされます。より専門的には言語発達障害という用語が使われています。
DSM-5 では言語症/言語障害と表記されており，少ない語彙，単純な構文，
文をつなげて説明や会話をすることの困難を特徴とし，それが効果的なコミュ
ニケーションや社会参加，学業などに支障を生じることが診断基準に含まれて
います。また，表出面と理解面で困難さが異なり得ることも指摘されています。
世界保健機関（WHO）による ICD-11 では，言語発達障害の下位分類として，
①言語理解と言語表出ともに年齢や知的発達水準に比して困難なタイプと，②
言語表出に特に困難があるタイプの 2 つを区別して分類しています。

　これに対し，主に成人期以降に起こる後天性の障害として失語症があります。
失語症は，脳卒中（血管に狭めや閉鎖が起こり，血流が滞る脳梗塞や，脳内出血な
どを含めた脳血管障害）などによって，大脳の言語をつかさどる神経細胞に損
傷が生じることによって生じます。損傷部位によって失語症状が異なります。
前頭葉にあるブローカ野に損傷がある場合，聞いて理解することはできても，
言おうとする語を想起できなかったり（喚語困難），助詞の使用が困難で，文
法的な発話になりにくかったりする傾向があります。この状態をブローカ失語
または運動性失語と呼びます。一方，側頭葉にあるウェルニッケ野が損傷され
た場合では，発話を聞いて理解する力が低下します。話し方は比較的流暢です
が，辻褄が合わなかったり，類似する語に置き換わる意味性錯語（新聞→本）
や音韻性錯語（とけい→こけい）が混じったりすることにより，聞き手に伝わ
りにくい発話になります。これをウェルニッケ失語または感覚性失語と呼びま
す。このほかにも，言語理解と言語表出ともに著しく低下する全失語や，比較
的スムーズな会話ができるが，しばしば適切な語が想起できない健忘失語など
のタイプもあります。

2 言語領域におけるアセスメント

　幼児期の言語発達の遅れは，保護者からは，「兄より遅い」「まだ 2 語文し
か言えない」といったエピソードでしばしば語られます。しかし，本当に遅れ
があるのか，また，遅れがある場合，典型的な発達と比べてどの程度の違いが

プラスα
ICD-11 による言語発達障害の分類
ICD-11 では，本文中の①と②に加えて，主に語用論的側面に困難が認められるタイプも設けている。DSM-5 では，このカテゴリーは社会的（語用論的）コミュニケーション症と名付けて独立した診断区分としている。本書でもコミュニケーション領域の困難として解説する。

参照
脳卒中の後遺症
→ 9 章

あるのかなどを評価する必要があります。図5-2に示すように，語彙知識が言語領域の土台となり（語のレベル），文法という規則性に沿って語が配列されます（文のレベル）。さらに文が連なったひとまとまりのエピソードや説明となる段階があります（文章のレベル）。最も高次の出来事について話す語りはナラティブとも呼ばれます。また，言葉を聞いて意味がわかっても，

図5-2　音声言語のさまざまなレベル

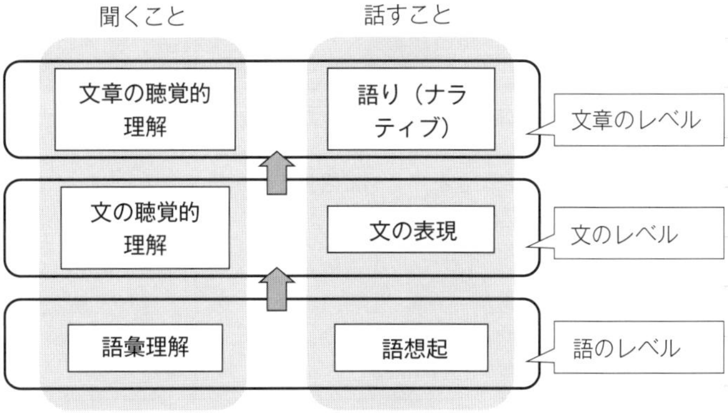

即座に想起できないことがあるように，聞いて理解する側面と表現する側面に分けて評価することも必要です。学齢児の場合，言語発達の遅れが学習にも影響を与えるため，語彙知識，文構造，文章のレベルのいずれに困難が大きいのか，あるいは，聞き取りと表出のいずれの側面に難しさがあるのかなど，図5-2に照らした検討が望まれます。

　使用される検査には以下のようなものがあります。絵画語い発達検査（PVT-R）では，子どもに語を聞かせ，4つの絵の選択肢から該当する絵を選んでもらいます。語い年齢（VA：vocabulary age）を指標とした，理解語彙の豊富さを評価します。幼児期の水準の言語を対象とした LC スケール（言語・コミュニケーション発達スケール）では，語彙，語連鎖・統語，談話等の側面を言語表出，言語理解，コミュニケーションから総合的に評価します。言語・コミュニケーションの発達水準を相当する年齢で表す LC 年齢と，当該年齢の典型的な水準を100とする LC 指数が得られます。一方，学齢期の言語については，LCSA（学齢版言語・コミュニケーション発達スケール）があります。文や文章の聴覚的理解，語彙や定型句の知識，発話表現，柔軟性，文章の音読や理解に関わる10の下位検査から評価します。全体の LCSA 指数や，下位検査ごとの評価点から言語発達のバランスに関するプロフィールを得ることができます。

　失語症については，SLTA 標準失語症検査や WAB 失語症検査などがあり，失語症のタイプや重症度について評価します。

3　言語領域への支援

　言語発達の支援のあり方を考えるにあたり，子どもが言語発達を遂げる典型的な環境や発達の過程を振り返ってみましょう。幼児期の語彙の拡大は，受験生が英単語を暗記するのとは異なり，共同注意[*]を基盤とした，大人との興味・関心を共有する関わりのなかで進展していきます。子どもは状況を手がかりにして，大人の発する言葉の音形に意味づけをしながら記憶していきます。ある

プラスα

ナラティブ
語りには，物語のように架空の内容を語るフィクショナルナラティブと，自分の経験について語るパーソナルナラティブ（体験談）がある。パーソナルナラティブには，事実経過の報告だけでなく，出来事を経験してどう感じたかという感情や，出来事を自分がどのように受け止めたかという評価など，語り手の内面が反映される。

語句説明

共同注意
他者が見ているものと同じ物に注意を向け，対象への注意を他者と共有すること。

表5-4　言語領域の障害の与える影響

障害のタイプ	本人への影響 （個人内）	対人関係や社会参加への影響 （個人間）
言語発達障害	相手の発話が理解できなかったり，自分の思いが表現できなかったりすることによる不全感。言語を介した学習の困難。	子どもの発達全般に関する保護者の不安。他児者との会話やグループでの話し合いについていくことが困難。教師の教示や授業内容が理解しにくい。
失語症	発症以前にできていた言語理解・表現が困難になったことの自覚による自己効力感の低下。	金銭の計算を含む地域生活での困難。電話やメールによる意思伝達や職場復帰の困難。

いは，子どもの音声表出を大人が繰り返したり，発展させたりするフィードバックを与えることで（例：子ども「ブーブ」→大人「ブーブ速いね」），子どもは自分の発話の価値に気づき，発話の意欲を高めていくと考えられます。したがって，家庭を中心とした言語環境の調整が重要となります。また，発達の遅れについての保護者の不安が関わりの質の低下を招かないように，保護者への支援も重要です（表5-4）。視覚，触覚，味覚など，いわゆる五感を通した情動豊かな事物への関わりを親子で経験するよう促し，事物や人へ働きかける子どもの自発性を高めます。

　一方，学齢期においては，知らない語の意味について，言葉による説明のみを介して学ぶことができるようになります。言葉を用いて言葉について考えるメタ言語的活動を通して語彙知識を深め，表現したい内容を文法的な形に整えることを学んでいきます。言語面の困難は，学習遅進や仲間との関わりにも影響を与え，自己肯定感の低下にもつながります。言語面に遅れのある児童は通級による指導を受けることもあるため，学校や家庭との連携が求められます。

　成人の失語症の場合には，発症前の言語力に少しでも近づけ，社会参加を促すというリハビリテーションが行われます。話し言葉の困難に加えて，認知面や運動面の後遺症からも，社会参加への制約が生じ，孤立しかねません。家庭内で本人を支える家族の理解と協力も必須です。「失語症友の会」のような，失語症の当事者同士の自助グループへの参加も，地域生活への参加に近づくステップとなります。

5 ｜ コミュニケーション領域に関わる障害への対応

1　コミュニケーション領域に関わる障害の理解

　適切な語彙を用いて文法的な発話ができており，構音面や流暢性にも不自然さがなくても，コミュニケーションの問題が生じることがあります。たとえば，相手に配慮なく一方的に話し続けることは会話のルールから逸脱しているとい

えます。このような語用論面に困難がある場合はコミュニケーション領域の問題となります。

　DSM-5では，「社会的（語用論的）コミュニケーション症／社会的（語用論的）コミュニケーション障害」という診断カテゴリーが設けられています。社会的状況に合ったコミュニケーション様式を用いることや，相手に合わせて言葉遣いを変えること，相槌を打って会話を維持したり，誤解を与えたら言い換えたり調整したりすること，比喩や皮肉などの間接表現を理解することなどの困難が該当します。言語能力の比較的高い自閉スペクトラム症児にも同様の特徴が見られますが，自閉スペクトラム症には上記の語用論的側面の特徴のほかに，対人的・情緒的関係の困難や，行動・興味・活動の狭さなども認められるという点で両診断カテゴリーは区別されます。

　ところで，コミュニケーション領域の困難は，しばしば「発達障害」という用語と結びつけて論じられます。では発達障害とは何を指すのでしょうか。日本の行政では，発達障害者支援法の定義を用いています。すなわち，「自閉症，アスペルガー症候群その他の広汎性発達障害[*]，学習障害，注意欠陥多動性障害その他これに類する脳機能の障害であってその症状が通常低年齢において発現するものとして政令で定めるもの」とされています。したがって，発達障害は自閉スペクトラム症や注意欠如・多動症，限局性学習症が主な具体例ではあるものの，「その他これに類する脳機能の障害であってその症状が通常低年齢において発現するものとして政令で定めるもの」まで含まれます。したがって，言語の障害，協調運動の障害，心理的発達の障害も発達障害に入ります。コミュニケーション領域の困難を示す診断カテゴリーは，行政ではいわゆる発達障害と呼ばれる障害種の一部であること，また，言語領域の困難も発達障害に含まれるということを理解しましょう。

2　コミュニケーション領域におけるアセスメント

　語用論的な困難は日常的な会話場面で明らかになるため，保護者など，当事者の日頃の様子を知る人への質問紙を通して評価する方法がとられます。日本版CCC-2子どものコミュニケーション・チェックリストは言語・コミュニケーションに焦点化した質問紙ですが，自閉スペクトラム症などの症状を日常の行動観察から評価する質問紙（例：SRS-2 対人応答性尺度）のなかにも，コミュニケーションに関する項目が含まれています。

3　コミュニケーション領域への支援

　幼児期は，幼稚園や保育園のような集団の場面で，仲間とうまく遊べなかったり，他児への関わり方が独特であったりするといったエピソードから，コミュニケーション面の課題が浮かび上がります（表5-5）。園のなかで保育者

参照

発達障害
→2章

自閉症
→4章

学習障害
→6章

注意欠陥・多動性障害
→6章

語句説明

広汎性発達障害
ICD-10や，DSM-5の前の版であるDSM-IVで用いられている診断カテゴリーであり，自閉スペクトラム症に概ね該当する。
→4章参照

プラスα

DSM-5における発達障害
DSM-5では，「神経発達症群/神経発達障害群」というカテゴリーが設けられ，この中にはコミュニケーション障害や自閉スペクトラム症，注意欠如・多動症，限局性学習症に加えて，知的能力障害や発達性協調運動症なども含まれている。

表5-5 コミュニケーション領域の障害の与える影響

障害のタイプ	本人への影響 （個人内）	対人関係や社会参加への影響 （個人間）
社会的（語用論的）コミュニケーション症	仲間とのトラブルを経験したり，仲間から距離をおかれたりしても，その理由がわからない。他者への不信感が募る。	独特な表現や参加の仕方から，集団の規範から逸脱しているとみなされる。慣習に合わない表現になることから，他者に誤解を与え，批判を招きやすい。

が子ども同士の関係の調整を図ったり，巡回相談において専門家が子どもの実態に基づく助言を行ったりするなどして，コミュニケーション環境を改善していきます。園のなかでは幼児本人へのアプローチよりも，本人の認知や情動の特性に配慮して，嫌悪的な刺激が少なく，子どもにわかりやすく参加しやすい活動を設定するといった環境調整が重要になります。学齢児では，集団から外れがちであったり，学級内で級友とのトラブルに発展したりすることもあり，通級による指導が提供されることもあります。通級指導の内容はさまざまですが，情緒の安定を図る支援や，対人関係に特化した指導として，人との関わり方のルールやコツを学ぶソーシャルスキルトレーニング（SST）などが取り入れられます。場面や相手に合った挨拶や依頼，協力の仕方などについて，特定の架空の状況を設定してコミュニケーションのルールやマナーを練習するロールプレイや，実践的な対人文脈で自分の行動を振り返るなどの方法があります。また，通級指導利用児には，認知面のアンバランスさから読み書きなど学習に課題のある児童も多く，学習面への支援も行われます。スクールカウンセラーとして心理職が配置されている学校では，コミュニケーション面の困難に対して心理職の専門性を生かし，児童の内面に寄り添った支援を行います。

プラスα

特別支援教室

学校内の支援体制には地域独自の取り組みもある。東京都教育委員会では，各学校に特別支援教室を配置し，社会性に課題のある児童を中心に個別・小集団での指導を行っている。

参照

ソーシャルスキルトレーニング（SST）
→4章

考えてみよう

1. 発声・発語領域，言語領域，コミュニケーション領域のそれぞれにおける障害の影響の例を表5-3，5-4，5-5にあげてあります。これらに対して，公認心理師としてどのような対応ができるかを具体的に考えてみましょう。
2. 支援のあり方は，当事者の年齢によっても異なります。幼児，学齢児，成人それぞれへの対応の違いについて考えてみましょう。

🪶 本章のキーワードのまとめ

コミュニケーション障害	意思を伝達する方法が十分に機能していなかったり，語彙や文法を有していなかったり，場面に沿った適切な言語使用が困難であったりする状況。DSM-5 のコミュニケーション障害群は，言語症，語音症，小児期発症流暢症（吃音），社会的（語用論的）コミュニケーション症を含むが，この他にも音声障害，器質性構音障害，運動障害性構音障害，失語症などによってコミュニケーションに支障が生じる。
語用論	言語学の一分野であり，文脈や話者の意図に沿って適切に言語を運用する側面を扱う。相手に応じた丁寧な表現や，字義通りの意味の裏に話者が伝達したい意味を含む間接的な依頼（例：時間を教えてもらいたいときの「時計持ってる？」）や皮肉などを含む。
ことばの教室	通常の学級に在籍する軽度の障害がある児童生徒に対して，障害に応じて学校内で個別または小集団での指導を行う「通級による指導」の場の一つであり，言語障害を対象とする。
自立活動	障害がある児童・生徒の自立を目指して，教育的な活動を行う指導領域であり，特別支援学校学習指導要領に位置づけられる。「健康の保持」「心理的な安定」「人間関係の形成」「環境の把握」「身体の動き」「コミュニケーション」の6区分がある。
機能性構音障害	構音器官に形態の異常がなく，神経学的な異常もないが，比較的一貫した子音の置換や歪みがある。子どもによって誤り方は異なり，子音の誤りの主な例として，以下のようなパターンがある：[s]→[t]，[ʃ]，[k]→[t]，[r]→[d]。
器質性構音障害	唇や舌，口蓋などの構音器官の形態異常による構音障害。口蓋裂の場合，鼻腔でも共鳴が起こることによる母音の鼻音化（開鼻声）や子音の不明瞭さが生じる。
運動障害性構音障害	脳性麻痺やパーキンソン病など，神経学的原因に基づく構音障害。構音運動の困難による発話速度の低下や発話全般の不明瞭さが生じる。
吃音	流暢性の障害とも呼ばれる。主な吃音症状として，語頭音節の繰り返し，引き伸ばし，ブロックなどがある。顔をしかめるなどの随伴症状を示す場合もある。発話への恐れや不安といった心理面の影響も生じやすい。
AAC（補助代替／拡大代替コミュニケーション）	音声言語を補助したり，音声言語の代わりとなったりする手段を活用するコミュニケーション方法。身振りサインのようにツールを必要としないタイプや，絵図版や電子機器といったツールを活用するタイプとがある。

第 6 章 限局性学習症／注意欠如・多動症の理解と支援

> この章では，発達障害のなかでも出現頻度の高い学習障害（限局性学習症）や注意欠如・多動症の実態，障害機序，評価と支援，二次障害等について正しく理解し，そのなかでも実態や障害機序と評価のうちインフォーマルアセスメントを可能とする行動特徴の理解を中核目的とします。学習障害（限局性学習症）では最も頻度の高い読みや書きの問題を中心に述べ，注意欠如・多動症では，その根幹である実行機能と注意の働きについて学習します。

1 学習障害（限局性学習症）とは

　近年の研究では，40 人の学級に 2, 3 人は学習面に困難さを抱える児童が存在することが明らかになっており，その背景には学習障害の存在が示唆されています。しかしながら学習面の問題は，適切な評価・支援に結びつきにくい傾向にあります。学習面の問題の放置や，不適切な対処は，自己効力感の低下やメタ認知の悪化を引き起こし，不登校などをはじめとする二次的な問題を引き起こします。早期に学習面の苦手さの根源を見出すことが必要です。

1 学習障害の定義

　学習障害は知的発達や感覚器の障害，環境要因では説明不可能な読みや書きなどの基礎学習スキルの困難さによって学習活動全般に影響を及ぼした状態を指しています。学習障害の定義は教育と医学で異なります。「学習障害」（LD：Learning Disability）は教育現場で使用される概念であり，医学での定義，**限局性学習症／限局性学習障害**（SLD：Specific Learning Disorder）とは若干異なります（表6-1）。DSM-5 のなかで SLD は自閉スペクトラム症（ASD）や注意欠如・多動症（ADHD）と同じ神経発達症群／神経発達障害群に分類されています。教育と医学との共通点は①基礎的学習スキルの習得と使用の問題が一次障害であり，その結果学習全般に影響を及ぼしていること，②環境要因や感覚器の問題等が直接的な原因ではなく，先天的あるいは言語獲得期の要因によって起因することにあります。しかし，教育の定義いわゆる学習障害は対象とする基礎的学習スキルが読み（正確性と流暢性）・書き（綴り）・読みに伴う読解・計算だけでなく，推論や聞く（意味理解や統語処理）・話すも

プラスα

学習障害の内訳

学習障害の 80％は読みや書き（綴り）の困難さをもっている。また，計算の問題の背景には読解の問題（意味理解）が隠れていることもあり，計算の問題は単独では存在せず，読み書きの問題が存在する可能性が高いとされている。

含まれることや，教育界の定義では学習面の遅れが顕在化している状況を指す，といった点は異なります。教育上の学習障害では幅広い状態像を含むため，さまざまな状態の「結果としての学習面の遅れ」を含んでしまいます。SLDでは読み（正確性と流暢性）・書き（綴り）・計算・読みの理解困難・数の計算・算数的推論の困難の 6 項目が該当します。そのなかでも読みや綴りの症状が特に重い場合，「ディスレクシア」と踏み込んで示すことが可能となりました（DSM-5 より）。読みと書きの問題は学習障害全体のなかでも突出して最も多く，学習障害の中核症状ともいわれています。

表6-1　学習障害の定義の比較

教育界：「学習障害」（Learning Disability：LD）の定義
一般的に学習障害は「基本的には全般的な知能発達に遅れはないが，聞く，話す，読む，書く，計算する又は推論する能力のうち特定のものの習得と使用に著しい困難を示す様々な状態を指すものである。」と定義される。その原因として，「中枢神経系に何らかの機能障害があると推定されるが，視覚障害，聴覚障害，知的障害，情緒障害などの障害や，環境的な要因が直接の原因となるものではない。」

注：下線は著者による
出所：文部科学省，1999

医学界：「限局性学習症」（Specific Learning Disorder：SLD）の定義
学習的技術（基礎的学習スキル）の使用に困難があり，一般的な対策が提供されているにもかかわらず，以下の症状の少なくとも 1 つが存在し，少なくとも 6 カ月間持続していることで明らかになる
○読みの不正確さ（正確性の低下）と遅さ（流暢性の低下），読みに多大な労力を要する　○読みの理解の困難（読解の困難）　○綴りの困難　○書字表出の困難　○数概念や計算の困難　○数学的推論の困難さ
問題となる学習スキルは生活年齢や潜在的知能から予測される能力より著明にかつ定量的に低く，日常生活（学習状況や職業遂行）に影響している
学習困難は知的能力障害や視・聴覚障害，他の精神疾患または神経疾患，特異あるいは不適切な学習・教育環境で上手く説明できない

出所：American Psychiatric Association, 2013 を参考に著者作成

言い換えれば，医学界の定義は医学診断のための症候視点であり，教育界の定義は一次障害と二次障害が混在した現在の状態視点であるといえます。症候と状態像の関係性を表したものに，国際ディスレクシア協会（IDA：International Dyslexia Association）の定義があります。この定義では，「ディスレクシアは①神経生物学的素因によっておきる特異的障害であること，②流暢かつ（または）正確な単語の読みや綴りの困難さ，デコーディング*力の弱さが特徴であること，③これらの困難さは他の認知能力や学級での様子からは予想することが難しいこと，④背景には音韻処理能力の弱さが主に想定されること，⑤二次的な影響として読み経験が少なくなることで語彙獲得や背景知識の獲得を妨げる可能性があり，読解力の低下を引き起こす」としています。

2　学習障害の出現率（疫学）

①出現頻度・教育と医学の比較から

文部科学省（2012）「通常の学級に在籍する発達障害の可能性のある特別な教育的支援を必要とする児童生徒に関する調査」では通常の小学校・中学校で特別な支援を必要とする児童・生徒が 6.5％存在し，なかでも学習面の困難さ

症候視点と状態視点

文部科学省（2012）「通常の学級に在籍する発達障害の可能性のある特別な教育的支援を必要とする児童生徒に関する調査結果について」本調査は教員への質問紙調査に基づく支援ニーズの結果であり，発達障害の出現率ではないことに留意する必要がある。行動面の困難さ3.6％のうち，学習面との重複が1.6％と報告されている。

文字の種類の違い

ディスレクシアで，ひらがなから躓きをみせる児童は決して多くない。ひらがなで躓く児童はカタカナ，漢字でも問題を抱える。カタカナで問題を抱える児童は漢字でも問題を抱える。読みの問題を抱える児童は書きにも問題を抱えることが圧倒的に多い。

第二言語の学習について

日本語の読みで躓く児童は英語ではさらに学習が厳しくなることを想定し備える必要がある。

文字ー音の対応関係

書記素（文字）ー音素対応規則（G-P-C規則）。読みの二重経路モデルでは非語彙ルートに相当する。

は4.5％と最も多くなっています。実際に子どもたちに読み到達度を直接検査した結果では1～2％程度（関，2015）から，6～7％（Uno et al., 2009）に困難さがみられたといった報告も存在します。前者では一定期間の縦断的検討で一定の基準値を下回ったもの，後者は一時点の評価であるため，症候が一定期間固定化しているものが1～2％程度，一時点において診断可能な様相をみせるものが7％程度存在するとも考えることができます。性差に関する報告では，他の発達障害同様に女児に比して男児に多い傾向にあり，報告によって差異はありますが，2：1～3：1で男児に多いことが明らかになっています。

②使用する言語による違い

　ディスレクシアは使用する言語によって出現率や様相が異なることが報告されています。前項での出現率は日本語を母語とするものであり，英語圏では5.3～11.8％（Katusic et al., 2001）と，10％以上の報告も散見されています。これはそれぞれの言語の特性によって，習得する際に必要となる認知機能の負荷が異なるためです。たとえば日本語は英語に比べて文字数が多く，特に漢字では文字の構成要素が複雑で読みとの結びつきも音だけではなく意味とも関連します。一方，英語は日本語のひらがなのようなモーラ単位の表記（たとえば「か」→/ka/）ではなく，音素単位の表記であり，かつ文字と音との対応関係も極めて複雑です。ワイデルとバターワース（Wydell & Butterworth, 1999）は日本語と英語のバイリンガルで，英語にのみディスレクシアを認めた事例を報告し，それぞれの言語の特徴を「粒と透明度」（一つの文字が結びつく音（粒）とその規則性（透明度））といった概念で説明しています。この英語と日本語の「出現率の差」は，日本語の習得に問題がない児童でも英語学習ではじめて躓きをみせる児童が一定の割合で存在することを示唆しています。

3 出現機序

　ディスレクシアは神経発達障害であり，発達期に生じた局在性の大脳機能障害に起因する特異的発達障害です。読みに関連する代表的な脳機能部位に左頭頂側頭移行部と下後頭側頭回領域（Letterbox エリア）があります。前者は読みや綴りの基盤となる音韻情報処理能力の局在です。音韻処理以外にも連続して効率よく文字と音の変換を処理するためには，視覚情報処理能力にも負荷がかかります。つまり発達期に何らかの要因でこれらの認知機能に関する大脳機能局在（皮質）やその局在との連携（白質）に問題が生じた結果，当該の認知機能が抑制され，読みや書き（綴り）のスキルに影響が出るといえます（図6-1）。

4 読み書きの発達と困難さの背景となる認知機能

①読みの発達

　フリス（Frith, 1985）の読み発達モデルでは，4歳ごろまでをロゴグラ

フィックの段階（第一段階），小学校 1，2 年生のころまでをアルファベットの段階（第二段階），小学校 2 年生以降を視覚正書法の段階（第三段階）としています。第一段階は，ロゴやシンボル，自分の名前に興味を示し反応する時期で，文字の塊に意味があると気づく段階です。その後，第二段階では，ひらがなの読みは 5 歳前ごろから獲得され始め，小学校入学前には直音

図6-1　読み書き困難出現の模式図

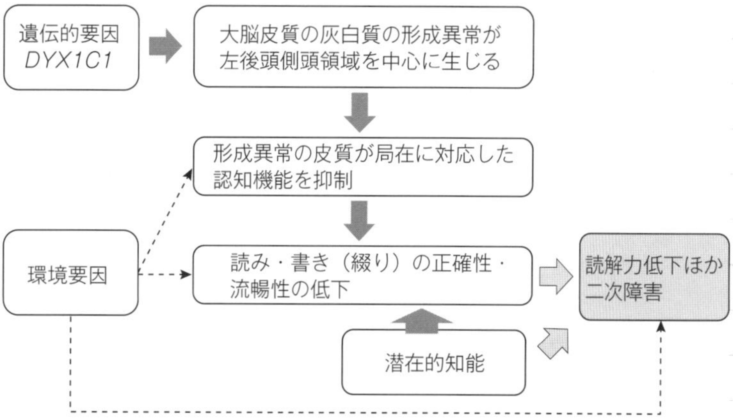

出所：川﨑ほか，2019 より一部改変

（拗音・促音・撥音以外の音）の読みは概ね完成し，さらに小学校 1，2 年ごろまでには特殊音節（拗音や促音など）も含めて完成します。ディスレクシアの児童は文字と音の変換規則の成立に時間がかかるため，この第二段階にとどまる期間が長くなります。第三段階は「まとまり読み」が可能となる段階で，読みスピード（流暢性）が一気に向上します。ディスレクシアでは，単語を効率よくまとまりとしてとらえることにも苦手さを示します。

②読み書き困難の背景となる認知機能障害

　背景となる**認知機能障害**は音韻処理能力とその関連要因，視覚情報処理とその関連要因，文字と音との変換の効率に関与する呼称速度（自動化能力）の 3 つと，それらの併存を含めた 4 つに類型できます。音韻処理能力は言語音を認知し分解し操作する能力で，読み正確性獲得の基盤といえます。視覚情報処理過程は文字の構成要素を学習し効率よく想起するプロセスであり，視知覚認知機能や視覚性記憶や，読み流暢性に関与する視覚性注意スパンも含まれます。呼称速度は読み流暢性に関与し，音韻障害との合併で読みに影響すると考えられています。英語圏では，空間認知に関与する視覚背側経路の障害が読みに影響を及ぼすとされていました（大細胞障害仮説）。音韻処理能力の問題を基盤として視覚系の問題や呼称速度の問題が合併し，合併の状況や個々の認知機能障害の程度によって，状態像と重症度が規定されると考えられています。

5　症候・症候理解と評価・支援（配慮）

①学習障害における「読み」の困難さとその見極め

　読みの症状は「正確性」と「流暢性」の 2 つの観点からとらえます。ひらがなの読み正確性は小学校入学前に直音の読みは完成し，特殊音節も小学校 1，2 年生までに完成します。よって，幼児期の読みに関する活動を行う場合，特に 5 歳前後では幅広い発達の個人差に備えておく必要があります。この時

<プラスα>

学齢初期の読みの発達

視覚正書法の段階に到達するには読み経験やその結果としての語彙の発達等も関与するため個人差が大きく，早い場合は小学校 1 年生から遅くとも 2 年生では完了する。いわゆる「9 歳の壁」と同時期に，読み能力の差も露見しやすくなるが，日本語では視覚腹側経路（小細胞システム）の障害を示唆する報告も散見される。日本語の文字種の多さや構成要素の複雑さが影響していると考えられる。

言語の習得と認知機能

英語では日本語以上に音韻処理能力にかかる負荷が高く，一方日本語では，複雑かつ多くの文字を学習し効率的に想起するためには視覚的な情報を処理する力にかかる負荷が高くなる。

<プラスα>

正確性と流暢性

正確性とは文字から音，

読み困難の見極めと留意点

ひらがなの読みから躓く児童は介入の緊急性は高い。ただし全体の1/4～5程度。「ひらがなで問題がないから大丈夫」「正確に読めるから問題がない」は誤った判断。

読み書きと学習の関連

学力と読み書きスキルの関連を検討すると，低学年では読み流暢性が，高学年では書き正確性が最も影響している。書いて理解する学習方略に過度に依存した本邦の学習形態を反映しており，支援ではこのメカニズムを変える必要がある。また高学年で読み流暢性が低下している場合，学習到達度に大きく影響している可能性が高いと判断し介入を急ぐ必要がある。

包括的領域別読み能力検査（CARD：Comprehensive Assessment of Reading Domains)

デコーディングや語彙，統語といった言語ドメインと読解プロセスを同時に評価できる遂行型検査。

期，読み困難がある児童で，潜在的知能が高く自分の読みの苦手さに気づきつつある場合は，絵本読みなど文字の絡む活動場面を避け，話し言葉には問題がないため回避の理由も上手に話します。小学校入学前の段階で，ひらがなの清音がいくつか読めない，あるいは読み誤りがあれば，その時点で読みが苦手であると判断できます。読みに苦手さがある場合，書きにも注意が必要です。また，ひらがなで苦手さを示す場合，カタカナや漢字での苦手さはもっと強くなります。

また，小学校入学後，直音は何とか学習できても特殊音節での読み誤りが目立つ児童がいます。これは，拗音や促音などの特殊音節は直音に比べてルールが複雑であり，音韻処理能力にかかる負荷が高いためです。小学校2年生ごろになると，読みの苦手さのある児童は文レベルでの読みでは単語自体の読み誤りよりも「文末を勝手につくって読む」といった読み誤りが出やすい傾向にあります。これは一文字ずつ文字を音に変換することが苦手なために，代償的に文全体の意味から推論して音に変換して読んでしまうためです。小学校3年生以降になるとまとまり読みが難しく，読みの遅さが際立つようになったり，ある程度読めてもすぐに疲れたりする様子が見受けられます。漢字の読みでは，非典型的な読みや特殊な読みに困難さを示す場合があります。読み経験が相対的に少なく文字を通じた語彙の学習に二次的影響が生じている場合，典型的な読み方に対する読み誤りや，「五月雨」などの特殊読みに特に困難さを示します。さらに読解では読みが読解プロセスの入り口であるため，読みのプロセスで生じた強い負荷はその後のプロセスに影響を及ぼします。参考に「包括的領域別読み能力検査」（CARD）を用いた読解モデルを図6-2に示します（川崎ほか，2019）。読解力は読みだけに規定されるものではありませんが，「読み」（デコーディング）が読解の入り口となっていること，統語的知識の活用，文脈利用といった上位の階層にも影響を及ぼしていることがわかります。

②書きの困難さとその見極め

読みの困難さをもつ児童の大部分に書きの困難さを認めます。また書きのみの困難さを示す児童も一定数存在します。タイプ別に検討すると，ⅰ）もともと書きも読みも苦手であったが，読みはある程度キャッチアップした事例，ⅱ）書きに特に影響しやすい認知機能障害が強い事例，ⅲ）ADHDや発達性協調運動障害など，他の発達障害の要因が書きに影響した事例，となります。また，特に漢字の書き正確性は学習到達度と関連するために，学習全般の遅れの一側面として出ている可能性も考慮しておく必要があります。

ひらがなの書きは小学校入学時点では個人差が大きいものの70～80%，1年生後半ではほぼ100%の到達度を示します。1年生の後半でひらがながいくつか書けない，あるいは書き誤りがあれば，書き困難と判断することができます。ひらがなは文字の構成要素も単純です。ひらがなが「思い出せない」背景

は文字と音との対応関係が十分成立していないためであり，その結果，無反応になったり異なる文字を書いたり特殊音声で書き誤ったりする傾向が多いようです。この場合，読み指導に伴い書きも改善する傾向にあります。また漢字の書き誤りでは，線が一本多い（あるいは少ない）等の文字の構成要素の誤りや，無反応（思い出せない）といったものがあります。これは視知覚認知機能の問題や，正しく文字の構成要素を思い出せていないことから視覚性記憶の弱さを反映していると考えられます。また，同音異義の漢字に置き換わるような誤りの背景には意味処理能力の弱さや文字を通じた学習の少なさを反映している可能性があります。

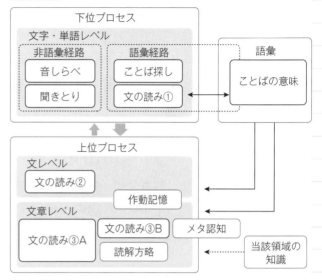

図6-2　CARD における読解過程のモデル

出所：川﨑，2014 を改変

　日本語の書き困難の児童（タイプ i ）の特徴は文字のアンバランスさや，書きの所要時間が長いといったものです。書き写す作業（視写）ではその傾向がより顕著に現れます。よく「マス目からはみ出して書く」といった傾向があげられますが，これは上記タイプ iii ）の累計で出現する症状であり，SLD 単独の特徴ではありません。

③既存の評価の枠組み

　学習障害児の評価・支援について，読み書き困難の有無にかかわらず広く集団全体に予防的に介入し，階層性をもって段階的に評価・介入を行う「RTI（Response to Intervention）モデル」と，読み書き困難の状態をできる限り早期に検出し，その個人を対象として学習状況（学力）と知的発達段階，特定の言語モダリティーとの乖離を明らかにし，さらに背景となる認知機能障害を掘り下げ検査で明らかにする「乖離モデル」（ディスクレパンシーモデル）の二つがあります。個別の児童生徒の評価では①全般的知能や認知機能に関する評価，②語彙力や統語面等の言語ドメインの評価，③背景となる認知機能の評価，にとどまらず，④読解力を含めた学力全般，⑤読み書きに関する苦手意識，⑥学習意欲や自己効力感，まで包括的に評価することが推奨されます。①ではWISC-Ⅳ（ウェクスラー式児童用知能検査第 4 版：Wechsler Intelligence Scale for Children）や K-ABCⅡ に加えて DN-CAS も有効です。③では，読み書きの正確性と流暢性の観点から評価を行うことが重要です。さらに⑤読み書きに関する苦手意識は，加齢に伴い課題遂行や心理的ストレスに与える影響が大きくなることが明らかになっており重要な観点といえます。公認心理師が行う学習障害への支援は第一に評価に基づく環境調整や学習方法の助言，代償的学習

手段の検討であり，学齢期であれば並行して所属学級における**授業のユニバーサルデザイン化**を行います。

2 注意欠如・多動症（ADHD）とは

1 ADHDの定義

　注意欠如・多動症／注意欠如・多動性障害（**ADHD**：Attention-Deficit/Hyperactivity Disorder）は注意の問題と多動-衝動性の問題（およびその合併）を主たる症候とする発達障害です。DSM-5ではASDやSLDと同じ神経発達障害（神経発達症）に該当します（表6-2）。行動観察に基づき，児者の年齢集団から想定される範疇を超える注意や多動および衝動性に関する特徴的な行動が，児童期で5項目，青年期（17歳以降）で6項目以上当てはまり，かつ一定期間（6か月）継続することで診断がなされます。さらにADHDの不注意や多動-衝動性の症状のうちいくつかは12歳以前から出現するとされています。また出現する行動は学校等特定の場面に限られたものではなく，特定他者との関係性から生じた行動は含みません。実際に診断に至るまでには行動障害，愛着障害，気分障害，パーソナリティ障害などとの鑑別が必要となります。

　ADHDについて留意しておきたいポイントは，①不注意等の注意の問題と多動-衝動性といった異なる症候が混在するため（また，相互に影響するため），それぞれの症状に応じて対策を立てる必要があること，②他の発達障害でも注意の問題や多動-衝動といった行動特徴が生じるため，他の発達障害の合併や一次障害と二次障害の見極めが重要であること，です。注意の問題も一概ではなく，複数の対象に注意を振り分ける配分的注意や向けた注意を維持する持続的注意，注意を向ける対象を切り替える転換的注意といった注意の機能によっても異なります。衝動行動も衝動性のコントロールに起因するものもあれば，注意を向ける働きである選択的注意の問題によって結果的に衝動的な行動と判断される場合もあります。また，ASDにも選択的注意の問題を認めることが多いですし，多動-衝動性に類する行動も認められます。ADHD・ASDはともに実行機能の弱さをもち，ADHD・SLDはともに**ワーキングメモリ**に関する弱さを結果的に示すため，困難さの背景を多角的に掘り下げる必要があります。

　また，注意機能や多動-衝動性の背景の一つと想定されている実行機能は，特定のスキルと結びついた局在性の認知機能と違い，すべての精神活動の基盤である基盤的認知機能であり，学習や行動全般に影響を及ぼすことにも留意が

表6-2　DSM-5における注意欠如・多動症／注意欠如・多動性障害の診断基準（抜粋）

A．(1)不注意，(2)多動性および衝動性の諸症状が少なくとも 6 カ月持続し問題となって
　　いる。17 歳未満 6 項目以上，17 歳以上 5 項目以上
B．12 歳前から幾つかの症状が出現している
C．2 つ以上の状況で問題がある（特定の場面ではない）
D．社会的学業的職業的に影響がある
E．他の精神疾患で説明できない

○不注意	○多動性および衝動性
・職業・学業・遊びなどでの注意持続困難	・手足をそわそわしたりもじもじする
・脱線や不注意でやり遂げられない	・離席や，持ち場を離れることが多い
・活動の順序立てや，整理整頓困難	・不適切な状況で走り回ったり高所へ登る
・精神的努力を要する課題からの回避	・静かに遊ぶことができない
・紛失の多発	・しゃべりすぎる
・気が散りやすい	・会話の順番をまもれず，遮ることが多い
・予定の忘れっぽさ	・他人の活動への干渉

必要です。ADHD と SLD の合併事例であれば，相加的ではなく相乗的に症状が重くなると考えられています。

2　ADHD の出現率

　前述の文部科学省（2012）「通常の学級に在籍する発達障害の可能性のある特別な教育的支援を必要とする児童生徒に関する調査」では行動面で著しい困難を示す児童が 3.6％存在することが明らかになっています。ただし，これは教育支援ニーズを必要とする児童の割合ですが疫学調査の結果と大きく乖離しません。生涯有病率では概ね 3％程度の報告が多く（Thapar & Cooper, 2016），年代別では児童期では 5％を超え，成人期では 2～3％と報告されています。また ADHD と SLD の合併は 30～40％と報告されています。年代による出現率の違いの背景の一つに，児童期後期以降になると行動面の統制の役割を担う実行機能の成熟や，自分の行動面に関するメタ認知の変化によって代償的に行動の制御や調整，注意資源の活用方法を工夫することができるようになる児童が一定割合存在することによって出現します。よく児童期後期になると「以前に比べて落ち着きを増してきた」というエピソードを聞きます。言い換えれば，個々人の状態に正しく気づかせ対処方法を学習する認知リハビリテーションや認知行動療法は ADHD のアプローチとして有効です。特に ADHD では薬物療法も有効ですが，行動面への介入があってその効果が十全に発揮されます。

3　ADHD の障害機序

　このような注意や多動-衝動性といった問題の背景には神経生物学的要因が関与するとされており，ADHD は中枢神経系の機能障害を基盤とした行動面

の障害と考えられています。また，注意や行動面と密接に関連する実行機能の神経基盤は前頭葉にありますが，実行機能自体が特定の皮質に限定できる「局在性」の機能ではなく，広くネットワークで機能する散在性の機能であり，両側背外側前頭前野や前部帯状皮質，さらに行動の決定に際しては扁桃体や側坐核といった大脳辺縁系なども含む広範な領域が関連していることが明らかになっています。これは ADHD の機序が特定の領域ではなく複数の領域と関連し，かつそのネットワークの特異性があることを示しています。SLD 同様これらには遺伝的素因の関与も示唆されており，遺伝的素因が神経生理学的異常（神経伝達物質の問題）や脳内ネットワークの形成の異常に関与し，結果として前頭葉機能に影響を及ぼすと考えられています。集約すると，遺伝的素因が前頭葉ならびに大脳基底核を中心とした脳内ネットワークやドーパミン等の行動制御に関連する神経伝達物質の安定的産生に影響を及ぼし，結果として注意や行動面の困難さが現れると考えられています。また行動の制御や注意の働きには環境要因も大きく関与しますし，注意や実行機能以外の高次脳機能の要因が，代償的に困難さに対応するための能力に関与します。

4　ADHD と関連する認知機能

①実行機能とその評価

　実行機能（遂行機能）とは，目標を達成するために行動を計画したり，円滑に遂行するためにルールを維持したり，状況を逐次更新しつつ行動を変更するといった機能の総称です。実行機能は複数の機能から構成された包括的な概念と考えるのが最近の傾向です。三宅ら（Miyake et al., 2000）は実行機能の構成要素のうち「抑制」「シフティング」「更新」の 3 つを重要視し，特に抑制との関連を示唆しています。バークレイ（Barkley, 1997）は ADHD の根幹を**反応抑制**制御の困難さととらえ，その困難さが実行機能に影響を及ぼすとしています。ADHD には，結果として反応抑制制御に問題があることは間違いなさそうですが，最近では更新・シフティング・抑制のうち，抑制を外して実行機能の中核といえる更新とシフティングを共通実行機能と更新固有，シフティング固有の 3 つに分ける考え方が一般的です（Friedman et al., 2008）。行動の抑制には実行機能だけでなく別階層の要因も関与するためであり，逆にここに介入支援の余地も生じるわけです。

　抑制できない衝動的な行動がどのように起きるのか，特定の刺激下で起きる情動反応とその制御の関連から理解を深めたいと思います。まず，大きな刺激に反応して大脳辺縁系によって情動が喚起されます。不快情動であれば扁桃体が関与し交感神経の緊張度が増します（ボトムアップ処理）。併せて与えられた刺激の符号化を行い，喚起される不快情動を緩和するために前頭前野を中心とした領域が制御をかけようとします（トップダウン処理）。さらに過去の経験や

プラスα
実行機能
実行機能は複数の要素（機能）から成り立った複合的な構成概念。「自己制御」や「遂行機能」，バドリーのワーキングメモリのモデルにおける「中央実行系」も概ね同義と考えてよい。
バドリーのワーキングメモリのマルチコンポーネントモデルでは，実行機能はワーキングメモリの一要素となっている。複雑であるが，理論による包摂関係を理解し対応する。

参照
実行機能
→ 4 章

記憶を原資として行動調整がなされます。これら一連の反応―反応抑制制御の
プロセスを情動的側面と認知的制御（実行機能）の２つに分けることができま
す（Zelazo et al., 2003）。情動的プロセスに対する支援では刺激制御を含めた
環境調整，認知的制御に対しては認知行動療法が有効なアプローチとなります。

　実行機能に関する評価は成人を対象とした日本版 BADS 遂行機能障害症候
群の行動評価（Behavioural Assessment of the Dysexecutive Syndrome），小
児，成人双方を対象としたストループテスト，トレイルメイキングテスト，
ウィスコンシンカード分類テスト等があります。また，広く前頭葉機能障害を
検出するための検査として６項目（各３点，合計得点 18 点）からなる前頭葉機
能検査（FAB：Frontal Assessment Battery）があります。実行機能が複数の
機能を包括した概念であるため，特定の検査だけで実行機能障害を広く検出す
ることは困難です。よって，実行機能の評価では特に標的とする下位機能に鋭
敏な検査を複数選択し結果を分析する必要があります。前提として遂行型の神
経心理検査は ADHD 全体の行動特徴の把握に基づき掘り下げ検査として行わ
れるものです。行動観察は必須ですし，質問紙による全体像の把握も必要です。

②注意機能とその評価

　前述の実行機能を駆動するうえで注意の働きは切り離して考えることができ
ません。注意が生起するプロセスの違いから能動的注意（トップダウン型注意）
と受動的注意（ボトムアップ型注意）に分けることができます。さらに注意に
は４つの主だった働き（機能）の観点から理解を深める必要があります。たと
えば「先生の話を聞く」プロセスでは，雑多な刺激のなかから不要なものに注
意をそらさず先生の話に注意を向け（選択的注意），さらに話が区切りを迎える
まで注意を向け続ける必要があります（持続的注意）。理解を深めるためには適
宜先生の話だけでなく，板書や教科書に注意を切り替えたり（転換的注意），時
には本を見ながら先生の話を聞く（配分的注意）といったことが必要になりま
す。選択的注意で余計な刺激を排他できなければ結果として余分な動きが多く
なり，ばたばたとした行動特性のように感じることもあります。不注意傾向に
対する支援を考える場合，注意のどの機能に特徴があるのかを見極めてそれぞ
れに応じた効果的な支援の方向性を立てる必要があります（表6-3）。

　注意障害の支援に際しては，機能とは別に注意の性質である「容量性」（注
意資源）についても考慮する必要があります。注意はいわば限界のある資源で
あり，資源は個人差があります。資源が少ない場合，早期に浪費してしまうと
あっという間に枯渇します。また同時に注意を振り分ける対象が多くなればな
るほど，それぞれに配分される注意の資源は相対的に少なくなります。出発前
に，忘れ物をしないように準備をしている子どもに「忘れ物ない？」と声をか
けると声かけにも注意資源を振り分けるため，結果的に忘れ物が増えてしまう
ことがあります。約束事を自ら多くして結果として失敗してしまうのも同じで，

プラスα

前頭葉機能検査（Frontal Assessment Battery：FAB）
臨床症状から前頭葉機能障害を検出するためのスクリーニング検査であるが，行動プログラミング，反応制御課題，GO/NO-GO 課題，といった実行機能の課題が含まれている。

ADHD の評価
ADHD の行動特徴全般をとらえる質問紙の代表的なものにADHD-RS（小児）等がある。

表6-3 注意の機能

	働き	支援の方向性
選択的注意	必要な刺激・情報に対して注意を向け，不必要な刺激・情報を排他する働き	不要な刺激に対して注意が向いてしまう状況を取り除く環境調整。①不要な刺激・情報を出来る限り取り除く，②注意を向けるべき刺激・情報を際立たせる
持続的注意	いわゆる向けた注意を向け続けて維持する働き，一つの課題や学習に向けた注意をゴールまで切り離すことなく向け続ける働き	活動や課題の構造化を行う。活動全体の見通しを持たせ，スモールステップ化することで非効率的な注意資源の浪費を防ぐ
転換的注意	一つの刺激・情報に対して向けた注意を別の刺激や情報に切り替える働き。注意の解放と定位を効率よく行う	注意を切り替えるポイントを際立たせる。特に「暗黙の了解」で注意が向いている「はず」とおもうような場面でも，細かな声かけや確認を行う
配分的注意	複数の刺激や物事に対して注意を振り分ける働き。ASD の行動特徴の一つである「シングルフォーカス」は配分的注意の問題を表す	最も重要な機能，原則として配分的注意に負荷をかけない。複数に注意を向けないといけない状況をシングルフォーカスで対処できるように工夫する

容量の観点からの注意障害への適切な支援の方向性は，①注意資源の効率的な利用（課題のスモールステップ化と構造化），②注意資源の過剰消費の抑制（配分的注意の負荷を減らす環境調整）となります。

注意の困難さに対してはまず環境調整を行います。薬物療法や認知行動療法を行っている場合でも並行して行います。環境調整は支援と合理的配慮の端緒です。ADHD だからこの支援といったステレオタイプな対応ではなく，機能的側面に応じた方針と，具体的に課題となる行動がある場合には，一つひとつの行動にはその行動を生起させるだけの背景があることを念頭において行動の意味を分析し，対応をとる必要があります。こういった視点から，まずその児童の一番身近な存在である保護者に対して障害特性の理解を促し，行動の意味を読み解き，正しい行動の強め方（褒め方）を指導することも重要です。ペアレント・トレーニングも有効な手段といえます。

考えてみよう

1. 学齢期における学習面に躓きをもつ児童の背景についてどのようなものが想定されるか考えてみよう。またライフステージに応じた読み支援について考えてみよう。
2. ADHD の児者への環境調整のあり方について，注意の機能を踏まえて考えてみよう。

🪶 本章のキーワードのまとめ

学習障害 （限局性学習症）	学習障害は知的発達や感覚器の障害，環境要因では説明不可能な読みや書きなどの基礎学習スキルの困難さによって学習活動全般に影響を及ぼした状態を指す。「学習障害」（LD：Learning Disability）は教育現場で使用される概念であり，医学での定義，限局性学習症／限局性学習障害（SLD：Specific LearningDisorder）とは若干異なる。教育と医学との共通点は①基礎的学習スキルの習得と使用の問題が一次障害であり，その結果学習全般に影響を及ぼしていること，②環境要因や感覚器の問題等が直接的な原因ではなく，先天的あるいは言語獲得期の要因によって起因する，ことにある。
ディスレクシア	ディスレクシア（dyslexia）は一般的には「難読症」と翻訳されることが多い。読みに障害をもつと書きも障害されることが多いことから「読み書き障害」と訳する場合もある。先天性だけでなく後天性の障害も含むため，発達期の読み困難を指す場合には「発達性読み書き障害」とするものもある。
認知機能障害	認知機能障害とは記憶や思考・理解・言語など，高次脳機能の総体ともいえる知的な能力の総称である認知機能の障害を指す。脳損傷に起因する認知機能障害は高次脳機能障害と呼ばれる。
授業のユニバーサルデザイン	障害の有無や特性の強弱にかかわらずそれぞれ各自にとって最適な教育を受けることができる教育環境のことを指す。個々の苦手さや弱さを持った人が安心して受講できる授業環境は他の全員にとっても素晴らしい環境である。
注意欠如・多動症／注意欠如・多動性障害（ADHD）	注意欠如・多動症／注意欠如・多動性障害（ADHD：Attention-Deficit/Hyperactivity Disorder）は注意の問題と多動-衝動性の問題（およびその合併）を主たる症候とする発達障害である。DSM-5ではASDやSLDと同じ神経発達障害（神経発達症）に該当する。
ADHDのサブタイプ	ADHDのサブタイプは「不注意型」（注意障害が基盤として存在するもの），「多動・衝動型」（行動制御の障害が基盤として存在するもの），「混合型」（双方の要素を基盤）に分類することができる。
ワーキングメモリ	ワーキングメモリは短期記憶や中央実行系などの複数のコンポーネントから成り立つ構成概念である。Baddeley & Hitchのモデルでは中央実行系（実行機能）を中核として視空間スケッチパッド，音韻ループ，エピソディックバッファーといった下位システムから成り立っており相互に影響しあう。
反応抑制	一般的には不適切な行動（運動反応）を抑制する機能であり，系統的な行動を維持し続けるうえで重要な役割を果たしている。前頭葉機能障害で反応抑制の障害が出現し，これらの症状はGO/NO-GO課題によって検出される。

第7章 身体障害・運動障害の理解と支援

身体障害は，腕や脚といった四肢に生じる障害や視覚・聴覚障害のほか，心臓などの臓器の疾患による障害も含まれています。運動障害については，身体障害から生ずるだけでなく，脳の異常から生じる場合もあります。現れる障害像が類似していても生じる要因が異なり，支援の内容や方法も異なるため，これらの障害の理解とその支援について学ぶ必要があります。

1 身体障害と運動障害

　この章では，心理学を学ぶ人にとって，身体障害や運動障害とはどのような障害であり，どのような支援が必要なのかということについて述べていきます。はじめに，「身体障害と運動障害」の定義について触れ，次に「肢体不自由」などの具体的な障害の状態を取り上げて述べていきます。

　身体障害と運動障害は，一見するとその名称から，手指や腕，脚などの四肢の機能に異常が生じる類似した障害のようにみえるかもしれません。しかし身体障害は，身体障害者福祉法（厚生労働省，1949）の別表では肢体不自由の規定だけでなく，視覚障害，聴覚障害，音声機能，言語機能又はそしゃく機能の障害に加えて，「心臓，じん臓又は呼吸器の機能の障害その他政令で定める障害で永続し，かつ，日常生活が著しい制限を受ける程度であると認められるもの」と規定していて，内部障害とよばれる臓器・器官などの機能障害も含まれています（表7-1参照）。なお，視覚障害，聴覚障害については第8章で紹介するため，本章では以下に述べる肢体不自由と内部障害について紹介します。

　一方，運動障害はどのようなものでしょうか。運動には，自分の意志で行う運動である随意運動と，心筋などの自分の意志によらない不随意運動があります。この随意運動は，大脳の運動野からの指令が神経を通じて筋へ伝わり，筋が伸縮することで生じます。また静止している状態であっても，身体の状態について視覚や平衡感覚などの情報が脳に送られ，その情報をもとに体幹や身体を支える筋の緊張が無意識に保たれていて，姿勢が保たれています。運動障害は，疾患などによって，随意運動や姿勢保持などに異常がある状態のことをいいます。

表7-1	身体障害者福祉法別表

一　次に掲げる視覚障害で，永続するもの
　　1　両眼の視力（万国式試視力表によつて測つたものをいい，屈折異常がある者については，矯正視力について測つたものをいう。以下同じ。）がそれぞれ〇・一以下のもの
　　2　一眼の視力が〇・〇二以下，他眼の視力が〇・六以下のもの
　　3　両眼の視野がそれぞれ一〇度以内のもの
　　4　両眼による視野の二分の一以上が欠けているもの
二　次に掲げる聴覚又は平衡機能の障害で，永続するもの
　　1　両耳の聴力レベルがそれぞれ七〇デシベル以上のもの
　　2　一耳の聴力レベルが九〇デシベル以上，他耳の聴力レベルが五〇デシベル以上のもの
　　3　両耳による普通話声の最良の語音明瞭度が五〇パーセント以下のもの
　　4　平衡機能の著しい障害
三　次に掲げる音声機能，言語機能又はそしやく機能の障害
　　1　音声機能，言語機能又はそしやく機能の喪失
　　2　音声機能，言語機能又はそしやく機能の著しい障害で，永続するもの
四　次に掲げる肢体不自由
　　1　一上肢，一下肢又は体幹の機能の著しい障害で，永続するもの
　　2　一上肢のおや指を指骨間関節以上で欠くもの又はひとさし指を含めて一上肢の二指以上をそれぞれ第一指骨間関節以上で欠くもの
　　3　一下肢をリスフラン関節以上で欠くもの
　　4　両下肢のすべての指を欠くもの
　　5　一上肢のおや指の機能の著しい障害又はひとさし指を含めて一上肢の三指以上の機能の著しい障害で，永続するもの
　　6　1から5までに掲げるもののほか，その程度が1から5までに掲げる障害の程度以上であると認められる障害
五　心臓，じん臓又は呼吸器の機能の障害その他政令で定める障害で，永続し，かつ，日常生活が著しい制限を受ける程度であると認められるもの

出所：厚生労働省，1949

2 ｜ 肢体不自由

1　肢体不自由とは

　身体障害とよく似た用語として「**肢体不自由**」があります。この「肢体不自由」という用語は高木憲次によって提唱されたもので，児童福祉法（厚生労働省，1947）では「上肢，下肢又は体幹の機能の障害」と定義されています。教育分野では「障害のある子供の教育支援の手引～子供たち一人一人の教育的ニーズを踏まえた学びの充実に向けて～」（文部科学省，2021）で，「肢体不自由とは，身体の動きに関する器官が，病気やけがで損なわれ，歩行や筆記などの日常生活動作が困難な状態をいう」と示されています。

　また，肢体不自由を引き起こす主な疾患としては，脳性まひ（後述）や二分

脊椎*などの神経系に関する疾患，進行性筋ジストロフィー*などの筋肉に関する疾患，先天性骨形成不全やペルテス病などの骨に関する疾患，手足などの先天的な欠損や事故などの後天的に起こる欠損といったものがあげられます。このうち肢体不自由児では，脳性まひを含めた脳に関する疾患を起因としている場合が最も多いです。

2 肢体不自由から生ずる発達や日常生活に関する困難

以下では肢体不自由により発達段階や日常生活で生じるさまざまな困難について解説します。

①認知発達に関する困難

乳児期における認知発達は運動発達と強く関係し，自身が興味を示した物へ手を伸ばし摑んだり，引き寄せたりなどの上肢の運動発達と，それを支える姿勢の安定とあわせて，遠近感や立体感など空間に対する認知発達が進んでいき，相互的に発達していきます。しかし，肢体不自由がある場合には，筋緊張が高いために体を支えられず安定した姿勢をとることが困難であったり，上肢の運動がスムーズに行えなかったりするため，認知発達を阻害することがあります。

②移動に関する困難

上肢の運動だけでなく，下肢も含めた四肢と体幹の運動発達により，定頸（首がすわること），寝返り，腹這い，四つ這い，つかまり立ち，独歩などの移動運動が発達していきます。この移動運動に合わせて行動範囲が広がり，興味をもった事物へ移動し，見たり触ったり舐めたりなど物に働きかけをするなかで知識を得ていきます。したがって，運動発達の阻害が移動運動に制限を生じ，直接的な体験が不足し，体験を土台とする認知発達の妨げにもつながっていきます。

③コミュニケーションに関する困難

肢体不自由で脳性まひがある場合，発声・発語に関係する器官の運動がスムーズに行われないため，音声言語の表出が難しかったり，不明瞭であったり流暢ではない表出になったりすることがあります。これは，発語に必要な構音器官の運動だけでなく，音を出すために必要な胸郭や腹部などの筋緊張が高くなってしまうために生じます。

また言語・非言語的にかかわらずコミュニケーションを行う際に，運動障害のために伝達する時間がかかり，周囲が本人の表出を待たずに意思を汲み取ってしまい伝達の機会を失ってしまったり，本人の表出の不正確さや不明瞭さから周囲が本人の意思を正確に受け取れないために本人の伝達意欲が下がってしまったりすることがあります。

④社会性に関する困難

社会性の育ちには，乳幼児期のなかで養育者とのやりとりや，同年齢の子どもたちとの遊びとそのなかでの集団の経験が大切になります。しかし，肢体不

自由のある子どもの場合，養育者が子どもへ働きかけたときに応答が弱かったり不明瞭であったりすると，養育者の働きかける意欲が下がることから関わる機会も減っていきがちです。また，遊ぶ際にも上肢の運動障害による物の操作への困難や移動に関して困難がある場合には，それらの困難に影響を受けないような環境を設定する必要が生じます。

　さらに肢体不自由のある子どもの場合，日常生活で養育者から介助を多く受けることが多く，年齢が上がっていって自身でできるようになった場合であっても，時間がかかりすぎてしまうことから，周囲が介助を必要以上に行ってしまう場合があります。このことは，年齢相応の社会的スキルを獲得することを困難にし，また受け身的な状態が多いことから，自己決定をしていく力が育ちにくく，社会性の困難が生じやすくなります。

3 ｜ 身体障害・運動障害に関する疾患

　ここでは身体障害・運動障害に深く関わりのある疾患として「脳性まひ」について説明し，また最近少しずつ認知されてきている発達性協調運動障害などについて紹介します。

1 脳性まひとは

①脳性まひの定義

　「脳性まひ」は，一つの疾患を指しているものではなく，症状群の総称を表

図7-1　脳性まひの各型の状態像

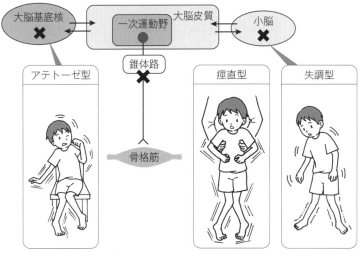

出所：医療情報科学研究所，2011 より作成

したものです。また，明確な定義はなく，1968年に厚生省脳性麻痺研究班が定義した「受胎から新生児（出生後4週間）までの間に生じた，脳の非進行性に基づく，永続的な，しかし変化しうる運動および姿勢の異常である。その症状は2歳までに発現する。進行性疾患や一過性運動障害，また将来正常化するであろうと思われる運動発達遅延は除外する」という定義が用いられることが多いです。

　脳性まひの発生時期は，出生前，周産期[*]，出生後のいずれでも起きますが，最も多く発生する時期は周産期で，原因としては早産や出生時の仮死などがあります。

②脳性まひの分類

　脳性まひは痙直型，アテトーゼ型，痙直型とアテトーゼ型の混合型，失調型などに分類されます（図7-1参照）。同じ型であっても人によって重症度はさまざまです。痙直型は，運動を行う際に脳から脊髄に至る中枢神経系の経路（錐体路と呼ばれる）での障害から起こり，身体的な特徴としては，筋緊張が全般的に高く，そのため手足の動きが少ないといったことがあります。アテトーゼ型は大脳基底核の障害により生じ，四肢の不随意運動や筋緊張の激しい変動がみられ，そのために姿勢が変化したり崩れるため，姿勢を保持することが難しいことがあります。失調型は，小脳の障害が原因で起こり，筋緊張の低下や，運動をうまく協調して行うことができずぎくしゃくした動きになる失調といった症状がみられます。歩くことが可能であってもバランスを保つことが難しかったりします。

　脳性まひの症状が重い場合は，成長に伴い骨は伸びていきますが，筋緊張が均等でないために，筋がバランスよく成長していかず，側弯[*]などの二次的な障害が出てきます。

　また痙直型のまひについては，四肢へのまひの出現の仕方でもタイプが分けられ，左右の上肢と下肢に同じ程度にまひがでる「四肢まひ」，下肢に強いまひを示す「両まひ」，体の半身の上肢と下肢にまひを示す「片まひ」，四肢の1か所のみにまひを示す「単まひ」があります（図7-2）。

語句説明
周産期
ICD-10では妊娠22週から出生後1週間未満と定義されている。

語句説明
側弯
脊柱が横に曲がってしまう状態。

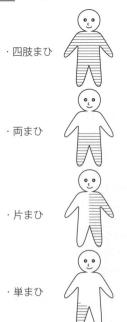

図7-2　痙直型のまひのタイプ

・四肢まひ

・両まひ

・片まひ

・単まひ

出所：東條, 2015 より引用

2　発達性協調運動症/発達性協調運動障害・常同運動障害・チック障害

次に DSM-5 に示されている運動障害群について紹介します。

①発達性協調運動症／発達性協調運動障害

協調運動とは，手や足などを個別で動かすのではなく，それら複数を連動させて動かすことで，一つのまとまった動作を行うものをいいます。手や足だけに限らず目で物を追いながら手を伸ばすといったような目と手を連動させるものも含みます。日常生活のなかでこの協調運動を必要とする動作が，実年齢や発達段階と比較した場合に不正確であったり著しく困難を示している状態が**発達性協調運動症／発達性協調運動障害**（DCD：Developmental Coordination Disorder）です。たとえば，物にぶつかりやすかったり，物を落としやすいといった不器用さや，書字や自転車に乗るといった運動技能がゆっくりであったり，ぎこちないまたは不正確であるような状態がみられます。DCD は，DSM-5 では神経発達障害群のなかの運動障害群として，表7-2のように診断基準が示されています。この神経発達障害群には，自閉スペクトラム症，注意欠如・多動症，限局性学習症といった，発達障害者支援法（厚生労働省）で定義されている発達障害が示されており，これらは認知領域における発達障害と考えると，DCD は運動領域における発達障害としてとらえることもできます。

表7-2　発達性協調運動症／発達性協調運動障害の診断基準

A．協調運動技能の獲得や遂行が，その人の生活年齢や技能の学習および使用の機会に応じて期待されるものよりも明らかに劣っている。その困難さは，不器用（例：物を落とす，または物にぶつかる），運動技能（例：物を掴む，はさみや刃物を使う，書字，自転車に乗る，スポーツに参加する）の遂行における遅さと不正確さによって明らかになる。
B．診断基準Aにおける運動技能の欠如は，生活年齢にふさわしい日常生活活動（例：自己管理，自己保全）を著明および持続的に妨げており，学業又は学校での生産性，就労前及び就労後の活動，余暇および遊びに影響を与えている。
C．この症状の始まりは発達段階早期である。
D．この運動技能の欠如は，知的能力障害（知的発達症）や視力障害によってはうまく説明されず，運動に影響を与える神経疾患（例：脳性麻痺，筋ジストロフィー，変性疾患）によるものではない。

出所：American Psychiatric Association, 2013/2014

②常同運動障害・チック障害

DSM-5 では運動に関わる障害として，神経発達障害群に含まれる DCD のほか，運動障害群として常同運動障害やチック障害を含めています。常同運動障害は反復して行われる目的のない動きをするもので，首を振ったり，手をひらひらさせたりするなどを繰り返すことで日常生活のなかの活動に支障をきたすものです。反復して行われる動きには自身の身体に噛みつくなどの自傷を伴

うものもあります。チック障害は，突発的で急速に繰り返される不規則的な運動または発声を示す状態です。瞬きや顔をしかめるなどの運動チックと発声を伴う音声チックがあり，いずれも不随意的に起こって症状が出ている時間はきわめて短いです。

4 | 内部障害

　ここでは，身体障害のなかでも，心臓をはじめとする臓器の疾患に起因して生じる内部障害について説明します。

　内部障害は，心臓機能障害，じん臓機能障害，呼吸器機能障害，ぼうこう又は直腸の機能障害，小腸機能障害，ヒト免疫不全ウイルスによる免疫機能障害，肝臓機能障害があります（厚生労働省，身体障害者福祉法施行規則別表第5号）。この内部障害に含まれる病気は，長期的に治療が必要とされる慢性疾患で，病気の種類は多岐にわたっています。平成18年身体障害児・者実態調査結果（厚生労働省，2008）では，18歳未満で身体障害として認定されている人数で最も多いのは肢体不自由で50,100人，次に内部障害で20,700人が続き，内部障害は身体障害のおよそ22％を占めています。18歳以上の内部障害をもっている人は107万人で身体障害のおよそ30％にあたり，18歳未満と比較するとその割合が多くなっています。

　内部障害をもっている子どもについては，教育分野では病弱教育として小学校や中学校の通級による指導，特別支援学級，特別支援学校でさまざまな教育形態で教育を受ける機会が保障されています。この病弱教育の対象者のうち特別支援学校での就学が適当とされる基準については，学校教育法施行令第22条の3（文部科学省）で表7-3のように示されています。

　また病弱教育では，病気療養児に対する教育の意義について「病気療養児は，長期，短期，頻回の入院等による学習空白*によって，学習に遅れが生じたり，回復後においては学業不振となることも多く，病気療養児に対する教育は，このような学習の遅れなどを補完し，学力を補償するうえで，もとより重要な意義を有する」と述べ，その他に留意する点として「①積極性・自主性・社会性の涵養」「②心理的安定への寄与」「③病気に対する自己管理能力」「④治療上の効果等」の4点をあげています（文部省，1994）。

表7-3　病弱者の障害程度

一　慢性の呼吸器疾患，腎臓疾患及び神経疾患，悪性新生物その他の疾患の状態が継続して医療又は生活規制を必要とする程度のもの
二　身体虚弱の状態が継続して生活規制を必要とする程度のもの

語句説明

学習空白

疾患によって長期や短期の欠席を繰り返して学習すべき内容が断片的になること。

　また内部障害をもつ子どもたちにおいては，その治療に関わる医療費の負担に関する福祉制度も重要になります。小児がん，心臓疾患，腎臓疾患などの難病として認められた病気については，小児慢性特定疾患治療研究事業が昭和49（1974）年から実施されています。この**小児慢性特定疾患治療研究事業**は「小児慢性特定疾患の治療研究事業を行い，もってその研究を推進し，その医療の確立と普及を図り，併せて患者家族の医療費の負担軽減にも資することを目的として，医療費の自己負担部分を補助する制度」（厚生労働省，2002）とされています。この小児慢性特定疾病については，近年では，2014年に児童福祉法の一部を改正する法律が公布され，新しい小児慢性特定疾病の対策として小児慢性特定疾病児童等自立支援事業が実施されています。

5 ｜ 身体障害・運動障害のある児者への支援

1 肢体不自由のある児者への支援とは

①早期からの支援

　脳性まひの場合には，運動障害だけでなく，知的発達の遅れや，視覚や聴覚などにも障害を伴う場合があります。障害自体から引き起こされる困難だけでなく，それらの障害のために不自然な形で経験し学習されたことによって二次的な困難が生じます。また身体の動きに困難がある場合は，運動面に関する「立つ」「歩く」といったことへの支援が集中してしまい，他の側面の発達状態へ関心がいかなくなりがちになります。したがって，幼児期の肢体不自由のある子どもについては，表面上に現れる困難ばかりに注目するのではなく，子どもの全体像をみながら支援を行っていく必要があります。また二次的な困難の発生を抑えるためにも早期発見，早期相談が重要になり，早い段階から療育が実施され，社会参加に向けた**リハビリテーション**が望まれます。

②運動障害への支援

　日常生活での困難は，肢体不自由のある場合，身体の動きの困難によって生じてきます。この身体の動きの困難に対して支援を考えるために運動能力をアセスメントすることが大切で，そのアセスメント方法として，「GMFM：Gross Motor Function Measure（粗大運動能力尺度）」などがあり，理学療法士などによって実施されることが多いです。

　学齢期では，上肢の運動障害の影響によって教科書などの教材・教具を操作したり文字を書くことなどの困難がみられることが多くあります。そのような場合，教科書やノートを操作しやすくするために文鎮や滑り止めのマットを使

表7-4 **ローテク・ハイテクデバイスの AAC 機器**

		道具の例	長所	短所
ローテクディバイス		コミュニケーションカード　コミュニケーションボード　コミュニケーションブック　紙と筆記具	・廉価 ・軽量・簡便・故障の心配が少ない ・作成しやすい	・1対1～数人の場面での使用に限定 ・相手の注目が前提 ・聞き手の注意と記憶に負荷がかかる ・音声出力できない
ハイテクディバイス	専用機	VOCA　VOCA　一体型コミュニケーションエイド	・音声出力，文字出力が可能 ・1対複数の場面での使用に有利 ・ユーザー・聞き手の興味を惹きやすい ・(一部機器で) 入力方法の選択，データ保存等が可能	・高価（要件を満たすと，自治体から給付の制度がある） ・機器操作の知識が必要 ・衝撃などによる故障のリスクがある ・カスタマイズのしやすさは，製品の自由度に依る
	汎用機	携帯電話　タブレット端末　パソコン　スマートフォン	・運動機能に応じた入力方法が選択可能 ・音声出力，文字出力等が可能 ・1対複数の場面での使用に有利 ・ユーザー・聞き手の興味を惹きやすい ・アプリケーションのインストール，バージョンアップ，周辺機器の接続によって機能を拡張できる ・データやログの保存が可能	・高価（要件を満たすと，自治体から給付の制度がある） ・機器操作の知識が必要 ・衝撃などによる故障のリスクがある ・カスタマイズのしやすさは，製品の自由度に依る ・複数のアプリケーションの中からの選択や切替に認知的負荷がかかる

出所：知念，2018 を一部改変し作成

用したり，文字を書く際にグリッパーをつけるなどして筆記用具を使用しやすくする工夫をします。また活動を行う際に歩行器や車椅子を使用することがある場合には，移動が制限されないように，**バリアフリー**の視点から環境を整備していくことも重要です。

③コミュニケーションに関する支援

運動障害によって音声でのコミュニケーションが困難である場合には，AAC（Augmentative and Alternative Communication：補助代替／拡大代替コミュニケーション）を利用した支援が有効です。AAC は，絵や写真，コミュニケーションボード，身振りやジェスチャーなどによって，言葉表出や理解に障害のある人へのニーズに取り組むアプローチのことです。AAC で使用されるコミュニケーションを補助する機器は表7-4のようにコミュニケーションボードやコミュニケーションカードあるいは紙と筆記用具のようにローテクなものから，タブレット端末や VOCA（Voice Output Communication Aid：音声出力するコミュニケーション機器）などのハイテクなものまでありますが，よりハイテクな機器が良いわけではなく，運動障害の状態をみて本人がコミュニケーションをとりやすいものを選ぶことが重要です。

参照
AAC
→5章

2 内部障害のある児者への支援

内部障害をもっている子どもは，疾患の種類や状態によって抱える心理的な

困難は異なっている面もありますが，ここではどの疾患においても共通に発生しやすい困難とその支援について述べていきます。

①治療や療養生活に対する不安や負担への支援

　病気を治すためには，つらくて大変であっても治療が必要です。このことは，幼児であってもなだめられたり叱られたりしながら経験的に理解していきます。しかしそれは，必ずしも治療を肯定的に受け止めているわけではなく，避けることも逃げることもできないことから，その状況を自分でコントロールできない状況に対して無力感を抱いたり，不安を募らせたりすることが多くなります。

　また療養生活に対しても同様です。病気を治すために入院が必要になる場合がありますが，家庭と病院では生活が大きく変わります。たとえば，家族や仲の良い友達など普段一緒にいたいと思う人と頻繁に会えなくなり，寂しさや孤独を感じやすくなります。また病室では自分のベッドとその周りの限られたスペースとが自身が使用できるスペースです。ベッドの周囲はカーテンで仕切られているだけで，プライベートな空間がきちんと確保されているわけではないので，窮屈に感じたり落ち着きづらくなります。

　このようなことから治療や療養生活への不安や孤独感など消極的な感情をもちやすくなりますが，子どもたちは必ずしもそのような気持ちを言葉で伝えてくるわけではありません。むしろ自身が感じていることや気持ちを言語化することが難しかったり，親などの家族や周囲の大人を困らせないように自分のなかにその感情を押し込めてしまう場合もあります。

　このような心理的不安も含めて，療養生活を過ごしている子どもを支援する専門職として，**CLS**（Child Life Specialist：チャイルド・ライフ・スペシャリスト）や**クリニクラウン**があります。CLS やクリニクラウンは，療養生活のなかであっても子どもらしい生活として「遊び」を保障したり，入院児だけでなくきょうだい児や両親を含めた家族への支援を行ったりすることで，子どもの成長や発達の促進を支えています。このほか，病院には，医師や看護師，児童指導員や医療保育士*など，さまざまな専門職や関係者がいますので，それぞれの役割を理解し連携して子どもの支援を進めていくことが大切です。

②体験や経験の不足による不安への支援

　幼少期から慢性疾患をもっている子どもの場合，治療や手術などのための長期的あるいは頻回の入院や，感染リスクが高いために公共施設や交通機関の利用を避ける必要があったり，集団で行う活動や宿泊を伴う学校行事などへも参加が困難であったりするなど，学校や家庭での日常生活上の制限によって，同年齢の子どもたちに比べて経験が少ないことがあります。このことによって，特に，他者とのやりとりや集団性や社会的なルールといった対人関係や社会性を学ぶことが不十分になり，友達に対してどのように振る舞ったり，どのように伝えればよいのかが想像できないために，コミュニケーションをとることに

消極的になってしまうことがあります。

　こうした体験や経験の不足と関連して，学習に関連する不安があります。治療のために頻回に通院をしなければならない場合には，授業を休むことが多くなります。また入院して療養生活を送っている場合には，病院のなかに院内学級がありそこで勉強が可能である場合であっても，治療を受けるために授業を中断しなければならなかったり，治療のために体調が安定しなかったりなど学習する機会が十分ではないことから，子どもが学習の遅れに対して不安を感じることが多いです。子どもによっては，退院の目処がつくなど自身が通っていた学校に復学することが迫ってきたときに，初めて不安を抱くこともありますし，不安から過度に学習に取り組んでしまい，結果として体調を崩してしまうようなこともあります。

　近年ではICT活用の拡大により，テレビ会議システムなどを使用して遠隔であってもコミュニケーションがとれたり，タブレット端末のアプリケーションや動画などによって，容易に疑似体験ができたりするようになってきました。このような技術を用いて，可能な限り療養生活での制限による体験や経験の不足を保障する支援をしていくことが重要です。

　　　考えてみよう

　1．肢体不自由をもつ児・者の困難は何だろうか。またその支援にはどのようなものがあるだろうか。
　2．内部障害をもっている子どもの困難は何だろうか。またその支援にはどのようなものがあるだろうか。

本章のキーワードのまとめ

肢体不自由	高木憲次によって提唱されたもので，児童福祉法で「上肢，下肢又は体幹の機能の障害」と定義され，教育分野では「肢体不自由とは，身体の動きに関する器官が，病気やけがで損なわれ，歩行や筆記などの日常生活動作が困難な状態をいう」とされている。
発達性協調運動障害	手や足などを複数で連動させたり，物を追いながら手を伸ばすといったような目と手を連動させるなどの協調運動を必要とするような日常的な動作が，実年齢や発達段階と比較した場合に不正確であったり著しく困難を示している状態。
内部障害	臓器や器官の疾患によって永続的に日常生活に制限をうける障害で，身体障害者福祉法別表で「心臓，じん臓又は呼吸器の機能の障害その他政令で定める障害で，永続し，かつ，日常生活が著しい制限を受ける程度であると認められるもの」と示されている。
小児慢性特定疾患治療研究事業	2002年に厚生労働省から出された報告では「小児慢性特定疾患の治療研究事業を行い，もってその研究を推進し，その医療の確立と普及を図り，併せて患者家族の医療費の負担軽減にも資することを目的として，医療費の自己負担部分を補助する制度」と示されていて，1974年度から事業が実施されている。
リハビリテーション	1982年国連総会で採択された障害者に関する世界行動計画に，「身体的，精神的，かつまた社会的に最も適した機能水準の達成を可能とすることによって，各個人が自らの人生を変革していくための手段を提供していくことをめざし，かつ，時間を限定したプロセスである」と定義されている。
GMFM	Gross Motor Function Measure（粗大運動能力尺度）のことで，脳性まひ児の粗大運動能力に対する尺度として使用される。2000年に近藤・福田によって日本語版の『GMFM粗大運動能力尺度──脳性麻痺児のための評価的尺度』が出版された。
バリアフリー	障害者，高齢者，妊婦や子ども連れの人などに焦点を当て，そうした人々が社会生活をしていくうえで，物理的な障壁のみならず，社会的，制度的，心理的なすべての障壁に対処するという考え方で，ユニバーサルデザインとともに取り組みの推進が求められている。
CLS	CLS（Child Life Specialist：チャイルド・ライフ・スペシャリスト）は，入院で長期療養中など医療環境にある子どもやその家族に，心理社会的支援を提供する職業で，子どもや家族が抱える精神的負担を減らし，医療体験を肯定的に受け止めることをサポートする。
クリニクラウン	日本クリニクラウン協会によるとクリニクラウンは「病院（クリニック）を訪問する道化師（クラウン）のこと」と示されている。入院生活を送る子どもたちを定期的に訪問して遊びやコミュニケーションを通じて，子どもの成長や発達をサポートしている。

第8章

視覚障害・聴覚障害の理解と支援

この章では，私たちはなぜ見え，なぜ聞こえるのかを概観した後，視覚障害や聴覚障害について説明します。視覚障害児は，物の形や概念などをどのように学び，聴覚障害児はどのようにことばを学んでいくのでしょうか。単に見えない，聞こえないことだけでなく，その向こう側にはさまざまな困難があり，どのような支援が必要なのかについても考えていきたいと思います。

1 視覚の仕組みと障害

まず視覚の仕組みについて説明し，視覚障害を引き起こす疾病をいくつか紹介します。

1 視覚の仕組み

眼球の水平横断面を図8-1に示します。いわゆる「黒目」の部分は角膜と呼ばれ，光が眼の中に入る入り口になります。光が角膜を通り，虹彩の真ん中の瞳孔を通ります。虹彩によって瞳孔の大きさが変化することにより，眼の中に入る光の量を調整します。瞳孔のさらに奥には水晶体と呼ばれる器官があり，この水晶体が見ようとするものの像のピントを合わせるレンズの機能をしています。水晶体で屈折した光は硝子体を通り，眼球の一番奥にあたる網膜上に像を結ぶことになります。

網膜には像を結ぶ中心窩に多く存在する錐体細胞と，中心にはほとんど存在せず周辺に多く存在する桿体細胞の2種類の細胞があります。この2つの細胞は役割が違います。錐体細胞は視野の中心で色を感じることができますが，機能するためには十分な光の量が必要で，明るいところで威力を発揮する細胞です。一方，桿体細胞は，周辺視野と呼ばれる部分に多くあり，色を感じることはできませんが，少しの光量で働きます。そのため，桿体細胞で周辺視野にある見たいものを察知し，眼球を動かすことにより見たいものを視野の中心にもってくる

図8-1 眼球断面図

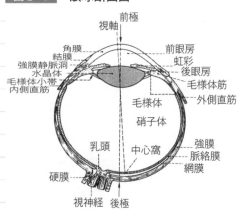

前極
視軸
角膜
強膜静脈洞
水晶体
毛様体小帯
内側直筋
前眼房
虹彩
後眼房
毛様体筋
外側直筋
毛様体
硝子体
乳頭
中心窩
強膜
脈絡膜
網膜
硬膜
視神経
後極

ことによって，錐体細胞が機能して，必要な視覚的情報を得ています。

左右の眼球はそれぞれ，右側から入る光は左側の網膜に投射され，左側から入る光は網膜の右側に投射されます。図8-2は，眼球に入った情報がどのように脳へ伝達されるかを示した図になります。左右の眼球が受け取った光刺激の情報は視交差*と呼ばれるところで統合され，左右眼球の右側から入る光の情報は左脳へ，左側から入る光の情報は右脳に伝達されます。これらの情報は最終的には後頭葉の視覚皮質に送られ，処理されることになります。

2　視覚障害を引き起こす主な疾病

視覚障害というと，視力が低く，物がぼやけてはっきり見えないことを指すと思う人も多いかと思います。しかし，視覚障害のある人は，単に視力が低いこと以外にも，視野が狭い，光の調整が苦手，色の識別の困難，眼球を動かすことの苦手さなど，人によってさまざまな困難さを抱えています。視覚障害を引き起こす主な疾病をいくつか列挙します（表8-1）。医学書やインターネットなどで簡単に調べられますのでどんな症状があるのか調べてみましょう。

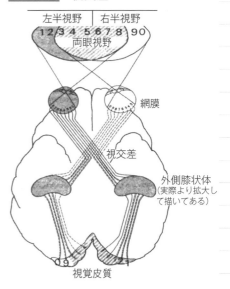

図8-2　視交差

表8-1　視覚障害を引き起こす主な疾病

網膜色素変性症	網膜色素上皮細胞が障害を受け，夜盲や視野狭窄，色覚異常などが進行する。
未熟児網膜症	出生後の酸素供給により，血管が眼球内部に向かって発達するため，出生後に十分な酸素供給が行われなかったことによって近視や乱視が引き起こされる。
視神経萎縮	何らかの理由で視神経に萎縮が起こり，視野狭窄が起こる。
緑内障	眼圧の上昇で視神経が圧迫され，視界の暗点の出現や視野狭窄，視力低下が起こる。
糖尿病網膜症	糖尿病による血管障害で視力低下や失明が起こる。中途失明の原因として代表的な疾病。
網膜芽細胞腫	眼球内の悪性腫瘍で幼児期に発症することが多い。病変の位置や進行状況により視力低下が起こり，眼球摘出が必要なこともある。
白皮症	先天的に皮膚や目の色素が少なく，それゆえ視力低下や眼振，明るさに対する調整ができないなどの症状が起こる。

語句説明

視交差

視交叉とも書く。視床下部の先端で半交差している。網膜の鼻側で受けた刺激は交差して反対側の半球に伝えられるが，網膜の耳側で受けた刺激は交差せずに同側の半球に伝えられる。これにより右目の右視野と左目の右視野がともに左半球に伝えられるため，その際に立体視が可能になる。

プラスα

視野狭窄

視野が徐々に欠ける進行性の病気として，網膜色素変性症や視神経萎縮がある。しかし，かなり視野が欠けていても，反対の目で見たり，眼球を動かしたりすることで，欠けている視野を補ってしまうため，かなり進行するまで視野狭窄に気づかないこともある。

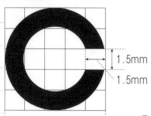

図8-3　ランドルト環

1.5mm
1.5mm
7.5mm

3　視覚障害の評価

　視覚障害の評価の代表的なものは，視力評価と視野の評価です。しかしそれ以外にも，眩しさに対する耐性や色の判別の評価など，対象者の疾患の種類や困り感に合わせて評価することが大切です。ここでは，視力評価と視野の評価，そして生活のなかでの評価について説明します。

①視力評価

　視力評価で最も使われている評価法は，図8-3に示すランドルト環を用いた視力検査です。外形7.5mm，太さと切れ目が1.5mmのランドルト環を5メートル離れたところから見て，切れ目がどの方向に向いているかを答えさせることによって評価します。5メートルのところから切れ目がわかると，視力1.0となります。この10倍の大きさで切れ目がわかると視力0.1になります。2メートルまで近づいて0.1の指標の切れ目がわかると，視力は0.1 × 2/5 = 0.04となります。

　0.1の指標が50センチまで近づいても見えない場合は，視力が0.01以下ということになるので，50センチのところで指を見せ，指の数を答えさせます。答えられると指数弁，それでも答えられない場合は，目の前で手を動かし，動かしているかどうかがわかると手動弁，それも見えない場合は，目に光を当て認識することができれば光覚弁，それもわからない場合は全盲となります。

②視野の評価

　視野に障害のない人の場合，固視（1つのものを集中して見る状態）時には，上方向に60度，下方向に70度，左右に100度の範囲が見えます。そして，正常な視野であっても耳側15度のところに楕円形の見えない部分（盲点）があり，これをマリオット盲点といいます。

　視覚に障害のある人の場合，視野が狭くなったり（視野狭窄），視野の中に見えない部分（盲点）ができたりするので，それを評価することも大切です。

③生活のなかでの評価

　視力や視野の評価は主に病院で医師によって受けることになりますが，教育や支援に関わる場合，医学的な評価と合わせて重要なのは，日常生活のなかで，何がどのように見えて，見えていないかを評価することです。たとえば，「視力検査の結果では黒板の文字は眼鏡で見えるはずであっても，一文字一文字しか見えていないため，文章としては理解していないようだ」とか，「見えているものを理解できるが，見たいものを視野の中心にもってくるのに時間がかかる」など，一人ひとり見え方の状況は異なります。何がどのように見えているかを生活のなかで評価し，適切な支援をすると同時に，本人にもどのように見えていて見えていないのか自身の特性を理解できるように支援することが大切です。

4　視覚障害の分類

　国内では福祉・医療サービスの提供を行う厚生労働省と，教育の場を提供する文部科学省では，視覚障害の分類が異なります。また，国際的な疾病を分類，網羅した ICD-10（国際疾病分類）では，障害の部位ごとに眼に関わる疾病を列挙しています。

①厚生労働省の分類

　厚生労働省では身体障害者福祉法施行規則のなかで，さまざまな福祉・医療サービスを提供するうえで，生活上の困難さから，障害の程度を重度の側から 1 級～6 級まで 6 段階と定めています。視覚障害では，最も重度の等級である 1 級は，眼鏡等を用い良いほうの目の矯正視力*が 0.01 以下と定められています。また，視野狭窄がある場合も程度によって 2 級～5 級の身体障害者手帳が交付されます。最も軽い 6 級は，良いほうの目の矯正視力が 0.3 以上 0.6 以下かつ他方が 0.02 以下になります。等級によって，視覚障害を補う補装具等の購入助成や年金の支給など，障害の程度に応じた福祉サービスの提供を受けることができます。

②文部科学省の分類

　視覚障害のある子どもの教育の場として，大きく通常学校の通常学級，視覚特別支援学級，視覚特別支援学校（盲学校）の 3 つがあります。これらは，どのような視覚障害の子どもを想定して設置されているのでしょうか。

　学校教育法施行令第 22 条の 3 のなかで，特別支援学校の視覚障害者の対象は，「両眼の視力がおおむね 0.3 未満のもの又は視力以外の視機能障害が高度のもののうち，拡大鏡等の使用によっても通常の文字，図形等の視覚による認識が不可能又は著しく困難な程度のもの」と定められています。特別支援学級の対象は，「拡大鏡等の使用によっても通常の文字，図形等の視覚による認識が困難な程度のもの」であり，明確な視力等の指標があげられているわけではありません。程度によって教育の場を規定する明示的な基準があげられているわけではなく，現在の就学基準では本人や保護者の意向や困難さの程度によって，教育の場を選ぶことができるようになっています。

③ ICD-10 による分類

　ICD-10 のなかでは，「第 7 章　眼及び付属器の疾患（H00-H59）」に，眼に関わる疾病がまとめられています。病変のある部位によって分類されているため，視覚障害を伴わない眼の疾病も多くふくまれています。また疾病の種類は明記されていますが，視覚障害の程度についてはここには定められていません。

語句説明

矯正視力
裸眼での両目の視力が 0.1 で，眼鏡をかけて生活している人は多くいる。この視力だと，身体障害者手帳がもらえるのではないかと誤解する人がいるかもしれない。身体障害者手帳の交付に使われる視力は，裸眼の視力ではなく，眼鏡等をかけた状態で測定する矯正視力であることに注意しよう。眼鏡をかけても晴眼者のように視力が戻らないのが視覚障害者なのである。

特別支援学校
2007 年の学校教育法の改正により，盲学校，聾学校，養護学校から特別支援学校に名称が一本化された。しかし，各学校の呼称は，学校設置自治体によって自由に決められるため，盲学校のままの学校もあれば，視覚特別支援学校と名称を変えた学校もある。

2 | 視覚障害児者に対する理解と支援

視覚障害といっても，全く見えない全盲の人と弱視の人とでは，求められる支援が異なります。それぞれどのような支援が必要なのでしょうか。

1 全盲児者に対する理解と支援

私たちは目で見てまねることで日常のさまざまな行動を無意識に学んでいきます。しかし，全盲児の場合，衣服の着脱や食事の仕方，トイレなど，すべての行動を目で見て学ぶことが困難なため，大人が具体的に言語化し，一つひとつ支援していくことが大切です。また，視覚以外の感覚を最大限使うことによって，さまざまな情報や概念を学習していくことになり，時に手で触ることによってさまざまな概念を知ることが，その後の点字学習の基礎となります。

①点字指導

全盲児の場合，読み書きは**点字**を使用することになります。しかし，点字そのものを学習する前に，手で触って知る経験を積み上げていくことが必要です。たとえば，直線や折れ線などを手でたどることや左右上下の概念を獲得していくこと，左から右へ手を動かし，右端まで動かしたら次の行のはじめの文字に手をすぐに動かす運動能力など，手に関わる感覚や運動のスキルを学んでいくことです。また，点字は縦3点，横2点の6点で構成されており，50音だけでなく，数字や英字，記号などの点字も定められています。指先で異なる点字を弁別するところから始め，徐々に点字の読み，書きにつなげていきます。

②歩行指導

子どもの**歩行指導**をめぐっては，白杖で歩行することを最初から指導するわけではなく，まずは移動したいという意欲を養うことが大切です。そのうえで，空間を理解する力（空間座標軸）や環境を把握する力（目印の記憶と活用），ガイド歩行や壁などに触れて歩く伝い歩きなどの経験を経て，白杖を使った歩行の指導につなげていきます。しかし，1人で歩行することが最終的なゴールではなく，さまざまな援助者の支援を得て安全に歩くことを通して，歩くことの楽しさや達成感を十分に味わうことが重要になってきます。

2 弱視児者に対する理解と支援

弱視児者は，その見え方や見えにくさが個人によって異なるため，一般論で見え方を理解することは困難です。弱視の場合，さまざまな機器がその見えを補ってくれることもあり，弱視の人の見え方を支える機器について支援者は知っておく必要があります。その一部をここで紹介します。

①単眼鏡やルーペ

　弱視児が黒板など遠くを見る場合は単眼鏡を，教科書など近くを見る場合はルーペを用いることがあります。拡大することによって全体をとらえるのに時間がかかることを支援者は意識する必要があります。また教科書などを拡大読書器によって拡大し，モニターで見ることもあります。

②弱視児用文具

　教科学習をする際に用いられる弱視児用文具として，目盛りがはっきりしている定規，線の引き始めがわかるようストッパーのついた定規，触読ができる定規などさまざまなものがあります。また教科学習の理解を深めるために，各児の見え方や理解の程度にあわせて，教材を教師が作成することも行っています。

③拡大教科書や点字教科書

　一般の教科書の文字が小さすぎて読めない場合は，文字や図表を拡大してつくられた拡大教科書や，点字教科書もあり，実態に応じて使用されています。

④それ以外の機器や支援具

　視覚障害児者が生活するうえで必要な機器も多くつくられています。点字プリンタや点字ディスプレイ，感光器や触知式腕時計，音声体温計などさまざまなものが開発されています。このような機器を使うことで軽減される困難ももちろんありますが，まわりの人々や社会が視覚障害について理解し，社会が変わっていくことも求められています。

3 ｜ 聴覚の仕組みと障害

　ここでは聴覚の仕組みについて説明し，**聴覚障害**を引き起こす疾病をいくつか紹介します。

1 　聴覚の仕組み

　図8-4に示すように，聴覚器は，手前から外耳，中耳，内耳と大きく３つの部分に分けることができます。外耳とは耳介と外耳道から構成され，振動する空気の通り道になります。中耳は，鼓膜，耳小骨，耳管，鼓室から構成されます。音は空気の振動なので，その振動する空気が鼓膜にぶつかり，そこで物理的な振動に変換されます。この振動が３つの耳小骨に伝えられ，蝸牛に入っていきます。鼓膜から耳小骨に振動が伝達される過程で，鼓膜と一番奥にある耳小骨

図8-4　聴覚器の構造

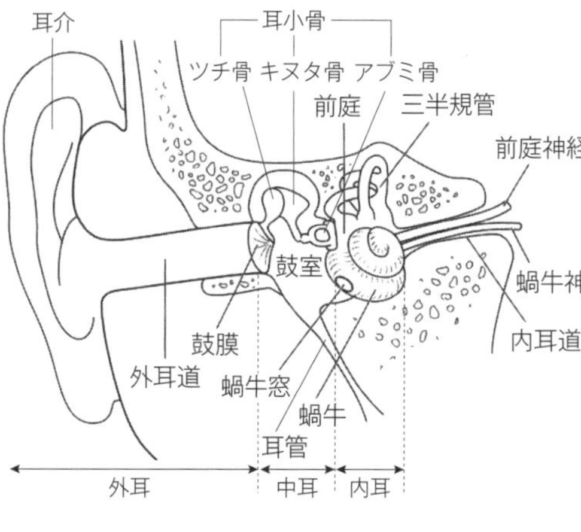

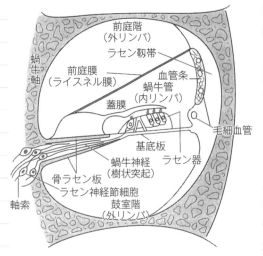

図8-5　蝸牛断面図

図内ラベル：
前庭階（外リンパ）
ラセン靱帯
蝸牛軸
前庭膜（ライスネル膜）
血管条
蝸牛管（内リンパ）
蓋膜
毛細血管
基底板
ラセン器
蝸牛神経（樹状突起）
骨ラセン板
ラセン神経節細胞
軸索
鼓室階（外リンパ）

の一つであるアブミ骨の底面積比や耳小骨のてこの作用により，25dB*増強されて蝸牛の中に音が入ってきます。内耳は，蝸牛，前庭，三半規管から構成されています。

　耳小骨は，蝸牛の入り口と接しています。蝸牛は，2回転半巻いており，それを引き延ばすと三層構造になっています。図8-5に示すように，3階部分（前庭階）と1階部分（鼓室階）は奥でつながっており，2階部分（蝸牛管）が独立しています。前庭階に入った振動は，ライスネル膜を経て蝸牛管に伝えられます。蝸牛管に伝えられた振動は，ラセン器の中にある聴毛を揺らし，聴毛が揺れることによりその根元にある有毛細胞が発火し，電気信号に変換されます。変換された電気信号は，蝸牛神経を通り，最終的に側頭葉の聴覚野に伝達され，音として知覚されることになります。

2　聴覚障害を引き起こす主な疾病

　外耳，中耳に何らかの病変があり引き起こされる難聴を伝音性難聴，内耳に何らかの病変があり引き起こされる難聴を感音性難聴と呼びます。伝音性難聴は，音そのものが小さく聞こえるような難聴であり，音を増幅して耳の中に入れる**補聴器**が比較的有効です。それに対し，感音性難聴は，音そのものが小さく聞こえるのみならず歪んで聞こえることも多く，補聴器の使用によっても語音の聞き分けが難しい場合もあります。さらに，聴神経に病変があり引き起こされる難聴を後迷路性難聴といい，この難聴の場合，**聴力**に比して語音の聞き

語句説明

デシベル

音を表す単位は一般的にはデシベル（dB）である。聴覚障害のない人が音として聞こえ始める音の大きさを0dBとし，ささやき声がおおよそ30dB，日常会話がおおよそ60dB，地下鉄の音が90dB，飛行機の爆音が120dBくらいと考えればいいだろう。

プラスα

蝸牛と音の高低

蝸牛は渦巻き状になっており，入り口に近い部分と渦巻きの奥にある部分では反応する音が異なる。入口に近いところは高い音に反応し，渦巻きの奥は低い音に反応する。耳小骨に近い部分は外からの刺激によってダメージを受けやすく，年齢が高くなると高い音から聞こえなくなるのはそのためといわれている。

表8-2　難聴を引き起こす主な疾病

先天性外耳道閉鎖	生まれつき外耳道が閉鎖されている。蝸牛が正常であれば，中等度の伝音性難聴が生じる。
滲出性中耳炎	鼓室に水がたまり聞こえにくくなる。軽度から中等度の難聴が生じる。乳幼児に多発し，水が抜けず伝音性難聴が持続することもある。
穿孔性中耳炎	中耳炎により鼓膜に穴があくことにより，鼓膜に振動が伝わらず結果として，軽度から中等度の伝音性難聴が生じる。
先天性高度難聴	生まれつきの感音性難聴で，3分の1が遺伝子に難聴の原因があると考えられる。およそ1000人に1人の割合で出生する。
ムンプス難聴	おたふく風邪により蝸牛内に障害が生じ，最重度の感音性難聴になる。多くは片側のみの難聴である。
メニエール病	蝸牛内のリンパ液の代謝異常により，回転性のめまいと低音部の感音性難聴が生じる。再発を繰り返すと不可逆的な難聴が残る。
突発性難聴	突然，聴力が低下する。原因は不明。中途失聴の主な原因の一つであり，3分の2は治らないか何らかの難聴が残る。

90

分けが著しく困難な聞こえ方になることがあります。難聴を引き起こす主な疾病を表8-2にいくつか記しています。

3　聴覚障害の評価

聴覚障害の程度は，聴力検査によって測定されます。最も一般的な聴力検査は，純音聴力検査ですが，スピーチをどれだけ聞き取ることができるかを評価する語音聴力検査もあります。また，聞こえの評価のみならず，日本語力の評価や**手話**[*]力の評価もまた，聴覚障害児の支援を行う際には欠かせません。

①　純音聴力検査

純音聴力検査とは，125Hzから 8000Hz まで，7 つの周波数の純音（1 つの周波数成分からなる音）を用いて聴力を測定するものです。低い音から高い音までどの程度聞こえているかをグラフに表したものがオージオグラムです。補聴器をつけない状態でヘッドホンを使って左右の聴力を測定するだけでなく，補聴器を装用した状態でスピーカーを用いて検査することで，補聴器装用でどの程度聞こえるようになるかについても評価をします。

②　語音聴力検査

機械的な純音が聞こえても実際のスピーチが聞き取れなければ日常生活に影響が出ます。そのため，日本語の単音節リストを用いて，どのくらいの音で聞かせたら，どの程度弁別が可能であるかについても評価します。この検査は，通常補聴器を装用した状態で，スピーカーから音を出して検査します。

③　言語評価

単音節の弁別ができたとしても，日本語の音韻や文法の習得に困難を示す聴覚障害児も多くいます。聴覚障害児の支援の大きな柱は言語習得です。そのため，標準化されている検査を用いて日本語力の評価を行います。たとえば，語彙については絵画語い発達検査（PVT-R），文法については J.COSS などがよく使われます。子どもの日本語力をドメイン別に評価するテストパッケージとして，ALADJIN（テクノエイド協会，2012）があります。また，聴覚障害児にとって手話もアイデンティティを支える重要な言語です。手話の評価法はまだ開発途上ですが，日本手話文法理解テスト（武居，2010）などがあります。

4　聴覚障害の分類

聴覚障害についても，視覚障害同様，厚生労働省と文部科学省ではその分類が異なります。それぞれどのように分類されているのでしょうか。

①厚生労働省の分類

厚生労働省は身体障害者福祉法施行規則のなかで，聴覚障害の程度を重度の側から 2 級，3 級，4 級，6 級の 4 段階に分類しています。2 級は，両耳の聴力レベルがそれぞれ 100dB 以上とし，6 級は，両耳が 70dB 以上あるいは片

プラスα

出現率

先天性の高度難聴の出現率はおおよそ 1000 人に 1 人といわれている。近年，生後すぐに聴覚障害があるかどうかを脳波の反応などによって調べる新生児聴覚スクリーニング検査が広く行われており，聴覚障害の早期発見と早期の教育的介入が可能になった。

語句説明

手話

日本語を手を使って表したものが手話だと思っている人が多いかもしれない。しかし，手話は日本語とは異なる独自の文法と語彙体系をもった 1 つの言語である。手話言語学という学問分野もあり，聞こえない子どもの手話獲得過程は，聞こえる子どもの音声言語の獲得と変わらないという研究もある。現在，多くの自治体で手話言語条例が制定され，社会的認知も高まっている。

Hz

ヘルツと読む。1 秒間に起こる波の数を表す。数字が大きくなると高い音，小さくなると低い音を表す。

側が 50dB 以上，反対側が 90dB と定められています。身体障害者手帳を有していれば，障害者総合支援法により補聴器を補装具として価格の 1 割負担で購入することができます。また，手帳を有していない 18 歳未満の軽中等度難聴児に対し，独自に補聴器購入の助成を行っている自治体が多くあります。

②文部科学省の分類

　聴覚障害児を教育する場として，通常学校通常学級，聴覚特別支援学級，聴覚特別支援学校（ろう学校）があります。また通常学級で普段は学習しながら，週に 1，2 回，通級指導教室に通う子どももいます。

　学校教育法施行令第 22 条の 3 では，ろう児を「両耳の聴力レベルがおおむね 60 デシベル以上のもののうち，補聴器等の使用によっても通常の話声を解することが不可能又は著しく困難な程度のもの」と定義し，聴覚特別支援学校の対象としています。この定義によれば，聴力レベルが 60dB 以上であっても，通常の話声を理解することが著しく困難とはいえない場合は，聴覚特別支援学校以外の場で教育をすることができると解釈できるため，視覚障害同様，聴覚障害においても，教育の場を決定する明確な基準はなく，保護者や本人の希望や困難の程度などにより，教育の場が決められることになります。また，就学前の幼児については，ほとんどの聴覚特別支援学校が幼稚部をもっており，さらに 0 歳から 2 歳までの乳幼児を指導する乳幼児教室もあります。また，都道府県によっては，児童発達支援センター（旧難聴幼児通園施設）や病院，クリニックなどで聴覚障害児を支援しているところもあります。

③ ICD-10 による分類

　ICD-10 のなかで，「第 8 章　耳及び乳様突起の疾患（H60-H95）」に耳の疾患が網羅されています。このなかには難聴を伴う疾病も含まれています。また H90 に「伝音及び感音難聴」があげられ，H91 に「その他の難聴」があげられており，老人性難聴や突発性難聴などの後天性難聴はその他に含まれます。

4 ｜ 聴覚障害児者に対する理解と支援

　わが国で聴覚障害児教育が始まったのは明治 11（1878）年で，おおよそ 150 年にわたりさまざまな実践が積み重ねられていますが，その歴史は指導法の攻防といっても過言ではありません。すべての聴覚障害児一般に最適な指導法があるわけではなく，保護者の希望や地理的環境，聴力や家庭環境などを総合的に考え，個々の子どもに最適な指導法を考えていく必要があります。そのためにはまずさまざまな指導法について，理解する必要があります。また，聴覚補償の技術も近年大きく進歩しているので，まず聴覚補償について説明します。

プラスα

聴覚特別支援学校

わが国には 100 以上の聴覚特別支援学校があるが，その多くには幼稚部があり，幼稚部のある学校は，0，1，2 歳の聴覚障害児を指導する乳幼児教室も有している。0 歳から支援を行っている特別支援学校は，聴覚障害以外ではほとんどない。聴覚障害教育の領域では，聴覚障害を早期に発見し，早期にコミュニケーション環境を整えることが，その子どもの最終的な言語的所産を高めることにつながることが以前からいわれていたからである。

1　補聴器と人工内耳

　音を増幅して会話や環境音を聞きやすくするための機器を補聴器といいます。耳介に引っ掛ける耳掛け式補聴器が多く使われていますが，耳穴に補聴器全体がすっぽり埋まってしまう耳穴式補聴器もあります。補聴器のほとんどは音をデジタル処理しており，音の高さや大きさを使用者の特性に合わせて細かく調整でき，雑音のみを減少させたり，正面からの音を聞き取りやすくしたりする機能なども備えています。ただし，感音性難聴の場合，音を増幅して耳に入れても，明瞭に聞き取れるわけではないので，なお語音の聞き分けが難しい場合もあります。重度の聴覚障害があり，補聴器を通しての聞き分けが難しい場合は，手術で蝸牛の中に電極を埋め込み，マイクで拾った音を直接蝸牛内に埋め込んだ電極に伝え，音が聞こえるようにする**人工内耳**を使用している人も多くいます。

2　聴覚障害児の言語指導法

　聴覚障害児に対する指導法は，手話など視覚を重視する方法から残存聴力を最大限活用する聴覚重視の方法まで大きく下記の 4 つに分けられます。最も優れた唯一の指導法があるわけではなく，子どもの実態や保護者の考え方などに合わせて，どの指導法で指導していくのかを考えていくことが大切です。

①聴覚口話法

　補聴器や人工内耳を使用して残存聴力を最大限活用することに加えて，口のあけ方からスピーチを理解する読話も活用することで日本語の入力を補償し，あわせて発音指導を行い自ら発話することを目指す指導法が聴覚口話法です。そのなかでも，乳児期から補聴器や人工内耳によって音を徹底的に聞かせ，日本語を集中的に指導していく指導法は AVT（Auditory Verbal Therapy）と呼ばれ，病院やクリニックなどで実践されています。

②キュードスピーチ

　「たまご」と「たばこ」のように全く口形が同じ言葉は，読話だけで弁別することはできません。母音の弁別はできても子音の弁別は読話では難しいため，読話の難しい子音を手で表現すること（キュー）で読話の手がかりを与え，より正確に日本語の音韻の理解を促す指導法がキュードスピーチです。日本語の音韻体系が定着したら，キューの使用をやめ指文字や読話などに置き換える指導をすることが一般的です。

③トータルコミュニケーション

　日本語の発話に合わせて手話も使っていくことで，手話と日本語の両方の定着を図る指導法です。手話があることで，より意味が伝わりやすくなる一方，個々で使用される手話は，しゃべっている日本語に合わせて手話単語を同時にあらわす日本語対応手話になります。そのため，助詞を指文字であらわしたり，

プラスα

人工内耳

人工内耳の埋め込み手術を行う年齢は年々早まっている。人工内耳の適応条件として，1）裸耳聴力が 90dB 以上であり，2）6 か月以上の補聴器装用でも装用効果が低く，3）1 歳以上である，という 3 つの条件を満たすことがあげられている。人工内耳は，聞こえない人を聞こえるようにする魔法の道具ではなく，性能のいい補聴器だと考えるべきであり，これまで同様，幼児期から言語指導やコミュニケーション指導が必要であることは強調しておきたい。

さまざまな文型を表す手話をつくり，より正確に手で日本語を表現したりすることにより，日本語の習得をねらっています。

④バイリンガル教育

聞こえなくても確実に獲得できると考えられる日本手話を第一言語として獲得した後，手話の力を使って，第二言語として日本語の読み書きを学んでいく指導法です。ろう者を耳が聞こえない人として病理的にとらえるのではなく，手話を母語とする言語的少数者と文化的に位置づけ，ろう文化の継承者としてろう者を考えます。

3　手話という言語

日本手話は日本語を手であらわしたものではありません。独自の文法と語彙体系を有した日本語とは異なる自然言語です（米川，1984；武居・四日市，1999）。手話言語学という学問領域もあり，手話も音韻，形態素，語彙，統語など音声言語と同じような枠組みで説明できることがわかっています。今，多くの自治体で手話言語条例が制定され，手話を言語として学ぶことのできるコースを用意している大学もあり，手話を学習する聴者も多くいます。聞こえない人は，耳が聞こえないので（仕方なく）手話を使ってコミュニケーションをしているのではありません。手話を獲得することでろう者としてのアイデンティティを獲得し，聞こえないことをマイナスとしてとらえるのではなく，手話を第一言語とする言語的少数者として自らをとらえ，手話が自らを肯定的にとらえる原動力になっているろう者も少なくありません。聴覚活用ができている軽中等度難聴の人や中途失聴の人であっても，手話を学ぶことでわかる手段が増え，より積極的に社会と関われるようになったという人もいます。現在では，聞こえない人や聞こえにくい人のコミュニケーションは，「手話」か「音声」かという二律背反で考えるのではなく，「手話」も「音声」も使って，より豊かに生きられる聴覚障害児を育てていくことが大切になってきています。

考えてみよう

視覚障害と聴覚障害はよく対比されることがあります。たとえば，眼鏡と補聴器では何が似ていて，何が違うでしょうか。また点字と手話では何が似ていて，何が違うでしょうか。それぞれ共通点と相違点をあげてみましょう。

プラスα

病理的視点と文化的視点

障害のない人と比べて異なるところに着目することによって障害をとらえるとらえ方を病理的視点という。障害のない人と，聴覚器が異なっていれば聴覚障害，大きく異なっていれば重い障害などと呼ぶのは，障害を病理的にとらえていることになる。それに対し，手話を第一言語として使用するろう者という言語的少数者として自らをとらえるとらえ方を文化的視点という。手話を身につけることでアイデンティティが再形成されるというのは，病理的視点から文化的視点へ自らのとらえ方をシフトしたからといえよう。

📝 本章のキーワードのまとめ

視覚障害	視覚器官に何らかの疾患があり，「見ること」に何らかの支障が出ること。
聴覚障害	聴覚器官に何らかの疾患があり，「聞くこと」に何らかの支障が出ること。
視　力	どのくらいの大きさを識別できるかを評価するための尺度。ランドルト環を用いて評価する。
視　野	見ることができる範囲。人間は，上60度，下70度，鼻側60度，耳側90度の範囲を片眼で見ることができる。病気等で視野が狭窄することがある。
点　字	6つの盛り上がった点から構成され，指先で触れることによって読むことができる。全盲の視覚障害者によって主に使用されるが，すべての視覚障害者が使えるわけではない。
歩行指導	手がかりや白杖などを使って，移動を可能にする。白杖によって障害物を察知するだけでなく，突いたときの音の反響によって周囲の障害物を察知し，危険を避けて歩く方法を指導する。
補聴器	マイクで拾った音を増幅し耳の中に入れる機械。近年では使用者の聴覚特性に合わせて設定できるデジタル補聴器が大半であり，45dB程度が補聴器装用開始の目安である。
聴　力	聞こえる人が聞こえ始める音の大きさを0dBとし，どの程度聞こえにくいかを表す尺度。25dB以上で軽度難聴と診断される。
手　話	日本語とは異なる文法を有した自然言語であり，視覚で受容し，手指で表出する。主にろう者によって使用され，ろう者の失語研究や脳科学研究から，脳内では音声言語と同様の部位で処理されていることが明らかになっている。
人工内耳	蝸牛の中に直接電極を入れ，体外のマイクから拾った音を埋め込んだ電極に伝え，直接電気信号として脳に音を伝える機械。有効性に個人差があり，術後の訓練が不可欠である。

第9章

高次脳機能障害の理解と支援

この章では，高次脳機能障害とはどのような障害なのかを学んでいきます。脳機能が病気や事故などによって損傷すると以前のように学習がうまくいかなくなります。高次脳機能障害の症状はさまざまです。脳機能のどの部位を損傷するとどのような症状が現れるのかを考えるためには，神経心理学的視点が必要です。基本的な脳機能の働きを理解することが具体的な支援計画につながります。

1 | 高次脳機能障害とは

1 高次脳機能の働きとは

　脳は，人間に備わった機能のなかでも最も複雑な思考や問題解決，感情，意識，社会的行動などを司る臓器です。それぞれの臓器には特有の役目があります。

　たとえば，胃は「食物を消化する」という役目があります。では，脳の役目は何でしょう。脳の役目は「学習すること」です。「学習」が成立するためには，情報を入力する後部脳（脳の中心溝から後ろの部分）と情報を出力する前部脳（脳の中心溝から前の部分）を使うことが必要です。脳の情報処理メカニズム（図9-1）は，後部脳で入力した情報を前部脳が決定し出力することで学習が

図9-1　脳の情報処理メカニズム

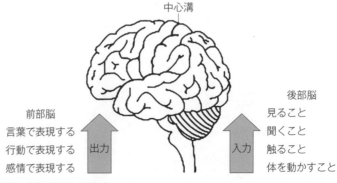

中心溝

前部脳
言葉で表現する
行動で表現する
感情で表現する

出力

入力

後部脳
見ること
聞くこと
触ること
体を動かすこと

出所：中島，2012より作成

成立します。すなわち，学習の成立を繰り返しながら「私」をつくっていきます。脳は，「私」がどのように知覚し，考え，行動するのかを調整しています。病気や事故などにより脳が損傷されると「私」に変化が起こります。このように，病気や事故などにより脳が損傷されたことで起こる障害を「**高次脳機能障害**」といいます。

2　高次脳機能障害の機序

　高次脳機能障害とは，病気（脳血管障害，脳炎，脳症など）や事故（交通事故，スポーツ事故，転倒など）が原因で脳を損傷し後遺症として現れる障害です。発症機序が病気や事故であることを確認する必要があります。なぜなら，症状が，発達障害，精神障害，認知症と類似していることもあるため，誤って診断されることもあるからです。2004 年，厚生労働省によって，行政上の診断名として高次脳機能障害が明確にされました。

表9-1　高次脳機能障害の定義

	定　義
厚生労働省社会・援護局障害保健福祉部国立障害者リハビリテーションセンター（高次脳機能診断基準）	「高次脳機能障害」という用語は，学術用語としては，脳損傷に起因する認知障害全般を指し，この中にはいわゆる巣症状としての失語・失行・失認のほか記憶障害，注意障害，遂行機能障害，社会的行動障害などが含まれる。

出所：国立障害者リハビリテーションセンターホームページより引用（http://www.rehab.go.jp/ri/brain-fukyu/rikai/）

2 ｜ 高次脳機能障害にみられる症状とは

1　失語症

　失語症とは，「話す」「聞く」「読む」「書く」に関する言葉の障害です。言葉によるコミュニケーション全般に関わります。たとえば，相手の言っていることはわかるのに話せない（聞いてわかるのに発語できない）ことをブローカ失語，相手の言っていることがわからないのに話せる（聞いてわからないのに発語できる）ことをウェルニッケ失語といいます。また，文章を読めないことを失読，文字を書けないことを失書といいます。

2　失行症

　失行症とは，日常生活で何気なく行っている道具を使った一連の動作（歯ブラシを使って歯をみがく，ブラシを使って髪をとかす，急須にお茶を淹れて飲む，

語句説明

高次脳機能
脳機能とは，脳のそれぞれの部位のはたらきのことであり，高次脳機能とは，人が人らしくあるための脳を意味し，運動，呼吸，食物の消化などを司る脳部位と異なり高次な脳機能のことである。

参考文献
中島恵子（2012）みんなでわかる高次脳機能障害　生活を立て直す脳のリハビリ注意障害編（p.41）保育社

プラスα

高次脳機能障害支援事業モデル
失語症，失行症，失認症以外の認知障害を主たる症状としてもつ障害者がいることが，厚生労働省の高次脳機能障害支援事業モデルによって明らかとなり，注目されるようになった。

参考文献
国立障害者リハビリテーションセンター（2004）高次脳機能障害支援事業モデル事業報告

等）がうまくできなくなる障害です。道具を使おうとするとその使い方がわからなくなります。

3 失認症

失認症とは，視覚，聴覚，触覚の感覚機能に問題はないのですが，見て，聞いて，触ってもそれが何であるかがわからない障害です。それぞれ視覚失認，聴覚失認，触覚失認といわれます。そのなかで，物は見えているのにそれが何であるかがわからない視覚失認が多く出現します。

4 注意障害

注意障害とは，外からの刺激に対して，早く反応したり，注意を持続させたり，集中したり，見つけたり，気がついたり，一度に2つ以上のことに注意が向いたり，別のことに注意を転換させたりすることがうまくいかなくなる障害です。注意の持続，選択性注意，同時処理，変換のそれぞれがうまく機能しないために起こります。

5 記憶障害

記憶には，今見たり聞いたりしたことを覚える記銘力と思い出す力の想起力があります。記銘力が低下すると短期記憶がうまくできません。過去のことを思い出すためには，頭の中に保存されている長期記憶の情報を検索する力が必要です。**記憶障害**とは，記銘力，想起力がうまく機能しなくなることです。記憶障害の特徴として，自分の記憶力が弱くなっていることの自覚（**病態認識**）がなく，同じことを何度も聞くために周りの人（家族など）を疲れ果てさせてしまい，その反応によって本人もストレスを感じることがあります。

6 遂行機能障害

物事を効率良く行うためには，「だんどり」や「手順」を考えたり，工夫したりすることが必要です。**遂行機能障害**とは，①目標を立てる→②計画を立てる→③効率を考える→④実行するの①〜④までの一連の過程がうまくいかなくなる障害です。遂行機能とは，問題解決に必要な力です。遂行機能障害は問題を解決することがうまくいかなくなる障害といえます。

7 社会的行動障害

社会的行動障害とは，情緒（喜怒哀楽，感情のコントロール）や意欲（自発性）に問題をきたし，状況に適した行動がうまくとれなくなる障害です。情緒面では，子どもっぽくなったり，家族に依存的になったり，怒りっぽくなったり，突然泣き出したりすることもあります。意欲面では，周りに対して，無関心に

プラスα
注意
日常的に使う「注意」という言葉は「注意を払う」のように気を配ることを意味するが，高次脳機能障害の「注意障害」とは「すべての認知機能の基礎となる機能が障害されること」を意味する。

なり，無表情になることもあります。

3 高次脳機能障害のアセスメント

　高次脳機能障害のアセスメントには，医学的診断である脳画像診断と神経心理学的検査が必要です。

1 医学的診断

　高次脳機能障害は，脳血管障害，脳外傷，脳炎，低酸素脳症などが原因で脳に生じた損傷が引き起こす障害であるため，医学的診断が必要となります。診断は，CT（放射線による脳の断層撮影）や MRI（磁気による脳の断層撮影）などにより脳の損傷部位を確認します。さらに，急性期の意識障害の有無を確認します。しかし，脳画像で抽出困難な脳損傷が見られる場合，意識障害の確認が困難な場合もあります。高次脳機能障害の診断は，脳画像診断で損傷が確認され，急性期の意識障害があることを確認したうえで行います。

プラスα

医学的診断

神経心理学的アセスメントを行う際の重要な情報源の一つとして医学的診断がある。公認心理師にとっても脳画像所見を理解しようとする心がけが大切である。

2 神経心理学的検査

　高次脳機能障害の認知機能の評価をするために神経心理学的検査を実施します。神経心理学的検査では，知的機能，注意機能，記憶機能，遂行機能を測定します。以下に具体的な検査法について解説します。

①WAIS-IV成人知能検査（ウェクスラー式成人知能検査第 4 版：Wechsler Adult Intelligence Scale）

　2018 年に WAIS-IV日本版が刊行されました。WAIS-IVの適用年齢は 16歳 0 か月～90 歳 11 か月です。15 の下位検査（基本検査：10，補助検査：5）で構成されており，10 の基本検査を実施することで，全検査 IQ（FSIQ），言語理解指標（VCI），知覚推理指標（PRI），ワーキングメモリ指標（WMI），処理速度指標（PSI）の 5 つの合成得点が算出できます。5 つの合成得点のほかに補助の得点として，FSIQ からワーキングメモリと処理速度の影響を減じた一般知的能力指標（GAI）を求めることもできます。流動性推理，ワーキングメモリ，処理速度の測定を改善するために，新たに 3 つの下位検査「パズル」「バランス」「絵の抹消」と，下位検査「数唱」に「数整列」の課題が加わりました。WAIS-IIIにあった 2 つの下位検査「絵画配列」「組合せ」と，下位検査「符号」の補助問題 2 つは削除されました。図版の拡大，処理速度の測定を目的としない課題での運動要求の減少，教示の明確化など，さまざまな改良が加えられています。

②WISC-Ⅳ（ウェクスラー式児童用知能検査第 4 版：
Wechsler Intelligence Scale for Children）

WISC-Ⅳの適用年齢は 5 歳 0 か月～16 歳 11 か月です。15 の下位検査（基本検査 10，補助検査 5）から構成され，実施時間も以前の版と比べ短縮されました。流動性知能（新しい場面に適応するために働く能力）を反映する課題となり，結晶性知能（今までの経験や学習から獲得していく能力）との得点差を観察・測定できるようになりました。ワーキングメモリ要因と処理速度要因の統合性も明確になり，全検査 IQ（FSIQ）算出への寄与も高くなりました。

「言語理解」と「知覚推理」を構成する 6 つの下位検査（「類似」「単語」「知識」「積木模様」「行列推理」「絵の完成」）は，一般知能指標（言語理解力，言語推理力）となり一般精神能力の指標としても有用です。FSIQ，言語理解指標，知覚推理指標，ワーキングメモリ指標，処理速度指標は合成得点で示されます。各合成得点は，平均 100，標準偏差値 15 となります。なお，アメリカでは WISC-V が 2014 年に出版され，日本でも 2022 年に出版されました。

③CAT（標準注意検査法：Clinical Assessment for Attention）

日本高次脳機能障害学会が作成した注意機能検査です。注意機能を統合的に評価する検査です。それぞれの検査項目における年齢標準化値があります。①スパン（数唱，視覚性スパン），②抹消検査課題（視覚性，聴覚性），③ SDMT（符号さがし），④言語更新検査，⑤ PASAT（聴覚性検査），⑥上中下検査（同時処理，変換），⑦ CPT（行為の持続）の下位検査があり，それぞれを単独でも使用可能です。

④WMS-R（ウェクスラー記憶検査：Wechsler Memory
Scale-Revised）

2001 年に日本版 WMS-R が刊行され現在まで使用されています。適用年齢は 16 歳～74 歳です。記憶障害は，一般的にはエピソード記憶の障害，つまり，最近個人が経験したエピソードの想起，あるいは新しい情報の学習が困難であることを意味します。WMS-R は，ワーキングメモリ，エピソード記憶の測定が中心であり，展望記憶（未来に向かっての記憶。予定，約束など），手続き記憶（技能や手続きを保持する長期記憶），意味記憶（一般的な知識や常識などの記憶）は含まれません。WMS-R は，5 つの記憶の側面（「言語性記憶」「視覚性記憶」「一般的記憶」「注意/集中力」「遅延再生」）を測る記憶検査です。13 の下位検査（9 つの検査課題と 4 つの遅延再生課題）から構成され，対象者の年齢に応じて，平均が 100，標準偏差が 15 となるように標準化されています。WMS-R は軽度の記憶障害を有しつつ社会復帰を目指す人々には必須の検査です。目指す職業によっては，記憶障害の特徴を把握し，病態認識を高めるリハビリテーションが必要となり，代償手段の活用の訓練や職場環境の調整が必須となるからです。

⑤RBMT（リバーミード行動記憶検査：The Rivermead Behavioural Memory Test）

　RBMT は，1985 年にウィルソン（Wilson, B.）により開発された日常記憶検査で，日常生活において記憶障害者が直面する問題はどこにあるか，その問題はどのような記憶障害から起こるのか，どの程度の記憶障害であるかなど，日常記憶の評価を可能にしました。適用年齢は成人です。RBMT は 3 分の 1 が展望記憶課題です。展望記憶とは「これから何をするかという予定を記憶する」ことであり，将来に向かっての記憶です。たとえば，人との待ち合わせの日時，場所，目的を記憶することであり，生活に密接に関わります。展望記憶が低下すると社会生活に支障を来しやすいです。RBMT は，9 つの下位検査（「姓名の記憶」「持ち物の記憶」「約束の記憶」「絵の記憶」「物語の記憶」「顔写真の記憶」「道順の記憶」「用件の記憶」「見当識と日付」）から成る日常記憶を測る検査です。

⑥BADS（遂行機能障害症候群の行動評価：Behavioural Assessment of the Dysexecutive Syndrome）

　脳損傷後の日常生活や就労などで壁に突き当たるときの原因の多くが遂行機能の問題です。日常生活や社会生活において，何か問題に遭遇したとき，それを解決していくためには，①解決のための目標を設定する，②目標を達成するための計画を立てる，③不必要な行動を排除した効率的な行動を考える，④計画を実行するの 4 つの段階が必要です。①②は論理的思考であり，思考と行動を制御する能力が必要となります。BADS は，日本では 2003 年に刊行された成人対象の検査（40 歳以下，41〜65 歳，66〜80 歳の 3 段階）です。カードや道具を使った 6 種類の検査と 1 つの質問紙から構成されます。就労可能要件としては，結果が「きわめて優秀」「優秀」と判定されることが求められます。

語句説明

遂行機能
遂行機能の定義は，①目標の設定：動機づけや意図，②計画の立案：目標を行うための段階と考え，それらの評価および選択を行い，行動の枠組みを決定する能力，③効率的な実行：目標を意識し，自分の行為がどの程度の目標に近づいているかを評価する能力，④計画の実行：一連の行動に組み込まれるそれぞれの行為を，順序よく，まとまった形で開始し，維持し，転換し，中止する能力，である。

4 ｜ 高次脳機能障害への支援

　高次脳機能障害に対して心理士が行う実際の支援対象としては，①病態認識，②注意障害，③記憶障害，④遂行機能障害，⑤社会的行動障害，⑥心理適応・心理回復，⑦家族への支援，があげられます。

1 病態認識への支援

　高次脳機能障害のなかで，特に前頭葉に損傷を負った人は自分の障害に気づけないことがよくあるため，必要なリハビリテーション（身体的，精神的，社

会的な障害をもつ人々の機能，能力，社会生活の全人的回復や促進を目的とする専門技術による支援）を拒否したり，すぐに復職できると思っていたり，自動車の運転も以前と同様にできると思っていることが多いです。身体や言葉の障害は自覚されやすいですが，注意障害，記憶障害，遂行機能障害，社会的行動障害は目に見えない障害であるため自覚しにくいものです。それぞれの障害へのリハビリを実施しながら自身の病態に気づいてもらうためのアプローチが必要となります。たとえば，注意障害では注意機能の課題を通して自分の見通し（例：「簡単だからすぐできる」など）を言ってもらい，実施後自分で成否のチェックを行い，実施前の見通しとの違いについてどう思うか（例：「思っていたよりもミスが多い」など）を確認するプロセスが必要となります。その場合，何よりも自信を失わないように配慮した言動や対応とともに，回復を目指す意欲を支えることが必要となります。

プラスα
注意障害
左右どちらの大脳半球に損傷を受けても注意障害を生じるが，右半球損傷のほうが注意障害の程度が強い。

2 注意障害への支援

注意検査（CAT など）の結果から，どの注意機能が弱くなっているかを確認し，機能回復のためのプログラムを作成し実施します。代表的な注意機能回復訓練として APT（Attention Process Training）があります。注意障害の課題（図9-2）は構造化され，注意の持続→選択性注意→同時処理→変換と進めます。その際，本人の好みを取り入れ持続しやすい課題を選択します。本人には注意障害への自覚がないことが多いため，支援の前に課題に取り組むことでどの注意機能の改善を目指すべきかの説明をする機会となります。注意の持続がうまくできない人には，覚醒の低さや多弁，こだわり，なども認められることがありますが，覚醒レベルをあげるための声かけを入れた課題，話をうまく切り上げる技術，注意を切り替えさせる技術が必要となります。

周囲の人や物にすぐ反応してしまう人には，周囲の刺激が少ない静かな場所で行うなどの環境調整が必要となります。さらに，課題は中断しないように声かけをしたり，本人に声を出してもらったりしながら実行します。ゆっくりの人には，少し早くする声かけを行い，性急な人には課題に入る前に手順を確認させてから行うような工夫が必要です。

図9-2　注意障害の課題

② 奇数で30以下の数に○をつけましょう

レベル　中級　制限時間　2分

スタート

8	53	75	30	99	64	89	36	87	22	3	27
25	59	42	17	62	8	13	72	85	25	81	84
20	86	46	23	1	77	94	36	20	57	69	71
84	44	6	22	94	87	12	34	43	66	8	53
76	61	7	82	24	73	11	33	14	27	64	21
91	35	16	55	38	14	94	66	6	22	41	83
80	10	71	88	56	98	54	82	15	17	38	5
56	57	95	18	70	41	34	78	52	43	3	86
42	4	52	46	63	70	39	74	12	58	49	37
10	29	16	84	37	46	16	33	5	27	39	31
88	40	34	57	2	13	48	6	99	61	36	39
71	7	28	21	45	9	39	73	2	67	25	63

出所：中島，2012

3 記憶障害への支援

記憶検査（WMS-R, RBMT など）の結果から，どの記憶機能が弱くなっているかを確認し，機能回復のためのプログラムを作成し実施します。記憶力の改善は難しい場合も多いため，何らかの代償手段を活用し記憶力の低下を補う方法の習得が必要となります。他者から指摘されても，記憶障害に困っていな

いこともあります。記憶機能回復のための訓練として，同じことを繰り返す反復訓練やイメージに置き換える訓練があります。エラーを少なくするための学習（エラーレスラーニング）により，正しい答えを提示し，間違いを減少させる方法が効果的とされています。記憶障害への認識が回復してくると，自信をなくし不安になることもあるので，以前より回復している事実を提示し安心してもらうなどの心理的アプローチが必要となります。

4　遂行機能障害への支援

　遂行機能検査（BADS など）の結果から，遂行機能のどこに問題があるかを確認し，機能回復のためのプログラムを作成し実施します。本人の行動を観察したうえで，目標を明確にし，効率的な実行のためのチェックリストを作成し，本人と一緒に具体的な計画を作成します。遂行機能障害は同時処理がうまくいかないため，確実に一つひとつできるように計画することが必要です。実際場面では，計画にはない予測できないことが起こることもあり，その場合にパニックにならないための方法を身につける訓練も必要となります。遂行機能への機能回復訓練には，トロントの塔課題，レーブン漸進的マトリックス課題，積木の完成，要点をまとめる，などがあります。1 日のスケジュール作成，情報をパソコンを使って調べる，などを実施し，見通し，注意の転換，柔軟思考の改善を目指します。脳損傷後の神経疲労（疲れやすい）に留意し，休みをこまめにとりながら進める配慮も必要です。

5　社会的行動障害への支援

　社会的行動障害は，特に前頭葉損傷に多く認められる障害です。いったん感情を出力してしまうと抑えられなくなります。このため，不適応行動を起こさせないような周りの刺激の調整が必要となります。たとえば，どのような刺激（言動，態度など）で怒り出すのかの情報収集をします。収集した情報をもとに，話題を変えるなど注意を転換させたり，別の部屋で一人にしたり，好きな音楽をイヤホンで聞かせたり，深呼吸をさせたりなど，その人に合った対処法を探します。怒っているときや誤解して感情的になっているときに説得することは無効であるため，落ち着いたときに自分がとった行動はよくないことであることを学習させることが必要です。グループ療法によって自分の行動に気づく訓練をすることで，人とうまくつきあいたい気持ちを支持し，グループのなかでポジティブにフィードバックすることで安心できる関係を築き，自信を回復するきっかけをつくります。グループ療法では，仲間がいることで自分がほっとする居場所の提供となるため，グループで学ぶ意味は大きいです。

6 心理適応・心理回復への支援

　ある日突然の事故や病気により人生の不測の事態（高次脳機能障害）が起こり，その障害により，さまざまな機能や能力を失ったことを受けとめなくてはならないときが来る人もいます。自分ではちゃんとやったつもりでもミスが多くなった，覚えていないことが増えた，仕事の手順がうまくいかなくなった，イライラしてすぐ怒るようになったなど，自分の病態を認識することが重要です。病態の認識が回復してくると，社会的に仕事を失った，学校にもどっても勉強についていけなくなった，家庭内での母親，父親としての役割を失ったという，社会的喪失など対象喪失が幾重にも重なるようになり，自分の障害への心理適応がうまくできないことが生じます。家族，周りの人と本人との現実検討のズレが生じることによる混乱も起こります。不安から抑うつになり，睡眠障害や食欲減退などの症状が出現し，精神科医への受診が必要な場合，抗うつ剤が奏功することもあります。受容的な態度でゆっくり話を聞いてもらい，つらい思いを語れる心の理解者を得ることで，リハビリへの意欲の回復につながります。

7 家族への支援

　心理適応・心理回復は本人のみならず，家族にとっても必要です。家族には，高次脳機能障害とはどのような障害であるかを理解してもらう機会を提供します。家族教室を開き，家族が学ぶ場と家族の心理的回復を担う場をつくります。家族教室では，障害により本人に起こっていることを理解する，障害前との違いを受けとめる，うまくできたことをほめる，本人の頑張りを認める言葉かけをすることなどを意識してもらいます。家族も自分の人生を生きることができるように支援します。そのため，家族教室では，家族の大変さや，どうにもならない／どうしていいかわからない，という不安感を受けとめ，できることがある／これでいい／大丈夫，と思える精神的健康度を取り戻す（元気になる）ために，グループディスカッションによる支援を行います。グループディスカッションでは，思いを共有する，視点を変える，対処法を見つけることを心理職がファシリテートします。家族の心理適応が回復してきたら，家族には高次脳機能障害を知らない周りの人に伝えるメッセンジャーを担ってもらいます。本人にとってもよい環境づくりをすることは家族の心理回復につながります。

プラスα

家族支援

家族支援とは，家族が高次脳機能障害とはどのような障害であるかを理解し，適切な対応を習得することを支援することである。高次脳機能障害は環境刺激を統制することで不適切な反応を生じさせない対応が必要となる。家族の適切な対応によって落ち着くことを理解することが大切である。

5 ｜ 認知リハビリテーション

　リハビリテーションとは，ラテン語の「re（再び）」と「habilitation（適合

104

させる）」からなる語です。つまり，リハビリテーションは，行動や情報を教示することで再び生活への適合力を高めることです。**認知リハビリテーション**は，脳損傷後の高次脳機能障害を対象に，注意機能，記憶機能，遂行機能などの認知機能の回復を目指すものです。機能回復への認知リハビリテーションを実施するためには，神経心理学的評価に基づくプログラムを作成することが必要となります。プログラムの実施には専門的な教示方法が重要です。代表的な教示方法は系統的教示です。系統的教示とは，構造化したプログラムで，本人が何のためにこのリハビリを行うのかを理解し意識して取り組むことを促進する教示です。代表的な系統的教示を使った認知リハビリテーションについて解説します。

1 自己教示法

自己教示法とは，認知的技法の一つであり，通常，内的に行われる自己モニタリング過程の代償手段です。自らの言葉で自分自身に教示を与え，自分の行動を変容させる方法です。計画力の自己調整・制御力の改善を目指すために，この自己教示法を用いて計画と行動の言語的統制化（自分の計画や行動を言葉で表現する）と潜在化（効果的な言語的統制を強化）を実施します。課題を実施する際に，自分で取り組む優先順位，計画などを言葉で表現しながら実施します。自分の思考をモニターする方法を体験し，自己理解を促進する問いやヒントを活用しながら言語的統制を強化します。例として，Tower of Hanoi（ハノイの塔）（図9-3）や Tower of Toronto（トロントの塔）という課題を利用し，手続きを言葉で表現しながら実施することで，遂行機能の回復を目指します。本課題は，黒・赤・白の3色の円盤と3本の杭から構成されています。被検者は，①1回に1つの円盤を動かす，②色の濃い円盤上に薄い円盤は重ねられない，という規約のもとであらかじめ一方の杭に色の濃い順に重ねられた円盤を，反対側の杭に最小手数で移動するように求められます。

2 問題解決法

問題解決法とは，分析・推論・結果の評価・修正の各能力の改善を目指すた

図9-3 Tower of Hanoi（ハノイの塔）

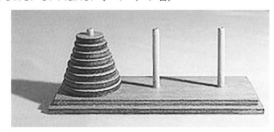

出所：wikiwand.com より

図9-4 レーヴン漸進的マトリックス課題

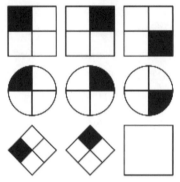

出所：wikiwand.com より

めに，言語的叙述による推論の明確な言語化と，結果の確認と修正を実施する方法です。どのように自分が考え解決したかについて言葉で説明します。その際，正解であるかよりも，説明が冗長にならないように，問いやヒントを繰り返しながら調整していきます。モデルの提示も効果があります。例として，レーヴン漸進的マトリックス課題（図9-4）を利用し，解決法を言葉で表現しながら実施することで，遂行機能の回復を目指します。

3 外的代償手段法

外的代償手段法では，記憶機能の自己再認（ヒントがあれば思い出せる）力を活用し，思い出す手がかりを活用できるように自己理解を促進する問いやヒントによって，実際の行動につながるように実施します。思い出しやすい環境を整えるために，ホワイトボードやカレンダーに書き込む，毎日必ず使う場所のそばに「忘れないこと」を貼っておく，携帯電話を活用する，メモ帳を使用するなど，記憶機能の代償としての手段が使えることを目指します。

> **考えてみよう**
>
> 交通事故後，自分の注意力が低下していることを自覚するためにはどのようなリハビリが必要か考えてみよう。

🪶 本章のキーワードのまとめ

高次脳機能障害	ある日突然，病気や事故などで脳機能が損傷したことにより起こる後天性の脳障害。特に大脳の損傷によって高次脳機能が障害された状態のことである。高次脳機能とは，言語，記憶，思考，行為など，人間を人間たらしめている複雑な活動で，かなり広範囲なものである。
失語症	言語を司る機能が損傷したために起こる障害。コミュニケーションに関する障害。一度獲得された言語記号の体系が後天性の脳損傷により障害されて起こる障害である。話す，聞く，読む，書く，という言語機能が障害される。
失行症	学習された意図的行為，特に，日常生活動作（道具使用）を司る機能が損傷したために起こる障害。たとえば，「金槌で釘を打つ真似をしてください」と言うと，頭の横で握った手を振ったり，釘を打つ位置は合っていても，細かく上下に動かす動作が見られるなど，目標とは異なる別の動作を行う障害である。
失認症	視覚，聴覚，触覚を認知する脳機能が損傷されたために起こる障害。見たり，聞いたり，触ったりしたものを呼称したり，その意味を想起することができない症状のことである。視覚失認，聴覚失認，触覚失認など，どの感覚様式にも特異的に生じる認知障害である。
注意障害	注意を司る機能が損傷されたために起こる障害。注意は，他のあらゆる機能に関わる基本的機能であり，脳損傷後に発現頻度が高い障害である。注意は意識を明確に焦点づける過程であり，注意の持続，選択性注意，同時処理，変換などの機能で区分される。
記憶障害	記憶を司る機能が損傷されたために起こる障害。記憶には，記銘力（覚える力），想起力（思い出す力），展望記憶（未来の予定や約束の記憶），手続き記憶（技能や手続きなどの長期記憶），意味記憶（一般的な知識や常識）などがある。新しいことを覚えて短時間あるいはしばらくして思い出すことができない障害である。
病態認識	病態認識ができていないという場合，自分が高次脳機能障害であることを自覚できない状態をさす。障害の存在に対する自分自身の自覚が十分ではないため，障害を思い悩めない。自分に生じた状態がよくわからないために困惑し不安になっていることもある。自分の状態を理解するための支持的なアプローチが必要となる。
遂行機能障害	遂行機能を司る機能が損傷されたために起こる障害。未来事象における目標をさだめ，その目標を実現させるための段取りをたて，目標に近づくように効率的に調整し，目標に向かって実際に行動を開始・継続し，実行する能力が障害されることである。
社会的行動障害	前頭葉機能が損傷されたために起こる障害。行動と情緒の障害。家庭や職場などでの日常生活に大きな支障をきたす。行動と情緒の障害のなかで，脱抑制（抑制できない）は脳損傷後に起こりやすい症状である。自分のしている脱抑制行動について社会的に受け入れられない行動であるという認識はあるものの，調整が難しいため，脱抑制を起こさせないための環境刺激の統制が必要となる。
認知リハビリテーション	高次脳機能障害の認知機能回復のためのリハビリテーション。リハビリテーションとして，自己教示法，問題解決法，外的代償手段法などを計画的に実施し，どのような認知機能が回復したのかの効果の判定を行い，機能回復の状態を把握する。

第10章

発達障害と併存する
精神障害の理解と支援

この章では，精神障害を取り上げ，発達障害との併存性についても検討していきます。精神障害には，どのような特徴があり，どのような支援が必要なのかについて述べていきます。発達障害が併存する場合には，発達障害の症状を踏まえたうえで，その精神障害の特徴を理解した支援が必要となります。発達障害がある場合に限らず，そのこども・その人の実際の生活環境を思い浮かべながら，発達の過程において，それぞれの特徴がどのような現れ方をするのか，どのような問題を抱えてしまっているのかを想像しながら，現場での支援を意識していくことが大切です。

1 | 発達障害と併存する精神障害，発達のなかで生じる精神障害

1 精神障害の分類

語句説明

精神障害

精神保健福祉法では，統合失調症，精神作用物質による急性中毒またはその依存症，知的障害，精神病質その他の精神疾患と定義されている。

参照

DSM-5
→1章，4章

語句説明

スペクトラム障害

障害があるかないかという二分論的とらえ方ではなく，その障害の特徴の現れ方や，程度に差があるととらえるもの。

精神障害[*]の理解，診断には，その診断基準として，DSM-5（アメリカ精神医学会「精神疾患の分類と診断の手引 第5版」），ICD-10（世界保健機構「国際疾病分類 第10版」；現在，ICD-11が出ている）が用いられています。改訂のたびに分類が変更されており，その構造的理解の難しさを物語っているものといえます。同時に社会の変化により，精神，こころの問題の現れ方も違ってきているのでしょう。最近の分類では，小児期，青年期に発症する障害という枠組みを取り去り，こどもから大人まで，その精神障害を連続的に理解しようというとらえ方に変わってきたことがみられます。

もう1つの傾向は，それぞれの精神障害において，その現れ方，程度の差を意識した「スペクトラム障害[*]」というとらえ方が取り入れられ始めたという点です。この視点は障害を理解し，支援していく際に，大変重要な視点です。

ADHDや自閉症スペクトラム障害（ASD；他章ではDSM-5にならい「自閉スペクトラム症」と表記）等は神経発達障害という分類で説明され，この章で取り上げる精神に関係する障害は，心的外傷・ストレス因関連障害・さまざまな行動にあらわれる障害（食行動障害・摂食障害，排泄障害，秩序破壊的・衝動制御・素行障害等）・解離性障害・気分障害・抑うつ障害・不安障害・強迫性障害・統合失調症関連障害・パーソナリティ障害等に分類されます。精神医学界の診断分類に則った精神障害の説明はDSM-5，ICD-11を参照していただき，

本章では，神経発達障害と関連，併存しやすい精神障害について，支援の場で出会うケースも多いため，発達段階に応じたあらわれやすさも意識して，紹介することにしましょう。

図10-1　**発達支援の視点からみたこころの問題**

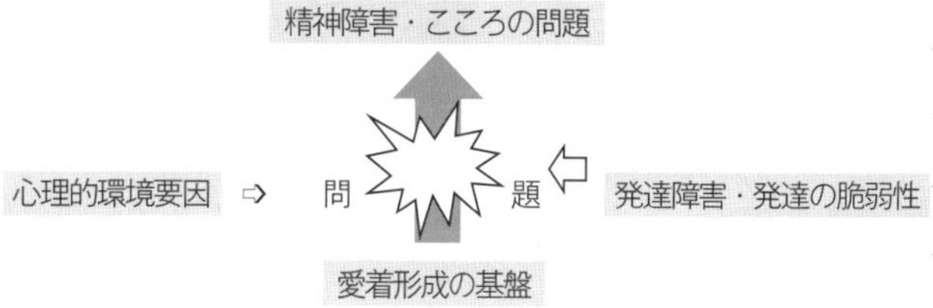

精神障害・こころの問題

心理的環境要因　⇒　問　題　⇦　発達障害・発達の脆弱性

愛着形成の基盤

2　発達障害・愛着障害・精神障害

　発達障害のさまざまな特徴については，第3章〜第6章で紹介されてきました。そのような特徴を理解し踏まえた対応をその人と関わるすべての人が配慮可能な状況なら，精神的な問題も生じにくいでしょう。しかし，その特徴を充分に理解されない対応・環境に直面した場合，精神の問題につながることは容易に想像されるでしょう。発達障害そのものの問題とその特性に合わない対応によって起こる二次障害の問題をしっかり区別した理解と支援が必要です。たとえばこどもでは，発達障害やその他の性格特徴や生育環境からくる発達の脆弱性，弱い部分に，あるいは逆にこどものもつ強みに，寄り添わない支援の問題も生じます。発達障害だけではなく，すべてのこどもの発達の特徴に合った，寄り添った支援がなされないと，結果として精神の問題につながることがあるのです。

　前者の場合でも後者の場合でも，大切な視点となるのが愛着形成不全，すなわち，愛着障害です。このことが精神障害の要因となっている場合が多いことを子育て・保育・教育・福祉の現場で実感します（米澤，2015，2018，2019a参照）。この問題はこどもが生育のなかで感じる心理的環境要因によって阻害されることになります。これらの関係を図10-1に示してみました。

　このような視点でさまざまな精神障害の特徴を理解し，支援のあり方に触れていきたいと思います。

2 ｜ 児童・青年期からみられる精神障害の特徴

1　愛着障害

　まず，こころの安定，精神の基盤ともいうべき愛着形成不全，**愛着障害**を取り上げましょう。図10-1で示したように，この愛着形成の問題は精神障害と関連が深く，子育て・教育・福祉・医療の現場で，支援をする際，ぜひ意識していただきたいポイントです。

プラスα

愛着障害
精神障害としての愛着障害は，その診断基準から，後述するように2つの診断名で表されるが，本章で愛着障害という表現をした場合は，愛着形成不全の状態のさまざまな形態を総合して表現している。

愛着理論はボウルビィ（Bowlby, J., 1988）が提唱した概念で、愛着とは、一般的には「特定の人に対する情緒的な絆」と定義されます。この愛着形成が誰とも充分形成されない問題が愛着障害という関係性障害として現れます（米澤、2015、2018、2019a）。

愛着障害の分類も、精神医学的診断基準が改訂されるごとに名称やとらえ方が変更されてきましたが、現状は、脱抑制対人交流障害（DSED：Disinhibited Social Engagement Disorder）と反応性愛着障害（RAD：Reactive Attachment Disorder）の2つのタイプに分けられます。脱抑制対人交流障害は脱抑制タイプの愛着障害と位置づけることができますが、誰に対しても無警戒で過剰な身体接触を求めます。また不適切な行動をしたことを叱ると余計、その行動が増える特徴があります。一方、反応性愛着障害は、抑制タイプの愛着障害として位置づけることができ、人を警戒し人との関係を忌避しようとします。また不適切な行動をしたことを叱ると、長期にわたってその人との人間関係を遮断する特徴があります。愛着障害に共通する行動特徴については、米澤（2015、2018、2019a）を参照してください。特に人間関係に現れる特徴である、アピール行動、試し行動を受け入れれば入れるほどエスカレートする「愛情欲求行動」、自分に責任があることを認めない「自己防衛」、自信がない自己否定や人に対して優位性を渇望した行動をする自己高揚に現れる「自己評価の低さ」は、愛着障害の3大特徴として位置づけることができます。

これらの愛着障害を理解するには、ボウルビィが提唱した「安全基地」（恐怖・不安などのネガティブな感情から守ってくれる存在としての認知・行動の基地）だけではなく、その人と一緒にいると「ほっとする」「落ち着く」「楽しくなる」というポジティブな感情を生み出す「安心基地」の機能の問題を意識する必要があります（米澤、2018、2019a）。これらの基地機能が機能していないことが、ネガティブな感情をもてあましてそれを紛らわせようとする、感情の紛らわせ行動として現れると考えられます。愛着障害は感情発達の障害といえるのです。

一方、子育て・保育・教育の現場でよくみられる「気になる子」「対応に苦慮する子」、あるいは大人同士でも人間関係のトラブルが発生しやすいパターンとして、発達障害と愛着障害を併存するタイプの存在を指摘することができます。米澤（2018、2019c、2020bほか）は、特に、ASDと愛着障害を併存するタイプを第3タイプの愛着障害として、その特徴を明らかにしてきました（図10-2）。普段の特徴として、愛着の安全・安心基地を確保し、自閉の特徴から必要な居場所感の確保のため、部屋でフードや帽子、服を被る、不必要なマスクを常用する、ロッカーや机の下に隠れる、カーテンに包まれるというような「籠もる」という行動特徴を示します。この安全・安心基地、居場所感が奪われそうになると感情的混乱を伴う攻撃行動が起こります。具体的には、

あることをきっかけに，以前のネガティブな感情体験を想起して，突然，表情が一変し，その時には何もしていない対象を攻撃する「フラッシュバック」による攻撃が生じます。その攻撃が特定の人，対象（たとえば，眼鏡，服の色等）に

図10-2　愛着障害の３つのタイプ

```
          ┌ 脱抑制タイプ              ⇨ 安心基地の問題
          │ 脱抑制対人交流障害（DSED）    ・無警戒，過剰な身体接触
  愛        │                            ・叱ると不適切行動が増える
  着        │
  障   ─────┤ 抑制タイプ                ⇨ 安全基地の問題
  害        │ 反応性愛着障害（RAD）       ・警戒・忌避
          │                            ・叱ると関係長期遮断
          │
          └ ASD と愛着障害           ⇨ 安全・安心基地，居場所感の問題
            併存タイプ                  ・籠もる
                                       ・叱るとフラッシュバック的・執拗な・
                                         パニック的攻撃，固まる
```

出所：米澤，2020b を改変・修正

だけ向けられ，何度も攻撃を繰り返す「執拗な」攻撃として現れます。その攻撃を止めようとすると，自分の感情が受け入れられない，食い違う状況（たとえば叱られたとき等もそうである）になり，情緒的な危機的状態になるため，周囲が止めるのに非常に苦労する激しい「パニック」的攻撃が発現します。

　この行動を ASD や他の精神障害にもよくみられる「易刺激性」として理解するのが現状では一般的ですが，**愛着修復**の支援をすると劇的に消滅することから，愛着障害を併存しているための特徴としてとらえることができます。一方，安全・安心基地や居場所感の危機には，「固まる」という，対象との関係を一時的にシャットアウトする行動もみられます。抑制タイプの愛着障害（反応性愛着障害）でみられる関係性の遮断との鑑別は，抑制タイプがその遮断が数か月以上と長期間にわたるのに対して，この第３タイプの ASD と愛着障害が併存するタイプでは数十分から数時間と非常に短いのが特徴です。この特徴にも ASD や他の精神障害でもみられる緊張病（カタトニア）と理解されるのが現状では一般的ですが，同じく愛着修復の支援で愛着障害が緩和されるとなくなることから愛着障害との併存から生じる特徴と理解できる場合がたくさんあります。これら愛着障害の３つのタイプを図10-2にまとめてみました。

2　心的外傷およびストレス因関連障害・解離性障害

　前述の愛着障害は，現状の精神医学的分類では，心的外傷およびストレス因関連障害に含まれています。それは，愛着障害は，基本的情動欲求充足が養育者によって満たされることが持続的に欠落すること（ネグレクト等の虐待・母性剥奪），主たる養育者の頻繁な交替による安定した愛着形成の阻害，選択的愛着を形成する機会を制限する養育（施設等で職員がこどもの数に比して少なすぎる等）によって愛着障害が生じるととらえられてきたからです。また，親の関わりも含めて，こどもが発達の過程で強いストレスを感じる事件・事象を体験したこと（虐待等）で，心的外傷やストレスを抱えてしまい，精神障害に至る事例が多いのも現状です。

　児童虐待（Child abuse）は，身体的虐待，ネグレクト（養育放棄），性的虐

プラスα

易刺激性
ASD，統合失調症，双極性障害等の精神障害にみられる，かんしゃくをおこす，攻撃的行動を示す，自傷行為，など，気分・感情の変わりやすさによって特徴づけられる怒りや欲求不満，感情の食い違いを表現する音声的，運動的な爆発的行動を指す。物質関連障害や嗜癖性障害にもみられる。

緊張病（カタトニア）
「動きが止まる」「無言」などの動作停止抵抗的言動，反復的言動をみせる常同行動，他者の行動を繰り返すエコラリア（反響言語）などがみられ，統合失調症の一種の緊張型と指摘されてきた特徴であるが，自閉症との関連も指摘されている特徴。

待，心理的虐待からなり，近年，増加しています。こどもに対する不適切な関わりとして，マルトリートメントという広い概念でとらえられることもあります。しかし，発達障害のこどもの特徴に合わない関わり，支援をした結果，この愛着障害を併発している例もたくさん確認できるのです。愛着障害は，虐待や親の不適切な関わりだけが原因で起こる障害ではなく，関わりとこどもの特徴が合わないときに起こる障害であるととらえることが大切です（米澤，2015，2018，2019a，2020b）。このことは支援の際にも意識すべき重要な観点となりますので後述しましょう。

　こうした精神障害として，こどもの発達の過程でもよくみられるのは，心的外傷後ストレス障害（**PTSD**：Post Traumatic Stress Disorder）です。この障害は，ICD-11 では，以前のネガティブな経験が現在にいきなり侵入し，悪夢，フラッシュバックを生じさせる「再体験」，ネガティブな体験を考え，呼び起こすことを避ける（内的）「回避」，そうした活動や人物との接触を避ける（外的）「回避」，過覚醒（覚醒亢進），驚愕反応，いらだち，集中力の減退，睡眠障害等が持続する「現在の驚異」が特徴です。DSM-5 では，ネガティブな現象の想起不能，自己否定，他者攻撃を含む「認知と気分の陰性の変化」がつけ加えられています。災害被災や事件の被害の後，1か月以上続く形でみられます。

　この心的外傷すなわちトラウマの影響については，臨床支援，発達支援の現場で発展的にいろいろな現象，特徴が指摘されてきました。その一つが ICD-11 でも採用されることになった複雑性 PTSD です。ハーマン（Herman, J., 1992）によって提唱され，PTSD の特徴に加えて，些細なことに感情的に反応しコントロールできない，攻撃的・自己破壊的行動を起こす「感情調節不全」，自己評価が低下し自己否定的，罪責感を感じる「陰性自己概念」，対人関係の持続を忌避し，無関心となる「対人関係困難」が特徴です。

　また，これらの現象を発達の過程で起こる現象としてとらえ，特に，虐待や不適切な関わり（マルトリートメント）との関連から，発達性トラウマ障害としてとらえるとらえ方も存在します。この考えはヴァン・デア・コーク（van der Kolk, B., 2005）によって提唱され，その特徴は愛着障害と複雑性 PTSD の内容と重なるところが多くなっています（杉山，2019 参照）。これらの障害概念の統一には，まだ時間と研究成果が必要な分野なのです。

　適応障害も心的外傷およびストレス因関連障害に位置づけられた障害で，ストレス因となる出来事から3か月以内に生じ，情動的，行動的な強い症状が生じますが，通常，6か月以内に収束するものです。こどもの場合に適応障害はあまりみられないため，むしろ，前述の愛着障害，複雑性 PTSD，発達性トラウマ障害としての理解が必要な場合が多いでしょう。

　また，心的外傷およびストレス因関連障害ではなく，独立した精神障害群で

ある解離性障害も，愛着障害，発達上のトラウマ障害の結果，生じる例が多く
みられます。はっきりと異なった人格状態の存在により自己同一性が損なわれ
る「解離性同一性障害」，ある特定の出来事について部分的（ある時期，ある出
来事），あるいは選択的（出来事のある一側面だけ）の記憶もなくなる健忘とな
りやすい「解離性健忘」（新しい人格への「解離性遁走」も含む），自己や周囲に
対して現実感を感じない，距離を感じる「離人／現実感喪失障害」などがあり
ます。愛着障害やトラウマ障害のため，自分にとってネガティブな経験だけが
健忘され，その自覚がないということは，こどもがわざとすっとぼけて言い逃
れをしていると誤解しないためにも重要な特徴として認識する必要があります。

　もう一つ，臨床・発達支援の現場で多く出会う症例・事例として重篤（度）
気分調整不全障害（DMDD）があります（DSM-5 では「重篤気分調節症」）。こ
れは DSM-5 の基準にのみある（ICD-11 では，後述する反抗挑戦性障害に含ま
れています），抑うつ障害に分類されるもので，6 歳から 17 歳の間に診断され
るものです。頻繁な強いかんしゃくが特徴ですが，この背景にも愛着障害，ト
ラウマ障害が疑われることが多いのが現状です。

３　その他の臨床・発達支援の現場でこどもによくみられる障害

　臨床・発達支援の現場で，愛着障害あるいはトラウマ障害と関連してよくみ
られる障害をまとめて紹介しましょう。これらの障害も発達障害と併存してよ
くみられる障害です。

　まず，「摂食障害」（食事の量や食べ方など食事関連行動の異常），「排泄障害」
（排尿，脱糞の異常）という生理的現象での障害がよくみられます。食物ではな
いものを食べる「異食症」（パイカ），食べ物の吐き戻しをする「反芻性障害」，
摂食制限による「神経性やせ症」，大量のものを短時間で摂取し，食べすぎを
埋め合わせる行為がみられる「神経性過食症」，一度に大量に食べ過ぎる「過
食性障害」等が摂食障害です。背景に自己評価の低さが関係していることが多
いとされています。また，排泄障害は，トイレではない所，衣服内に排尿する
遺尿症，脱糞する遺糞症などとして現れます。これもネガティブな感情の紛ら
わせ行動として生じている場合があり，これらは，愛着障害，トラウマ障害，
発達障害との併存から生じている事例が多くみられます。

　また物質関連障害および嗜癖性障害では，「物質使用障害」がよくみられ，
いわゆる依存症（addiction）という形で発現します。愛着障害，トラウマ障
害と関連して，また発達障害に併存する形で確認できます。こどもによくみら
れる，ゲームから離れられずゲームに依存する「ゲーム障害」は ICD-11 で
取り上げられています。ゲーム障害が生活リズムを崩し，不登校になっている
現象に臨床の場でよく出会います。大人でみられるギャンブル障害，アルコー
ル依存，薬物依存などもそうです。強迫関連障害に分類される抜髪をする「抜

プラスα

**ゲーム障害（ゲー
ム依存）**

ゲームをしたい欲求を
抑えられず制御できな
い，ゲームを他の日常
生活活動よりも優先し
てしまう，家族関係，
学習などに重大な問題
が生じているにもかか
わらず止められない，
といったことがエスカ
レートする特徴。

毛障害」もみられます。愛着形成の視点から説明すれば，安全・安心基地のない状態をその物質や嗜癖に依存することで紛らわせようとしていると理解できるのです（Flores, 2004；米澤，2019c 参照）。

秩序破壊的・衝動制御・素行障害群に分類される障害についても同様のことが指摘できます。対人的にイライラ，挑発，反抗，執念深い攻撃性を示す「反抗挑戦性障害」（DSM-5 では「反抗挑発症」），突然の激しい攻撃性，破壊行為が特徴の「間欠性爆発性障害」，攻撃性・破壊性・窃盗・規則違反が長期化する「素行障害」「放火症」「窃盗症（クレプトマニア）」などです。また，ICD-11では「強迫的性行動障害」という概念も導入されましたが，愛着障害では，脱抑制対人交流障害の身体接触欲求が性的問題に発展しやすく，性的問題，性行動の問題も生じやすいといえるでしょう（小野，2019；米澤，2019c 参照）。そもそも性的問題は，愛着障害の特徴として，感情の紛らわせ行動として利那的な性的快感を求めてしまうことが背景として指摘できるのです。

また，神経発達障害に分類される運動障害の「チック障害」，コミュニケーション障害の「小児期発症流暢障害」（吃音）の背景に発達障害，愛着障害の併存が指摘できる場合があります。吃音は親の養育態度とは関係ないといわれてきましたが，こどもの受け止め方の問題，メンタルな問題として現れる例もあるのです。

このようにさまざまな精神障害が併存しやすいということは，現場でのこども理解，対象者理解に欠かせない視点なのです。

3 | 成人期の精神障害の特徴

1 統合失調症スペクトラム障害および他の精神病性障害

統合失調症についても DSM-5 では，スペクトラム障害の概念が導入され，一連の診断の連続的理解が進んでいます。図10-3に DSM-IVとの違いを図示したものを掲載しました。

統合失調症とは感覚・思考・行動の統合的働きの歪み，バランスの問題が，社会生活の障害として現れたものといえます。その特徴を，妄想，幻覚，思考の解体・まとまりのない会話，非常にまとまりのない言動・緊張病性の行動，陰性症状*（情動表出の減少・意欲欠如）の5つの症状としてとらえ，その症状の有無・軽重，持続時間の違いで，スペクトラムとして重症度の順に整理したのが，**統合失調症スペクトラム障害**です。

最も軽いのが，この5つの症状がどれも確定的にはみられないが，奇異な

プラスα
チック障害
突発的，急速，不規則に繰り返される動作・発声。18 歳以前に発現。運動チック（まばたき，首振り，肩すくめ等）と音声チック（咳払い，汚言症（コプロラリア），反響言語（エコラリア），反復言語（パリラリア））。神経質，高不安・高緊張等の精神的脆弱性と親の完璧主義や過干渉等の養育態度からくる情緒不安定な親子関係が背景にあることがある。発達障害でも併存される。トゥレット障害は，運動チックと音声チックの両方がみられる。
→ 7 章参照

語句説明
陰性症状
感覚の鈍麻，平板化，意欲・自発性のなさ，快楽喪失（アンヘドニア），会話や動作の減少，ひきこもりがちな行動。

行動，信念がみられ，現実的認知が歪められているのが，パーソナリティ障害の一つである（統合）失調型障害です。妄想だけがみられれば，妄想性障害（以前はパラノイアと呼ばれていました），5 つの症状の 1 つ以上がみられていても 1 か月以内に回復すれば短期精神病性障害，6 か月以内に基準を下回るまで回復したものを統合失調症様障害，そして 6 か月以上持続すると統合失調症ということになります。このように程度の差，現れ方の差として連続性のあるスペクトラム障害と位置づけされるのです。

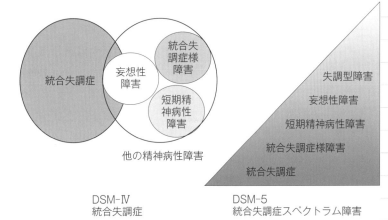

図10-3　統合失調症スペクトラム障害

妄想性障害
統合失調症様障害
短期精神病性障害
統合失調症
他の精神病性障害

失調型障害
妄想性障害
短期精神病性障害
統合失調症様障害
統合失調症

DSM-Ⅳ
統合失調症

DSM-5
統合失調症スペクトラム障害

注：スペクトラム障害では，三角形の下にいくほど，その現れ方が強くなる。
出所：岩田，2014

　ほかにも，抑うつや躁状態の気分を伴う統合失調感情障害や前述の緊張病もここに分類されています。

2　気分障害（抑うつ障害・双極性障害）

　気分障害とは，高揚したり落ち込んだり気分の状態の変動によって日常生活に支障をきたす状態が一定期間つづくものです。気分障害としての抑うつ障害と双極性障害は DSM-5 では明確に区別されましたが，ICD-11 では気分障害としてまとめられています。

　抑うつ障害は ICD-11 では単一エピソード抑うつ障害と反復性抑うつ障害，DSM-5 では，大うつ病性障害，慢性の持続性抑うつ障害（気分変調症）等のとらえ方があります。抑うつとは空虚感，絶望感，罪責感，死への反復的思考，興味や喜び，集中力の減退等の精神症状や体重減少，不眠，疲労感等の生理的現象がみられる現象です。いずれにしても躁状態はみられないのが特徴です。

　双極性障害とは，自尊心肥大，多弁，睡眠欲求低下，観念放逸，注意散漫，精神的焦燥，理不尽な目標志向・熱中等のような気分の高揚や活動性の持続的亢進が特徴である躁状態が 1 週間以上ある Ⅰ型，躁の状態が 4 日以上ある軽躁と後述する抑うつが両方存在する Ⅱ型等，いくつかの種類があります。

　近年，こどもにこの抑うつ障害の症状が増えているのも臨床・発達支援の現場で実感します。

3　不安障害・強迫関連障害

　「不安障害」と「強迫性障害」の明確な区別がされるようになったのも近年

の診断基準の特徴です。

不安障害としては，こどもによくみられる愛着対象からの分離に対する恐怖・不安である「分離不安障害」，ある特定の状況（たとえば学校）でのみしゃべることができない「選択性緘黙」，大人も含めて，特定の状況でのみ恐怖や不安を感じる「限局性恐怖症」，対人恐怖を特徴とする「社交不安障害」，強烈な恐怖・不安感の高まりがパニック発作となる「パニック障害」等があります。

強迫関連障害には，あることに「とらわれる」ことと「繰り返し行動」にその特徴がみられる「**強迫性障害**」を中核に，その対象が自分の外見，身体特徴になる「身体醜形障害」，所有物を捨てられない「ため込み障害」，前述の「抜毛障害」「皮膚むしり障害」等についても，いろいろな現れ方をする強迫スペクトラム障害とのとらえ方が進んでいます。俗に言うゴミ屋敷状態になっているため込み，抜毛等の行動の問題の背景に愛着の問題がよくみられるのです。

4 パーソナリティ障害

精神障害としては軽いもので，著しく偏った認知・感情・行動の様式が定着している状態を**パーソナリティ障害**として位置づけ，A〜C群に分けて分類されています（DSM-5）。表10-1を参照してください。

この障害も様相はスペクトラム的で，その重症度は図10-4のように示されます。それぞれの障害の詳細は割愛しますが，たとえば，反抗挑戦性障害（DSM-5では「反抗挑発症」）と反社会性パーソナリティ障害，愛着障害と境界性パーソナリティ障害の関係が指摘できます。

表10-1 パーソナリティ障害の分類

A群	
妄想性	根拠のない猜疑・恨み・警戒
スキゾイド	孤立・冷淡・無関心・平板
統合失調型	奇異性・関係念慮
B群	
反社会性	他者軽視・社会規範無視・暴力的・良心の呵責の欠如
境界性	感情不安定・見捨てられ不安・自傷
演技性	自己演技化・注目欲求・自己顕示欲
自己愛性	過大評価・過剰な賞賛欲求・尊大・特権意識
C群	
回避性	拒絶恐怖・失敗回避・社会的抑制
依存性	依存欲求・従属的・しがみつき
強迫性	統制へのとらわれ・完璧主義

図10-4 パーソナリティ障害の重症度評価法

出所：松本，2019より作成

116

4 ｜ 精神障害への支援

　さまざまな精神障害への具体的な支援のあり方を紹介するには紙面が不足しますので，ここでは，愛着障害への支援を中心に，他の精神障害への支援にも触れる形で紹介しましょう。いずれにしても，ここまで述べてきた障害の特徴を踏まえた，きちんとした**アセスメント**[*]が肝要で，そのアセスメントに応じた支援が必要なのです。

1 愛着障害への支援

　愛着障害への支援については，薬物療法としては，オキシトシンの治癒可能性が指摘されたり（山口，2019），さまざまな心理療法も試みられてきました（Levy & Orlans, 1998；Prior & Glaser, 2006）。しかし，愛着形成は普段の生活とやりとりを通して行われるものですから，普段の生活のなかに埋め込んだ支援が効果的です。米澤（2015，2018，2019c，2020b）で実践してきた「『愛情の器モデル』に基づく愛着修復プログラム（ARPRAM）」を紹介しましょう。

　このプログラム作成にあたっては，たくさんの愛着障害の事例をつぶさに研究し，その特徴を説明するには，「特定の人との情緒的絆」とは何ができると絆になるのか，何ができていないと絆の問題となるのか，愛着障害がどのように現れるのかの解明が必要でした。こころや障害への妥当な支援をするには，その様態の原因解明が必要です。このことは愛着障害という，その原因が明確な事態で，かつ，その原因を解消できる場合に必ず想定すべきものなのです。

　プラスαで解説しましたが，この愛着の絆は，図10-5に示した3つの基地機能をいかにして修復，形成するかであることを明らかにしました。愛着障害は情緒，感情の障害であることを意識し，ネガティブな感情から守る安全基地とポジティブな感情を生み出す安心基地を車の両輪として，自立行動をしてもそのことを報告することでネガティブな感情を減らし，ポジティブな感情を増やす探索基地をつくることをゴールに設定して，支援をしていきます。

　愛着障害への支援で大切なのは支援者が「何をしたか」ではなく，支援される側がその支援を「どう受け止めたか」です。これもこころ，精神の支援でとても重要なことだと思います。そこで，図10-6に示したように，愛着障害のタイプによって，関わりをどう受け止め，そのとき感じた感情（別の平易なことばに言い換えると愛情）をどのようにためて使えるかを「愛情

語句説明

アセスメント

支援対象者に関する情報を主観的情報（本人が訴えるもの）・客観的情報（行動観察，環境観察，関係者からの情報）を収集・分析し，支援に向けて解決すべき課題を構造的に把握すること。
→2章参照

図10-5 愛着形成・愛着修復のための3つの基地機能

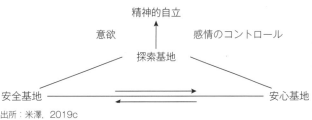

出所：米澤，2019c

図10-6 「愛情の器」モデル［改変版］

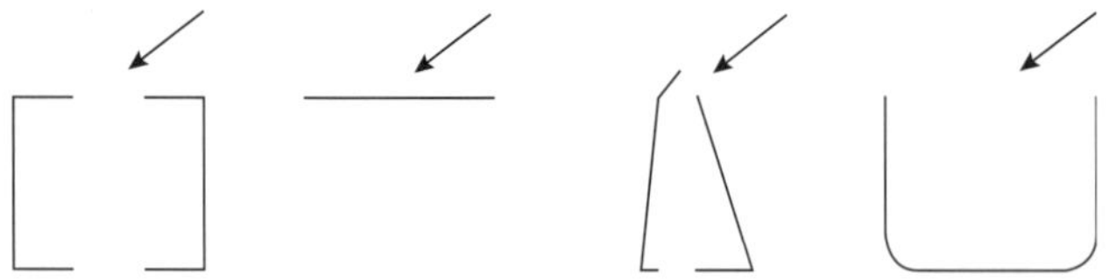

a：脱抑制タイプ　b：抑制タイプ　c：ASD＋愛着障害　d：安定愛着

出所：米澤，2019c

の器」としてモデル化したのです。愛情の器が全くできていない抑制タイプは、一から器をつくるため支援に時間がかかります。不充分な器しかできていない脱抑制タイプでは、その受け入れ口が狭いため、関わりをしっかり受け止めることが難しくなります。また、底に空いた穴のせいで、関わりで生じたポジティブな感情、すなわち愛情エネルギーをためておいて持続的に使うことができず、愛情欲求エスカレート現象が生じやすいのです。また、ASD と愛着障害併存タイプは、狭い受け入れ口のフタが閉じていることがあり、関わり、支援のタイミングの難しさにつながります。愛着形成がしっかりできている安定愛着タイプとの違いを意識し、愛情の器を作成、修復していく支援をする必要があります。愛着修復支援のポイントは、いかにして「特定の人＝キーパーソン」をつくり、対象に寄り添った支援ができるかなのですが、詳細は引用文献を参考にしてください。

２ 精神障害への支援

　現実問題として、その原因が特定されない、あるいは、その原因となっているもの自体を変えることはできない精神障害については、現象として起こっている症状を緩和する支援が必要となります。現状の症状を緩和する薬物療法、認知や行動の様式を変化させる応用行動分析*、認知行動療法*が用いられることが多いのです。トラウマ・ケア、トラウマ治療では、EMDR のように眼球運動という生理的行動も治療に応用されています。

　いずれにしても、精神障害への支援は、長期にわたり、根気よく、対象者に寄り添う支援が必要なのです。と同時に、なかなか見えにくい、その背景となっている原因、たとえば、発達障害等、発達の問題がどのように影響しているのか、生育環境等、周囲の環境がどのように影響してきたのかを踏まえた適切な支援が必要なのです。

語句説明

応用行動分析
ある行動の背景として先行している刺激、行動、結果の随伴性を意識して、その関係を変える支援。
→4章，11章参照

認知行動療法
自己の認知や行動の変容に気づき、ストレスやこころの問題の現れ方をコントロール、改善する方法。認知療法と行動療法を組み合わせたもので、弁証法的行動療法、マインドフルネス認知療法などがある。
→4章，11章参照

> **考えてみよう**
>
> 支援をする対象者が、どのような発達障害を有している場合、あるいは、ない場合、それぞれにおいて、どのような精神障害を併存しやすいか、整理してみましょう。そのうえで、発達障害と精神障害を併せもつ場合の支援の留意点をまとめてみましょう。

本章のキーワードのまとめ

愛着障害	見知らぬ大人への関わりと身体接触欲求が特徴の脱抑制対人交流障害（脱抑制タイプ）と対人関係の忌避，警戒を特徴とする反応性愛着障害（抑制タイプ）がある。発達障害との併存も指摘されている。
愛着修復	特定の人の関係作りを通して，愛着形成不全，愛着障害を修復する支援。生活に根ざした持続的活動の共有による関係性支援が必要となる。感情発達機能の基盤作りの意味もある。
児童虐待	不適切な暴力，体罰等の身体的虐待，適切な養育をしないネグレクト，性的な行為を強いる性的虐待，ことばによる否定等の心理的虐待からなる。もう少し広くとらえて，不適切な関わりを総称して，マルトリートメントと呼ぶ。
PTSD	心的外傷後ストレス障害。6歳以上で認定する。強い心の傷の体験，その目撃，見聞等により，その記憶が反復的に自分の思いでは制御できない形で侵入的に想起，フラッシュバックされたり，夢に見たりし，不安，苦痛を感じ，現実感の喪失が1か月以上たっても持続する。急性ストレス障害は1か月以内。
統合失調症スペクトラム障害	妄想，幻覚，思考解体，まとまりのない言動・緊張病性の行動，陰性症状の5つの症状の有無・軽重，持続時間の違いで，スペクトラムとして重症度の順に整理したものである。
抑うつ障害	躁状態はなく，空虚・絶望感，罪責感，死への反復的思考，興味・集中力の減退等の抑うつ的な精神症状を呈する。体重減少，不眠等の生理的現象もみられる。
双極性障害	抑うつ状態に加えて，気分の高揚や活動性の持続的亢進が特徴である躁状態が見られる。強い躁病状態を示す双極Ⅰ型障害と軽い軽躁状態を示す双極Ⅱ型障害がある。
不安障害	特定の状況への恐怖・不安反応が過剰に現れる障害。苦しんだり生活に支障をきたす。愛着対象からの分離不安，特定対象や対人への恐怖等のさまざまな対象によって生じ，現れ方も緘黙，パニック発作等，さまざまである。
強迫性障害	不安障害とは明確に区別され，あるものとされるようになった。ある強迫観念に「とらわれ」，強迫行為として「繰り返しの行動」をすることに特徴がある。その対象は皮膚，髪の毛，モノ等，さまざまである。
パーソナリティ障害	著しく偏った認知・感情・行動の様式が定着している状態で，特徴的な生活様式や対人関係に様相をきたす。奇妙で風変わりにみえるA群，情緒的，演技的なB群，不安，強迫的なC群からなる。
アセスメント	対象者に関する情報を収集・分析し，支援に向けて解決すべき課題を構造的に把握すること。

第11章

保護者・きょうだい への支援

障害児に対する支援については，これまでさまざまな取り組みが行われてきましたが，近年，障害児本人だけでなく，その子どもを取り巻く家族が抱える問題について検討すること，そしてその支援を行うことの重要性が注目されています。本章では，障害児の保護者やきょうだいの支援に関する現状と課題そして支援のあり方について学びます。

1 ｜ 保護者への支援とは

1 保護者への支援の必要性

　障害児に関する支援として，わが国ではこれまでさまざまな取り組みが専門家によって行われてきましたが，その支援は，主に障害をもつ子どもが対象でした。しかし，いったん国外に目を転ずると，以前から障害児本人への支援だけでなく，その保護者など家族への支援も併行して行われていました。障害をもつ子どもは，その成長の過程で，障害に由来する社会生活の困難や不利益をもつことが想定されますが，障害児を育てる保護者もまた，その過程でさまざまな心理的および社会的な負担を強いられることがあります。さらに，この家族の心理的社会的なリスクが，障害児をさらに困難な状況に追い込むことが考えられます。このような悪循環に陥らないためにも，このサイクルの要所に介入することが必要です。一つは，障害児の支援です。障害児への支援をすることによりその保護者の心理的社会的な負担が軽減されます。そして，もう一つは**保護者への支援**です。保護者が支援を受けることで心理的社会的に安定した子育てが可能になると，障害児の QOL*が向上することが考えられます。障害児を支援することは保護者への支援にもなり，保護者への支援は障害児への支援にもなるといえます。

　さらに障害児のなかでも，年齢が低いほど保護者への支援は重要になってきます。幼少期に，最も多くの時間を過ごすのは家庭であり，最も身近にいて密接に関わるのが保護者だからです。保護者は，子どもを養護し，保護する存在として，子どもに多大な影響を与えています。そのような保護者を支援する際

語句説明

QOL
QOL とは，Quality of Life の略称である。人の人生の質や社会的にみた生活の質のことを指す。

には，保護者の立場を考える必要があります。まず，保護者自身が子どもを育てることに不安やストレスをもっていて，子どもの養護や保護に支障をもっている場合です。この場合の保護者支援は，保護者への心理的援助が中心になります。次に，障害児の育ちが定型発達児と異なっているために，保護者が子どもの育て方がわからない場合です。この場合は，保護者が子どもの育て方を学べるような支援が有効です（本章 2 節参照）。

2　保護者が抱える問題

①障害受容

　障害児の保護者が抱える問題として，まずあげられるのは**障害受容**[*]です。障害児をもつ保護者における障害受容について，桑田・神尾（2004）は「障害児の出生という保護者個人にとっての喪失体験を克服し，最終的には障害をもった子どものありのまますべてを受け入れていく過程における障害に対する価値の転換」と定義しています。

　社会的通念に基づいて心身ともに健康な子どもを望んでいた保護者にとっては，自分の子どもが障害をもつことに大きな精神的衝撃をうけます。そして，子どもに障害があることを受け入れるには多くの時間がかかることがあります。この障害受容に至る過程に関しては，段階モデル（Stage theory）がよく知られています。初めて段階説が唱えられたのは 1950 年代ですが，1970 年代に提案されたドローターら（Drotar et al., 1975）の先天性奇形児の保護者の心理変容過程における 5 段階の仮説図が有名です（図11-1）。これは，障害の事実に対する衝撃（ショック）とその心理的防衛として否認，悲しみ，怒りなどの情緒的混乱から，前向き適応への努力が行われ，障害受容に至るというものです。しかし，この段階モデルでは，保護者が一度子どもの障害に関する葛藤

図11-1　先天奇形をもつ子どもの誕生に対する保護者の正常な反応

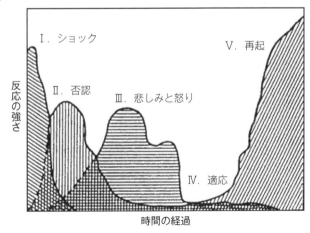

出所：Drotar et al., 1975 より作成

を乗り越えた後は，適応の段階に達して安定し続けることを示していますが，これに対して，保護者が子どもの障害を知って以降，生涯を通して悲しみが癒えない慢性的悲哀（Chronic sorrow）の概念が提出されています。保護者は一旦適応段階に達しても子どもの発達やライフステージによって深刻な体験をすることが想定されるというものです。両者の考え方は，基本的に相容れないものではなく，中田（1995）は，段階モデルと慢性的悲哀を統合して螺旋型モデルを示しました。これは，障害を肯定する気持ち（適応）と否定する気持ち（落胆）が裏表に存在し螺旋状に進むため，表面的には両者の時期が繰り返すように見えますが，少しずつ受容が進んでいくという考え方です。

　障害児とその保護者への支援を行うときには，この障害受容を考慮した対応が重要になります。発達支援の専門家は，早期発見と早期対応が何より重要ととらえ，早急に支援を行う必要があると考えますが，乳幼児の支援には，保護者の同意と協力が不可欠です。障害告知を受けて精神的ショックを受けている保護者の心理状態を考慮せずに対応を進めると，保護者を傷つけることになりかねません。保護者の気持ちを十分に配慮したうえで保護者と協働して行うことが，結局は子どもへの効果的な発達支援につながります。また，保護者の障害受容には，わが子の障害を受容するだけではなく，障害児の保護者としての自分を受け入れる自己受容があります。しかし，その自己受容には困難を伴い，それにまつわるさまざまなストレスに晒されるため，保護者への支援を行う際にはこの点も考慮することが求められます。

②育児不安と育児ストレス

　障害児の保護者が抱える問題として，次にあげられるのは**育児不安**[*]と**育児ストレス**[*]です。定型発達児の保護者も育児不安や育児ストレスをもっていますが，障害児の保護者はそれよりもかなり高い不安やストレスをもっていることが報告されています（たとえば，稲葉ほか，1994）。障害受容ができないために育児不安や育児ストレスを多大に感じることがあるでしょう。そして，障害児が定型発達とは異なる発達の経過や特徴をもつために，育て方がわからなかったり，育てることが困難であることが育児不安や育児ストレスの原因であることが考えられます。

　また，子どもの障害の種類によって保護者の育児不安や育児ストレスの状態は違っています。最近では，自閉スペクトラム症（Autism Spectrum Disorder：以下，ASD）の子どもをもつ保護者の育児不安や育児ストレスの高さが注目されています。ASD の特性は，定型発達と大きく異なるため，保護者でもわが子の行動や気持ちがわかりづらく，子どもへの適切な対応が難しいのです。そのため，ASD の保護者は，定型発達児の保護者に比べて，日常的に強い育児不安や育児ストレスをもっていることが報告されています（たとえば，尾崎，2014）。育児ストレスの研究でも同様の結果が示されており，ASD

語句説明

育児不安
子どもを育てることは，心理的にも身体的にも大変な作業であり，それに伴って親は抑うつ感や不安感を感じることがある。これを育児不安という。

育児ストレス
子育てをしていると，親は困難に直面したり，多大な労力がかかることがあり，これがストレッサーとなり心理的身体的なストレスを感じることがある。これを育児ストレスという。

定型発達
多くの人が辿る発達のことを定型発達と言う。また定型発達を辿る子どもを定型発達児という。

参照

自閉スペクトラム症
→4章

児をもつ保護者は，他の障害児をもつ保護者よりもストレスが高いことが指摘されています（たとえば，坂口・別府，2007）。

3　国内外における保護者支援の動向

　従来から，欧米では子どもの支援だけでなく保護者への支援にも力が注がれてきました。たとえば，米国では，**個別障害者教育法**[*]（IDEA：Individuals with Disabilities Education Act, 2004）によって障害のある子どもの教育が規定されています。Part C では出生時から 2 歳までの早期介入システムにおいて，Part B ではその後の 3 歳から 21 歳までの公的教育システムにおいて支援を行います。そして，IDEA の基本原則の一つに，保護者の参加を前提とし，保護者を専門家と対等なパートナーとして位置づけることがあげられます。特に，Part C では，家族のニーズを聴取し，乳幼児とその家族を対象にした**個別家族支援計画**[*]（IFSP：Individualized Family Service Plan）を策定することが義務づけられており，それに基づいた家族へのサービスが提供されています。IFSP は，①子どもの生活と家族を対象にすること，②子どもと家族に対する成果を求めること，③家庭及び地域社会において障害のない子どもたちと同様の自然環境を設定することを特徴としており，早期発達支援を日常生活の「自然な環境」で行い，支援者として家族を位置づけています。このように米国では，1980 年代半ばから，早期発達支援の分野で子ども中心のサービスから子どもを含めた家族を中心とするサービスへの転換が図られています。また，IDEA から認可された「ペアレント・センター」が各州に少なくとも 1 か所は設置されており，その基本理念は，①保護者が保護者を支援する，②保護者を子どもにとって最良の支援者に育成する，というものです。②については，保護者に子どもの障害理解を促進させる活動として，子どもの発達支援に有効なペアレント・トレーニングを保護者向けに行っています。

　一方，英国では，1997 年に英国自閉症協会によって開発されたアーリーバードプログラム（NAS EarlyBird Programme）があります。アーリーバードプログラムは，ASD の診断直後に保護者に対して行われるプログラムです。英国では，診断を受けてから 10 週間の研修コースが各地域に設定されており，診断直後の保護者の不安や困惑に対応することに効果を上げています。

　このような欧米での保護者支援の重視と積極的な行政による取り組みの動向を受けて，わが国においても，近年，保護者支援の重要性は認識されるようになってきました。厚生労働省は，2008 年より「障害児支援の見直しに関する検討会」を開催し，障害児支援を検討するなかで，障害児とその家族に対してトータルな支援を行うことを提案しています。そして，障害児支援の在り方に関する検討の「今後の障害児支援の在り方について（報告書）」（厚生労働省，2014）において，家族支援の重視が明記されました。これら一連の障害児施

語句説明

個別障害者教育法
障害児の教育を扱う米国の連邦法である。この法案は 1975 年に制定されて以来修正が加えられ，2004 年に改訂されたものを IDEA 2004 と呼ぶ。この法案は，0 歳から 21 歳までの障害児に無償の適切な公教育を権利として保障している。

個別家族支援計画
個別障害者教育法では，Part C のサービスとして，身体的，精神的な発達遅滞のある 0〜2 歳までの子どもを対象に，教育と家族支援を行うシステムを設定している。そこで策定が義務づけられているのが，個別家族支援計画である。子どもの生活とその家族を対象に，目標を設定して目標に到達するよう具体的な計画を立てていく。

語句説明

児童発達支援ガイドライン

2012年の児童福祉法改正において、未就学の障害児を対象に発達支援を提供するものとして児童発達支援が位置づけられた。そこで、支援の一定の質を担保するための全国共通の枠組みを示すために、2017年に厚生労働省が児童発達支援ガイドラインを策定し、公表した。

プラスα

保護者への支援

障害児の子育てには心理的社会的負担がかかることが多いので、障害児をもつ保護者に対してその負担が軽減するような支援が必要である。そこで、国内外でさまざまな取り組みが行われている。なお、保護者支援はいわゆる親支援であるが、子どもを育てるのは必ずしも実母や実父とは限らないため、親ではなく保護者としている。

語句説明

エンパワメント

保護者支援におけるエンパワメントとは、保護者が自分の子どもの子育てを主体的に行っていく力をもつことである。

策において全国共通の枠組みが求められて、2017年に「**児童発達支援ガイドライン**[*]」が発表されました。このガイドラインでは、障害児支援の4つの基本理念のうちの1つに家族支援の重視があげられており、「障害のある子どもへの支援を進めるに当たっては、障害のある子どもを育てる家族への支援が重要である。障害のある子どもに対する各種の支援自体が、家族への支援の意味を持つものであるが、子どもを育てる家族に対して、障害の特性や発達の各段階に応じて子どもの「育ち」や「暮らし」を安定させることを基本に置いて丁寧な支援を行うことにより、子ども本人にも良い影響を与えることが期待できる。」と書かれています。

このように、現在では、障害児支援において、家族支援は、障害児本人への支援と同等の位置づけとして重要視されています。しかし、具体的な取り組みについてはまだ端緒についたばかりであり、今後の課題となっています。

2 ┃ 保護者への支援のあり方

1 保護者の立場による支援のあり方

保護者への支援といっても、保護者はさまざまな立場と役割をもっており、それによって支援のあり方が異なってきます。図11-2は、保護者の立場とそれに対する支援の方法を示したものですが、支援における保護者の立場には3通りあります。すなわち、保護者が子どもの障害の事実あるいは疑いに直面し、不安や混乱を起こしている場合には、保護者自身が支援を受ける被支援者になります。一方、子どもの発達支援を行うには、保護者の協力と協働がかかせません。一番長い時間子どもに接している保護者は、最も多く子どもに関する情報をもっていますので、その情報提供をしてもらうことが有用です。また、子どもと最も親密な絆で結ばれている保護者に発達支援の内容を理解してもらったり、実際に協働して支援してもらうことができれば、子どもも安心して発達支援を受けることができます。逆にいえば、保護者が発達支援に非協力的であったり、拒否的であれば、発達支援は端から躓くことになります。この場合、保護者を共同支援者としてとらえ、何よりも保育者や専門家は保護者との信頼関係を築くことから始めて、保護者と協働して子どもへの発達支援を行っていくことが大切です。しかし、忘れてはならないのが、保護者は、元来、支援協力という非主体的な存在はなく、子どもを援助する最も中心的存在の支援者であることです。したがって、保護者が主体的に支援者として機能していけるように、保護者をエンパワメント[*]することこそが、保護者への支援の最終目標と

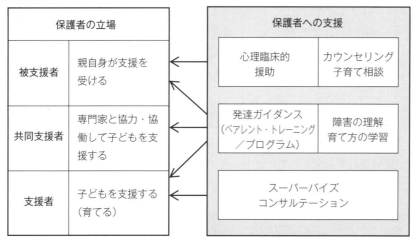

図11-2 保護者の立場に応じた支援のあり方

出所：尾崎，2018b

語句説明

発達ガイダンス

保護者が，子どもの障害についての理解を深め，障害児の育て方がわかるように教示することである。

スーパーバイズ

経験が長い心理臨床家が経験の浅い心理臨床家に指導，助言，援助することである。

コンサルテーション

他機関，他部門の専門家に相談・協議，あるいは指導を受けることである。
→2章参照

プラスα

地域での支援

日常生活において障害児とその家族をまず身近で支えるのは，親戚や近所の人，子育ての仲間などの地域の人々である。そして，それらの地域社会をさらに専門家や専門機関が支えている。専門機関としては，児童発達支援センター，保健センター，医療機関，地域子育て支援センターなどである。これら全体から構成される地域ネットワークが障害児とその家族に対する地域での支援である。

語句説明

親の会

障害児をもつ親が相互に助け合ったり，情報交換する組織の総称である。実際には，子どもの障害別の組織がつくられていることが多い。たとえば，知的障害児をもつ親の会は

いえます。

このように，保護者は，被支援者，共同支援者，支援者という異なる立場を同時に併せもっていますが，それぞれの立場に合わせて保護者支援を行うことが求められます。保護者自身が不安や困難を抱える被支援者の場合には，保護者へのカウンセリングなど心理臨床的援助が必要です。また，育て方がわからないために保護者が不安を感じている場合には発達ガイダンス*が有用です。保護者が主体的な支援者である場合にも，カウンセリングにおいてカウンセラーを支え，助言するスーパーバイザーがいるように，支援者である保護者に対してスーパーバイズ*やコンサルテーション*を行うことが必要です。

2　保護者支援プログラムの実際

保護者支援については，これまで保護者を取り巻く**地域での支援**が日常生活のなかで行われてきたと思われます。また，20世紀後半には多くの障害児の**親の会***が結成され，保護者が同じ悩みをもつ"仲間"と気持ちを分かち合ったり，情報交換をしたりすることが行われてきました。

しかし，近年，さまざまな保護者支援プログラムが開発され，それらがシステマティックかつ積極的に行われるようになっています。特に，発達や特性に固有の特徴をもつ発達障害児では，特別の子育ての配慮が求められることから，発達障害児をもつ保護者に対するプログラムが数多く提案されています。以下，それらの主な保護者支援プログラムについて概観していきます。

ASDへの支援として保護者支援を重視することを早い時期から提唱したのはTEACCHプログラムです。これは，1960年代に，米国のショプラー（Schopler, E.）によって開発されたASDに関係したあらゆるサービスを行う地域の包括的プログラムですが，創始時からASD児の治療教育とともに家族

「全国手をつなぐ育成
会」，重症心身障害児
をもつ親の会は「全国
重症心身障害児（者）
を守る会」，学習障害
（LD）児をもつ親の会
は「全国 LD 親の会」
などである。

TEACCH

発足当時は，TEACCH
を，Treatment and
Education of Autistic
and related Commu-
nication handicapped
Children の略称とし
ていたが，2013 年に，
"Teaching" "Expan-
ding" "Appreciating"
"Collaborating & Coo-
perating" "Holistic" の
頭文字の表記法に変更
した。
→ 4 章参照

ペアレント・ト
レーニング

ペアレント・トレーニ
ングは，文字通りに言
えば親訓練である。主
に発達障害児をもつ親
を対象に，子どもへの
対応ができるように訓
練するものである。行
動療法や応用行動分析
に基づいており，対応
方法を理論に沿って学
ぶことにより，子ども
の行動に対応できるよ
うにすることが特徴で
ある。

応用行動分析

スキナーが創始した行
動原理に基づき，環境
における事象を重視し
て，観察可能な行動に
介入することである。
→ 4 章参照

行動療法

心理療法の一つであり，
学習理論に基づく数多
くの行動変容技法の総
称である。

への相談や指導を行う保護者支援のプログラムが位置づけられています。
TEACCH*プログラムでは，保護者を共同療育者（co-therapist）と呼んで，保
護者と専門家が同じ目標をもって連携して療育を行うことによって，ASD 児
者への一貫した支援が可能となると考えられています。

　現在，保護者支援として一番良く知られているのは，ペアレント・トレーニ
ング*（Parent Training）でしょう。これは，応用行動分析学や行動療法の考え
方に基づき，保護者が子育てに関する適切なスキルを獲得するためのプログラ
ムです。ADHD の子どもをもつ保護者を対象に始まりましたが，現在では，
発達障害全般を対象にしています。ペアレント・トレーニングは，子どもの行動
に着目し，保護者がそれらの行動に上手く対応できる方略を身につけることを目
指しています。したがって，ターゲットは子どもの行動であり，目標はその行
動変容です。そのため，対応方法が明確に示されているという特徴があります。

　同様に，応用行動分析*や行動療法の考え方に基づく保護者支援のプログラム
にトリプル P（Positive Parenting Program）があります。オーストラリアの
クイーンズランド大学のサンダース（Sanders, M.）らにより開発されました。
保護者や子どもが抱えるリスクによって介入レベルが分けられていることに特
徴がありますが，それ以外にも発達障害児の保護者を対象にした介入法として，
ステッピングストーンズ・トリプル P（Stepping Stones Triple P）があります。
ここでは，子どもの問題行動に対して具体的な子育て技術を学べるようになっ
ています。

　これらの行動的アプローチ*に対して，発達論的アプローチ*に基づく保護者支
援は，DIR*治療プログラムに始まります。これは，グリーンスパン
（Greenspan, S.）が ASD の治療プログラムとして開発したプログラムであり，
子どもの情緒，社会性，認知の発達的能力を促すために，人との社会的相互作
用を行うことに焦点を合わせています。実際のプログラムは，保護者が子ども
との相互作用のやり方を学び，それを家庭で実施することから構成されていま
す。ここでは，保護者を共同支援者あるいは支援者として位置づけています。

　同様に，発達論的アプローチに基づく保護者支援プログラムとして，カナダ
のヘイネンセンターでつくられた More Than Words プログラムや尾崎
（2018a）がわが国の子育て風土や文化に合わせて開発したふれあいペアレン
トプログラム*があります。これらは，保護者を対象にして，ASD 児の発達や
障害特性を学び，発達や障害特性に合わせた対応方法を習得してもらう内容で
構成されています。子どもの年齢やさまざまな発達状況に合わせて，多様な方
略や技法が用意されています。保護者は，日常生活のなかでそれらの方略や技
法を使って，親子相互作用をたくさん行うことを目指します。

　また，行動的アプローチや発達論的アプローチなどを包括してつくられたプ
ログラムとして SCERTS モデルがあります。SCERTS*モデルは，米国のプリ

ザント（Prizant, B.M.）らによって 2003 年に開発された ASD のコミュニケーションや情動調整の能力を支援するためのプログラムです。SCERTS モデルは，「社会コミュニケーション」「情動調整」「交流型支援」の 3 領域から構成されていますが，このうちの「交流型支援」が保護者支援に相当します。保護者との連携を不可欠のものととらえ，保護者を共同支援者として位置づける取り組みです。SCERTS モデルでは，基本的にアセスメントやプログラムの作成，実行において，保護者と協同することが求められており，この保護者の参与が療育計画を成功に導く重要な要因であると考えられています。

　その他の保護者支援として，保護者を支援するツールがいろいろ提案されています。その一つにサポート・ブック（support book）があります。わが子の障害や発達状況を学校や保育機関などに伝えるために，保護者が子どもの様子を書き記しておく記録帳に相当します。専門家と協働して子どもの支援にあたるためには，保護者は子どもの状況をきちんと把握することが必要です。このサポートブックを作成することによって，保護者は子どもを客観的に的確に理解することができ，専門家とも対等に意見をかわすことができることを目指します。

3 ｜ きょうだいへの支援とは

1　きょうだいへの支援の必要性

　保護者への支援と同様にきょうだいへの支援の必要性が，近年注目されるようになってきました。ここでいう「きょうだい」とは，障害児の兄弟姉妹の総称です。家族に障害児がいる場合には，前述のように保護者の負担やストレスを問題にすることが多いですが，家族の成員であるきょうだいもまたさまざまな影響を受けていることが指摘されています。

　障害児を育てるには，保護者に心理的社会的負担がかかり，保護者は障害児の子育てに多くの労力と時間を費やすことが考えられます。すると，保護者の子育てのキャパシティの多くがそれに使われて，結果的に，きょうだいに対する保護者の関わりが乏しくなることが予想されます。本来ならば同等の扱いを受けるべき，あるいは受けたいきょうだいにとっては，寂しい思いをしたり，いろいろな場面で我慢を強いられることもあると思われます。

　また，保護者と同じ立場で障害児の保護と世話をする役割を求められることがあると，きょうだいは，自分の年齢に不相当な心理的身体的な負担を抱えながら成長することになります。

プラスα

きょうだいへの支援

障害児の兄弟姉妹を総称してきょうだいと呼んでいる。家庭に障害児がいることで、そのきょうだいにさまざまな影響を及ぼすことがある。そのようなきょうだいが抱える問題に対して援助することが求められており、これをきょうだいへの支援と呼んでいる。

このように、家族に障害児がいる場合、きょうだいは同年齢の子どもとは異なる経験をすることが多いですが、きょうだい自身もその経験が何に起因するかがわからず、自分に原因があると一人で悩むこともあります。また、自分の寂しさや我慢している心情を、保護者に理解してもらえず、さらに寂しい思いをもつこともあります。このような状況をかんがみると、きょうだいへの支援が必要であることがわかります。

2 きょうだいが抱える問題

きょうだいが抱える問題と一言でいっても、きょうだいの年齢、性別、出生順位、きょうだい同士の年齢間隔などによって、その問題は異なってきます。性別で言えば、女性のきょうだいのほうが男性よりも、幼いころから障害児の世話を期待される傾向にあり（吉川, 1993）、出生順位で言えば、きょうだいが弟や妹の場合は、本来の兄弟姉妹の役割逆転が起こりやすく、年下の自分が兄や姉の世話をしなければならいことの葛藤をもちやすいこと（西村・原, 1996）が報告されています。また、障害の種別や程度によって、障害児の行動特徴は異なるため、きょうだいが障害児の障害を理解することの難しさも変わってきます。

保護者の障害に対する考え方や日々の対応の仕方によって、きょうだいに問題が生じることがあります。保護者が障害児の子育てに追われる姿を目の当たりにすると、きょうだいはそれ以上親を困らせないために、自分の欲求を抑えて我慢してしまうことがあります。また、障害児に多くの関心を向けている親に少しでも評価してもらいたい、ほめられたいという思いから、障害児を世話する役割を進んで引き受けることがあります。このようなきょうだいの過剰な反応は、親からみると良い行動に見えるかもしれませんが、きょうだい自身には心理的問題を引き起こす可能性があるので、きょうだいの心情をくみ取った援助をすることが求められます。また、家庭において障害児を優先した生活であると、きょうだいは、家族で遊びや体験に触れる機会をもてずに、大変寂しい子ども時代を過ごすことになります。しかし、障害児の子育てだけで精一杯の親にとっては、きょうだいの関わりにまで気が回らないことも多いので、親だけでは限界があります。そのため、家族を取り巻く社会がきょうだいへの支援を積極的に行うことが必要です。レクリエーションなど楽しい活動をすることを通して、きょうだいとしての役割を忘れさせ、のびのびできるような取り組みが求められます。

3 国内外におけるきょうだい支援の動向

1963年、きょうだいの当事者団体として初めて「全国障害者とともに歩む兄弟姉妹の会」が設立されました。そして、その後も全国各地できょうだいの

会[*]が立ち上がり，きょうだいの活動を援助してきました。しかし，きょうだいへの支援プログラムが開発され，それらがシステムとして整備されるようになったのは比較的最近のことです。

そのなかでも国際的に早い時期から取り組んでいたのは，米国を発祥とするシブショップ（Sibshop）です。シブショップとはシブリング（sibling；きょうだい）のためのワークショップ（workshop）という意味の造語であり，**米国のきょうだい支援プロジェクト**[*]（The Sibling Support Project）が開発したプログラムです。1980 年代に最初のシブショップが実施されて以来，世界各国に広がっています。最初は，8〜13 歳のきょうだいを対象に開発されましたが，現在では，6 歳以下の幼いきょうだいや 10 代の若者向けにも提供されています。また，1996 年からはすべての年齢のきょうだいのためのオンライングループが提供されています。

シブショップでは，きょうだいがリラックスした楽しい雰囲気のなかで，同じ立場にある仲間と出会う機会を提供することが第 1 の目的です。シブショップで，きょうだいは仲間同士で楽しみ，笑い合い，そして，きょうだいならではの悩みや喜びについて話し合います。また，ゲームをしたり，障害児が受けられるサービスについて学びます。そして，それらを通してきょうだいが仲間とともに楽しい時間を過ごせることが重要です。

現在，わが国でのきょうだいへの支援の取り組みとしては，国内でシブショップ（Sibshop）が行われていることに加えて，さまざまなきょうだい支援に関わる団体が立ち上げられ，独自の支援活動を行っています。それらの団体では，当事者であるきょうだいが中心となって活動していることが多く，きょうだい自身が声をあげ，支援の重要性や必要性を訴えています。このような現況から，わが国におけるきょうだい支援は，今後の発展がおおいに期待されるところです。

語句説明

きょうだいの会

障害児のきょうだいが相互に助け合ったり，情報交換する組織の総称である。わが国でのきょうだいの会の歴史は古いが，現在では，米国のシブショップを導入する団体が増えたり，他のきょうだい支援の活動を行う団体が多数設立されている。

米国のきょうだい支援プロジェクト

きょうだい支援プロジェクト（The Sibling Support Project）は，米国で 1990 年に設立された，きょうだいが抱える生涯にわたる問題に対応する，米国で初めてつくられた国家的プロジェクトである。地元のコミュニティがシブショップを開始するのをサポートしている。

考えてみよう

1．障害児をもつ保護者が困っていることや悩んでいることについて，具体的に考えてみましょう。
2．障害児のきょうだいが困っていることや悩んでいることについて，具体的に考えてみましょう。

🖋 本章のキーワードのまとめ

保護者への支援	障害児の子育てには心理的社会的負担がかかることが多いので，障害児をもつ保護者に対してその負担が軽減するような支援が必要である。そこで，国内外でさまざまな取り組みが行われている。なお，保護者支援はいわゆる親支援であるが，子どもを育てるのは必ずしも実母や実父とは限らないため，親ではなく保護者としている。
障害受容	障害受容は，文字通りに言えば，障害を受け入れることである。一般に，障害受容とは，障害者本人が自分の障害を受け入れることを言うが，障害児の親もまた，自分の子どもの障害を自分が受け入れるという障害受容が問われることになる。本書の障害受容は，親による子どもの障害の受容について言及している。
育児不安	子どもを育てることは，心理的にも身体的にも大変な作業であり，それに伴って親は抑うつ感や不安感を感じることがある。これを育児不安という。
育児ストレス	子育てをしていると，親は困難に直面したり，多大な労力がかかることがあり，これがストレッサーとなり心理的身体的なストレスを感じることがある。これを育児ストレスという。
個別障害者教育法	個別障害者教育法は，障害児の教育を扱う米国の連邦法である。この法案は 1975 年に制定されて以来修正が加えられ，2004 年に改訂されたものを IDEA 2004 と呼ぶ。この法案は，0 歳から 21 歳までの障害児に無償の適切な公教育を権利として保障している。
個別家族支援計画	個別障害者教育法では，Part C サービスとして，身体的，精神的な発達遅滞のある 0〜2 歳までの子どもを対象に，教育と家族支援を行うシステムを設定している。そこで策定が義務づけられているのが，個別家族支援計画である。子どもの生活とその家族を対象に，目標を設定して目標に到達するよう具体的な計画を立てていく。
児童発達支援ガイドライン	2012 年の児童福祉法改正において，未就学の障害児を対象に発達支援を提供するものとして児童発達支援が位置づけられた。そこで，支援の一定の質を担保するための全国共通の枠組みを示すために，厚生労働省が児童発達支援ガイドラインを策定し公表した。
地域での支援	日常生活において障害児とその家族をまず身近で支えるのは，親戚や近所の人，子育ての仲間などの地域の人々である。そして，それらの地域社会をさらに専門家や専門機関が支えている。専門機関としては，児童発達支援センター，保健センター，医療機関，地域子育て支援センターなどである。これら全体から構成される地域ネットワークが障害児とその家族に対する地域での支援である。
親の会	障害児をもつ親が相互に助け合ったり，情報交換する組織の総称である。実際には，子どもの障害別の組織がつくられていることが多い。たとえば，知的障害児をもつ親の会は「全国手をつなぐ育成会」，重症心身障害児をもつ親の会は「全国重症心身障害児（者）を守る会」，学習障害（LD）児をもつ親の会は「全国 LD 親の会」などである。

ペアレント・トレーニング	ペアレント・トレーニングは，文字通りに言えば親訓練である。主に発達障害児をもつ親を対象に，子どもへの対応ができるように訓練するものである。行動療法や応用行動分析に基づいており，対応方法を理論に沿って学ぶことにより，子どもの行動に対応できることが特徴である。
ペアレント・プログラム	我が国では，主に厚生労働省が，ペアレント・トレーニングよりもわかりやすい内容にしたものをペアレント・プログラムと呼んでいる。しかし，一般的には，ペアレント・プログラムは，親支援プログラムの総称であり，さまざまな背景理論や内容のペアレント・プログラムが現在発表されている。
きょうだいへの支援	障害児の兄弟姉妹を総称してきょうだいと呼んでいる。家庭に障害児がいることで，そのきょうだいにさまざまな影響を及ぼすことがある。そのようなきょうだいが抱える問題に対して援助することが求められており，これをきょうだいへの支援と呼んでいる。
きょうだいの会	障害児のきょうだいが相互に助け合ったり，情報交換する組織の総称である。わが国でのきょうだいの会の歴史は古いが，現在では，米国のシブショップを導入する団体が増えたり，他のきょうだい支援の活動を行う団体が多数設立されている。
米国のきょうだい支援プロジェクト	きょうだい支援プロジェクト（The Sibling Support Project）は，米国で 1990 年に設立された，きょうだいが抱える生涯にわたる問題に対応する，米国で初めてつくられた国家的プロジェクトである。地元のコミュニティがシブショップを開始するのをサポートしている。

第12章

障害者の就労支援

> この章では，障害者の就労に対する支援について，現在の制度と支援のあり方について
> 述べていきます。就労は自立のために欠かせないものであるとともに，社会参加や生き
> 甲斐といった人生にとって欠かせないものでもあります。しかし，障害者にとって一般
> 的な就労は困難である場合が多く，さまざまな支援が必要となります。支援を行うため
> には，制度や支援機関，支援方法といった知識が必要となります。心理職として，障害
> や心理的特性を理解し，就労支援の場に立ちあうことが求められます。

1 障害者福祉における就労支援

本章では，障害者の就労に対する支援について，現在の制度と支援のあり方を学んでいきます。障害者の就労といっても，障害の種類や程度によってさまざまです。知的障害者による福祉施設における袋詰やパン・クッキー作り等の製造，身体障害者による窓口事務，あるいは仕事を続けることができず在宅のままになっている方，さまざまなイメージが浮かんでくると思います。また，2018（平成30）年の官公庁の障害者雇用率の水増し問題は，記憶に新しいところであります。

障害者の就労支援制度は，①障害者総合支援法に基づいた障害者福祉における就労支援，②障害者雇用促進法に基づいた障害者雇用における就労支援に分けられます。

1 障害者総合支援法

障害者総合支援法は，2012（平成24）年に成立した障害者への福祉サービスを規定した法律です。日本の障害者福祉は，施設入所を中心とした施策が進められてきましたが，「ノーマライゼーション」の影響を受け，日本でも「施設から地域へ」という考え方が求められるようになりました。2003（平成15）年の「支援費制度」を機に，行政がサービスを決める「措置制度」から，利用者がサービスを決める「契約制度」へと転換され，2006（平成18）年には3障害（身体障害・知的障害・精神障害）の共通制度とした「障害者自立支援法」が施行され，その後，障害者総合支援法へと改正されました。

障害者総合支援法では，基本理念として，障害の有無にかかわらず「基本的

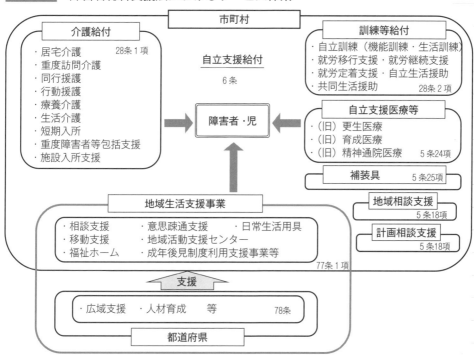

図12-1　障害者総合支援法におけるサービス体系

出所：厚生労働統計協会，2018，p. 120 より作成

人権を享有するかけがえのない個人として尊重」され，「日常生活又は社会生活を営む上で障壁となるような社会における事物，制度，慣行，観念その他一切のものの除去に資する」こと等があげられています。

　図12-1は，2018（平成30）年4月に改正された障害者総合支援法におけるサービス体系です。このなかで，**就労支援**のサービスとして，訓練等給付のなかに就労移行支援，就労継続支援，就労定着支援があります。

2　就労移行支援

　就労移行支援は，一般就労を希望し，支援を通して障害の特性に合った職場への雇用が見込まれる障害者に対して，①生産活動，職場体験等の活動の機会の提供，その他の就労に必要な知識及び能力の向上のために必要な訓練，②求職活動に関する支援，③その適性に応じた職場の開拓，④就職後における職場への定着のために必要な相談等の支援を行うサービスで，利用期間は2年間（1年間の延長が認められる場合もあり）となっています。

3　就労継続支援

　就労継続支援は，一般就労が困難である障害者に対して，就労の機会の提供及び生産活動の機会の提供，その他の就労に必要な知識及び能力の向上のため

に必要な訓練等の支援を行うサービスで，利用期間の制限はありません。

就労継続支援にはA型とB型の2種類があります。A型は雇用契約を結びますが，B型では雇用契約を結ばないのが大きな違いとなります。そのため，A型では最低賃金法が適用された給料が支給されるのに対し，B型は工賃という形で支給されます。表12-1は，就労継続支援A型及びB型事業所の賃金・工賃の平均月額の比較です。A型と比較してB型の工賃が少ないことがわかります。しかし，B型の場合，労働時間や作業内容が考慮され，体力や体調，障害の特性に応じて働くことができる利点があります。

B型の事業所認可の条件としては，平均工賃月額が3000円以上となっていますが，工賃倍増計画等の取り組みや，平均工賃月額が高いほど事業所に支給される報酬単価も上がる仕組みにより，年々，工賃が上昇しています。図12-2は，就労継続支援B型事業所の平均工賃月額の推移です。

表12-1 就労継続支援A型及びB型事業所における賃金・工賃の平均月額

	回答事業所数	月額	時間額
就労継続支援 A型事業所	3,554	76,887円	846円
就労継続支援 B型事業所	11,750	16,118円	214円

出所：厚生労働省，2020「平成30年度工賃（賃金）の実績について」より作成

図12-2 就労継続支援B型事業所の平均工賃月額の推移

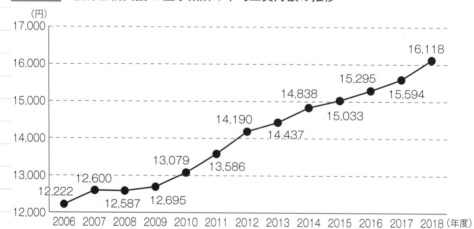

注：2006（平成18）年度から2011（平成23）年度までは，就労継続支援B型事業所，授産施設及び小規模通所授産
出所：厚生労働省，2020「平成30年度工賃（賃金）の実績について」より作成

4 就労定着支援

就労定着支援は，2018（平成30）年4月の障害者総合支援法の改正により新規に開始されたサービスです。

　就労移行支援，就労継続支援，生活介護，自立訓練の利用を経て，通常の事業所に新たに雇用され，6か月を経過した者に対して，就労の継続を図るために，日常生活又は社会生活を営むうえでの問題に関する相談，指導及び助言その他の必要な支援を行うサービスで，利用期間は3年間です。

2 ｜ 障害者雇用における就労支援

1　障害者雇用促進法

　企業や官公庁での障害者雇用を支える制度として，障害者雇用促進法があります。**障害者雇用促進法**[*]は，事業主に対する「雇用義務制度と納付金制度」及び障害者本人に対する「職業リハビリテーションの実施」からなり，障害者の職業の安定を図る法律です。

　1960（昭和35）年に身体障害者雇用促進法が制定され，1987（昭和62）年の改正で，法律名が障害者雇用促進法となり，知的障害者も対象に広がりました。その後，2006（平成18）年には精神障害者も対象となりました。

　また，国連の「障害者権利条約」を受け，2013（平成25）年に障害者雇用促進法においても，障害者の就労に対する差別禁止と合理的配慮の提供義務を定めています。

2　障害者雇用率制度

　障害者雇用促進法では，常用労働者数に対し一定の割合で障害者を雇用することが義務づけられている「**障害者雇用率制度**」が定められています。この割合を「法定雇用率」といい，1976（昭和51）年に民間企業1.5％，国・地方公共団体1.9％の雇用義務として定められました。その後，障害者雇用促進法の改正とともに引き上げられています。2021（令和3）年3月からは，民間企業2.3％，国・地方公共団体2.6％，都道府県等の教育委員会2.5％と定められています。民間企業は，従業員数が一定数以上（法定雇用率が2.3％の民間企業の場合は従業員43.5人以上。短時間労働者は0.5人としてカウントする）の企業が対象となります。

　障害者雇用率制度に該当する障害者は，障害者手帳の所持者となっています。障害者手帳には身体障害者手帳，療育手帳，精神障害者保健福祉手帳の3種類があります。身体障害者手帳は身体障害者，療育手帳は知的障害者，精神障害者保健福祉手帳は精神障害者に対して，それぞれ自治体から交付されます。障害者の「実雇用率」を算出する際のカウント方法は，表12-2のようになり

表12-2 障害者の実雇用率のカウント方法

週所定労働時間		30 時間以上	20 時間以上 30 時間未満
身体障害者		1	0.5
	重度	2	1
知的障害者		1	0.5
	重度	2	1
精神障害者		1	※ 0.5

注：精神障害者の短時間労働者の場合，1と算定する場合もある
出所：厚生労働省，2018「障害者雇用のご案内」

ます。重度の身体障害者や知的障害者で，週所定労働時間が 30 時間以上の場合，2 人雇用したものとカウントされます。また，障害者手帳を保持していても，週所定労働時間が 20 時間未満であるとカウントされません。

　この方法により，6 月 1 日時点での雇用されている障害者数を算出したものが，毎年，厚生労働省から発表されています。2020（令和 2）年では，雇用されている障害者数は約 57 万 8000 人，実雇用率は 2.15％です。また，法定雇用率を達成している企業の割合は 48.6％となっています。

　図12-3は，民間企業による障害者の雇用状況の推移です。雇用されている障害者数及び実雇用率が上がっており，特に精神障害者（発達障害者を含む）の伸び率が大きいことがわかります。

　雇用されている障害者が法定雇用率よりも少ない場合，1 人当たり月額 5 万円を「障害者雇用納付金」として払わなければなりません。悪質な場合には企業名の公表が行われます。反対に多く雇用している場合には，1 人当たり月額 2.7 万円を「障害者雇用調整金」として受け取ることができます。これらの納付金・調整金等の制度を「納付金制度」と呼びます。

　また，法定雇用率達成のために，「特例子会社」の制度があります。事業主が障害者の雇用に特別の配慮をした子会社を設立して一定の要件を満たすと，親会社を含む企業グループ全体の雇用率に合算できる制度です。2020（令和 2）年 6 月 1 日現在の，特例子会社数は 542 社で，雇用されている障害者数は 3 万 8918.5 人となっています。

3　職業リハビリテーションの実施

　職業リハビリテーションとは，国際労働機関（ILO）による 1983（昭和 58）年の第 168 号勧告によると「障害者が適当な雇用に就き，それを継続し，かつ，それにおいて向上することができるようにすること及びそれにより障害者の社会への統合又は再統合を促進すること」とされています。障害者雇用促進法では，障害者本人に対して「職業リハビリテーションの実施」があげられて

図12-3　民間企業による障害者の雇用状況の推移

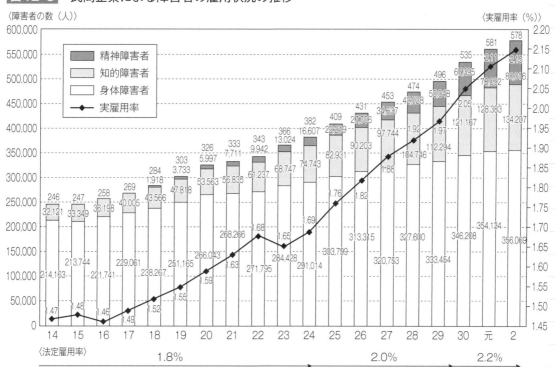

〈障害者の数（人）〉　　　　　　　　　　　　　　　　　　　　　　　　　　　〈実雇用率（%）〉

凡例：
■ 精神障害者
□ 知的障害者
□ 身体障害者
◆ 実雇用率

〈法定雇用率〉　　1.8%　　　　　　　　2.0%　　　　2.2%

出所：厚生労働省，2021「令和2年 障害者雇用状況の集計結果」より作成

おり，さまざまな職業リハビリテーション機関が設置されています。

①ハローワーク（公共職業安定所）

　障害者の就労に関して，専門援助部門により職業相談・職業紹介が行われます。障害の種類や適性，希望職種に応じた，障害者求人とのマッチングや，職業訓練のあっせんが実施されます。また，他の就労支援機関と連携し，就労移行から定着への取り組みが行われています。

②障害者職業センター

　障害者職業センターは，独立行政法人高齢・障害・求職者雇用支援機構により，全国に障害者職業総合センター1か所，広域障害者職業センター2か所，地域障害者職業センター52か所が設置されています。地域障害者職業センターでは，障害者職業カウンセラーや職場適応援助者（ジョブコーチ[*]）らの専門職により，障害者本人に対する職業評価・職業訓練・職業準備支援及び職業講習や，職場への適応に対する相談・援助が行われています。また，事業主に対しての雇用管理に関する相談・援助を行っています。

③障害者生活・就業支援センター

　就職や職場定着のための就業面への支援と合わせ，生活習慣や余暇活動等の日常生活・地域生活面への支援も行います。2020（令和2）年4月現在で，全国に335か所，社会福祉法人等により設置されています。

語句説明

ジョブコーチ
障害者の職場適応を図るため，職場に派遣され，本人や企業への支援を行う。支援期間は1〜8か月（標準は2〜4か月）で，支援終了後もフォローアップが行われる。

4 障害者の就労に対する差別禁止と合理的配慮

2013（平成25）年に改正された障害者雇用促進法では，障害者差別禁止として，障害者であることを理由とする差別（直接差別）の禁止と，事業主や同じ職場で働く者が，障害特性に関する正しい知識の取得や理解を深めることの指針が述べられています。

また，**障害者の就労に対する合理的配慮**として，雇用の均等な機会や待遇の確保や，障害者の有する能力の有効な発揮の支障となっている事情の改善があげられています。この合理的配慮は，障害の状態や職場の状態に応じ，障害者と事業主が話し合ったうえで，どのような措置を講ずるか決定することが大切とされています。具体的な合理的配慮の事例として，合理的配慮指針事例集が厚生労働省から示されています。

3 | 発達障害者の就労支援

次に，発達障害の方が一般就労するにあたって必要な支援について述べていきます。

発達障害は，2005（平成17）年に施行された発達障害者支援法のなかで「自閉症，アスペルガー症候群その他の広汎性発達障害，学習障害，注意欠陥多動性障害その他これに類する脳機能の障害」とされ，「特性に応じた適切な就労の機会の確保」に努めなければならないと定められています。

このようにさまざまな障害を合わせた概念であるため，障害の特性も多様であり，その人にあった配慮が必要となります。とりわけ，自閉スペクトラム症は，社会性，コミュニケーション，想像力，感覚，不器用さ，注意といったさまざまな特性が，個々により異なってみられるため，よりきめ細かな配慮が必要と考えられます。

他の障害事例として，障害者雇用事例リファレンスサービスがあります。ここでは，さまざまな障害や業種の事例について検索することができます（https://www.ref.jeed.go.jp/）。

1 発達障害の特性のアセスメントと支援

一口に発達障害といっても，一人ひとり異なるさまざまな特性がみられるため，特性のアセスメントとそれに応じた支援が必要となります。また，支援を通じて，特性の自己理解を進め，就職した際の業務内容や配慮してほしい点等について検討していくことが大切となります。

障害者職業総合センター職業センター（2016）は，発達障害の特性を考える視点の一つとして，図12-4のような情報処理過程によるアセスメントをあげています。「受信－判断・思考－送信・行動」という情報処理の過程から，特性を整理する視点です。「受信」は，外部からの情報を取り込み理解する部分で，感覚の特性と作業や指示の理解力の特性です。「判断・思考」は，取り込んだ情報に対して，手順や優先順位を考えるうえでの特性です。「送信・行動」は，判断・思考に基づいて，実際の発言や行動する際の特性です。

図12-4　情報処理過程によるアセスメントの視点

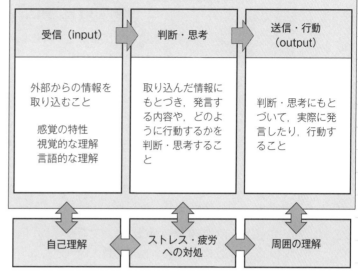

出所：障害者職業総合センター職業センター，2016をもとに著者作成

　一方，就職するまで発達障害であることがわからず，仕事がうまくいかないことが続き，医療機関を受診した結果，はじめて明らかになることがあります。はじめは，うつ病と診断され，その後，発達障害の診断に至るまでに時間を要する場合もあります。就職したものの，続けられず，転々と職を変えたり，家に引きこもったまま過ごしてしまうことも少なくありません。

　障害者職業総合センター（2000）は，学習障害を主訴とする青年が，障害を受容し，障害者手帳を用いて，職業生活設計の見直しに至るまでの事例を報告しています。そのなかで，「好きな仕事，やりたい仕事」から「できる仕事，長く続けられる仕事」へという，適職に対する見方の転換がなされたことが述べられています。

　発達障害の人の就労支援を行う際，本人のこれまで生きてきたプライドや挫折感等から，いきなり，障害者雇用へと進めていくということが難しい場合があります。障害者手帳を使用して障害をオープンにして働くか，障害が周囲にわからないようにクローズで働くか，さまざまな本人の思いとともに，支援を重ねていくことが大切です。

② 感覚の特性に応じた支援

　発達障害の人には，感覚の特性の訴えが多くみられ，音への過敏さ，光への過敏さ等，状態はさまざまです。感覚の特性により，就労の困難さへとつながる場合があります。

プラスα

オープンとクローズ

障害を開示し障害者雇用枠で就労する場合と開示せず一般枠で就労する場合がある。開示の場合，その範囲（全社員，上司のみ，人事のみ）についても検討していく必要がある。

| 図12-5 | 卓上パーテーション | 図12-6 | デジタル耳せん |

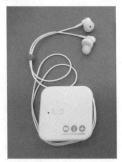

注：キングジム社製。

〈事例から〉

　感覚の特性に対する対処例については，表12-3のようにさまざまな対処方
法があげられます。しかし，感覚の特性といっても，一人ひとりその感じ方は
異なります。「視覚や聴覚に過敏性があるから○○を使用する」というような
単純な支援では，うまくいきません。本人と話し合いながら，特性に対する対
処法を検討し，試してみて，その結果から，また次の対処法を検討していく，
という PDCA サイクル[*]が重要となります。

語句説明

PDCA サイクル
Plan（計画）・Do（実行）・Check（評価）・Action（改善）を繰り返すことによって，生産等の管理を改善していく手法。障害者の支援にも多く取り入れられている。

表12-3　感覚の特性への対処例

	感覚の特性	特性への対処例
視覚	部屋の照明がまぶしい	サングラスをかける，照明を落とした場所で作業する
	窓からの太陽光がまぶしい	遮光カーテンの使用，部屋の奥へ移動する，窓に背を向けた位置へ移動する
	パソコン画面がまぶしい	画面の輝度を下げる
	広い空間が苦手	パーテーションを使用して部屋を区切る
聴覚	空調音等の連続音が気になる	ノイズキャンセリング機能付きヘッドフォン*を使用する
	話し声，大きな機械音が気になる	耳栓，イヤーマフ*を使用する
臭い	印刷機からのインクの臭いが気になる	臭いの発生する場所から離れる，マスクを使用する
暑さ	暑さで作業が困難	空調の吹き出し口で作業を行う

語句説明

ノイズキャンセリング機能付きヘッドフォン

電気的に継続的に発生する音を低減する機能の付いたヘッドフォン。

イヤーマフ

耳全体を覆う防音保護具。もともとは工事現場等の騒音の大きな場所での仕事に用いられてきた。

3　受信・判断の特性に応じた支援

　発達障害の人で作業が覚えられず，ミスを繰り返してしまう場合，その原因の一つとして，相手からの指示がうまく理解できないことが考えられます。理解できず，自己判断で作業を進めるため，ミスにつながってしまいます。どのような指示の仕方が理解しやすく，判断ミスにつながらないか，受信・判断の特性に応じた対応が大切です。

> **事例2**　**職場での指示内容が理解できず作業遂行が困難であった事例（20代，男性，自閉スペクトラム症）**
>
> 　高校卒業後，製造業へと就職しましたが，作業が覚えられずミスを頻発し，医療機関から発達障害の診断を受けました。支援開始当初，作業の指示をメモしていましたが，実際に行うと指示とは異なるやり方になっていました。メモを確認すると，言葉で説明されていない動きの記述が抜けていて，自己判断で行っていました。これらから，「書くことと見ることを同時に行うことの苦手さ」という受信の特性が確認されました。
>
> 　特性を踏まえ，5W1H形式で記入する「指示受けメモ」（図12-7）を作成し，「記入し終えてから次の指示を伝える」＋「質問の時間をとる」という形式で作業指示を行うこととしました。「指示受けメモ」を活用し，曖昧な要素の含まれる会議準備作業（資料の準備＋会場の設営）を行うと，はじめは，曖昧な内容（机の向き等）についての質問はありませんでした。

結果を振り返り，質問を行うことを確認し，指示内容を変えて行うと，曖昧な内容についての質問や復唱を行うことができ，その後は正確に作業を行うことができるようになりました。「指示受けメモ」を活用し，メモとり＋質問＋復唱を確実に行うことで，正確な作業ができることを確認し，仕事へと復帰することとなりました。

(事例の出典：阿部ほか（2017）から抜粋)

図12-7 指示受けメモの記入例

指示受けメモ

いつ	○ 年 ○ 月 ○ 日（○） AM/PM 10 時 30 分
誰から	○○ 係長
内容	ラベルを印刷して，ファイルの背に貼る 12mm，たて書き，ゴシック体 余白を極少にする 白テープに黒文字 文字サイズ 大
いつまで	□ 大至急 ☑ 今日中 □ 月 日（ ） AM/PM 時 分 □ その他
誰に	○○ 係長
備考	

注：著者が記入したもの。

表12-4 受信・判断の特性への対処例

	特性と内容	特性への対処例
受信	口頭での指示が分からない	指示内容をホワイトボードに書いてもらう，写真で示してもらう
	作業の手順が理解できない	作業マニュアルを活用する
	作業の終わりが分からない	作業の終わりの基準（量，時間等）を明確化してもらう
	報告や質問の仕方が分からない	セリフの練習をする，セリフを書きだしてもらう
判断	作業の優先順位が分からない	作業の順番をホワイトボードに貼り示してもらう
	ゴム印が少しでもかすれたり曲がってしまうと失敗と思ってしまう	失敗例と許容される例の基準を示してもらう

〈事例から〉

　「作業ができない」といっても，その原因はさまざまです。本事例では「書くことと見ることを同時に行うことの苦手さ」という受信の特性が原因となっていました。表12-4は，受信・判断の特性への対処例をまとめたものです。指示や作業の手順を「見える化」することで，スムーズに対処できる場合があります。問題となっている要因について，アセスメントを的確に行い，支援を行うことが重要となります。

4　集中・疲労の特性に応じた支援

　発達障害の人のなかには，集中の持続が困難な特性や，反対に集中しすぎて疲れてしまう過集中といった特性が見られる場合があり，作業継続時間の調整の支援が必要となります。また，疲労やストレスをためやすい特性も多くみられ，仕事を継続していくための欠かせない支援となります。

事例 3	作業に集中しすぎることにより疲労が蓄積しまう事例
	（40 代，男性，自閉スペクトラム症）

　大学卒業後，商社に入社し，15 年後に課長に昇進しましたが，部下の
マネジメントがうまくできず，不眠や希死念慮が出始めたため，入院・休
職に至り，その後，発達障害の診断を受けました。支援開始当初から，求
められている以上の作業をこなし，何事にも全力以上の力で取り組み続け，
疲労を蓄積しやすい傾向が見られました。主治医からの「60～70% の
ペース配分を心掛けること」という指摘から，ペース配分記録表を作成し
記録していくこととしました。

　ペース配分記録表は，グラフ式で記入できるもの（図12-8）が疲労度
を把握しやすいことがわかり，休憩もバイブレーション式タイマー（図
12-9）を使用し 25 分ごとに 5 分の休憩を入れることとしました。その
結果，計算を頻繁に行う作業では強い焦りがみられ，疲労度が高くなりや
すいことが明らかになりました。休憩では，読書での気持ちの切り替えが
有効でした。こうした取り組みから，「目の前の作業に追われて，リラッ
クスすることを知らなかった」「こまめに休憩をとることが大切」と疲労
への認識も大きく変化し，復職へと至りました。

（事例の出典：阿部ほか（2013）から抜粋）

図12-8　ペース配分記録表の記入例

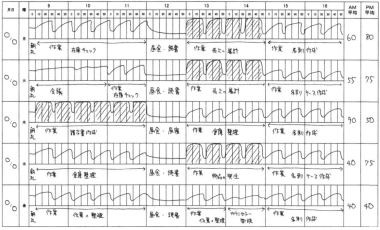

注：折れ線グラフでその時点の疲労の度合いを記入する。疲労度で 100% が続くときは，斜線で塗り
　　つぶす。右の欄には，午前・午後の平均を記入する。記入例として，著者が記入したもの。

**図12-9　バイブレーション
　　　　式タイマー**

注：パール金属社製。

〈事例から〉

　発達障害の人の就労場面において，疲労の自覚がなく，全力で仕事を続けてしまい，気づいたときには体調を崩してしまうことがあります。そのような場合，疲労の蓄積をアセスメントし，適切なペース配分で作業を行うことが仕事を続けていくうえで大切となります。また，リラックスするための取り組みも合わせていくことが重要です。表12-5は集中・疲労の特性への対処例です。特に疲労への対処は，仕事を継続していくうえでのポイントとなります。

表12-5 集中・疲労の特性への対処例

<table>
<tr><th colspan="2">特性と内容</th><th>特性への対処例</th></tr>
<tr><td rowspan="4">集中</td><td>周囲の音が気になって集中できない</td><td>イヤーマフ，耳栓，ノイズキャンセリング機能付きヘッドフォンを使用する</td></tr>
<tr><td>人の動きが気になって集中できない</td><td>パーテーションを使用し，周囲の動きが目に入りにくいようにする</td></tr>
<tr><td>作業に長時間集中できない</td><td>タイマーを使用し，作業を切り替える</td></tr>
<tr><td>作業を始めると時間を忘れて集中してしまう</td><td>タイマーを使用し，休憩をはさむようにする</td></tr>
<tr><td rowspan="2">疲労</td><td>体にコリがたまりやすい</td><td>ストレッチや筋弛緩法*をこまめに行う</td></tr>
<tr><td>気分転換が難しく，疲れてしまいやすい</td><td>呼吸法やウォーキングを行う，リラックスボール*を握る，余暇や生活リズムの調整</td></tr>
</table>

考えてみよう

　障害者の就労に関する合理的配慮の指針事例集が厚生労働省のホームページに記載されています。募集・採用時や採用後，どのような障害に対し，どのような合理的配慮があげられているか調べてみましょう。

　　参照：厚生労働省　合理的配慮指針事例集（第三版）
　　　　　https://www.mhlw.go.jp/tenji/dl/file13-05.pdf

本章のキーワードのまとめ

就労支援	就労を希望する利用者や雇用主が，就労を実現・継続するためのサービス・制度の総称。障害者の就労支援として，障害者総合支援法による福祉サービスと障害者雇用促進法による障害者雇用制度がある。
就労移行支援	就労を希望する障害者で，通常の事業所に雇用されることが見込まれる者に対して，生産活動，職場体験等の活動の機会の提供，就労に必要な知識及び能力の向上のための訓練，求職活動に関する支援，職場への定着のための相談等の支援を行うサービス。
就労継続支援	通常の事業所に雇用されることが困難な者に対して，就労の機会の提供及び生産活動の機会の提供，その他の就労に必要な知識及び能力の向上のために必要な訓練等の支援を行うサービス。雇用契約を結ぶ A 型と非雇用契約型の B 型がある。
就労定着支援	就労移行支援，就労継続支援，生活介護，自立訓練の利用を経て，雇用され 6 か月を経過した者に対して，日常生活又は社会生活を営むうえでの問題に関する相談，指導及び助言その他の必要な支援を行うサービス。
障害者雇用促進法	正式名称は「障害者の雇用の促進等に関する法律」。身体障害者雇用促進法を 1987（昭和 62）年に改正した。事業主に対する「雇用義務制度と納付金制度」及び障害者本人に対する「職業リハビリテーションの実施」からなる。
障害者雇用率制度	常用労働者数に対し一定の割合で障害者を雇用することが義務づけられている制度で，この割合を「法定雇用率」という。2021（令和 3）年の改定では，民間企業 2.3%，国・地方公共団体 2.6%，都道府県等の教育委員会 2.5%と定められている。
職業リハビリテーション	国際労働機関（ILO）による 1983（昭和 58）年の第 168 号勧告によると「障害者が適当な雇用に就き，それを継続し，かつ，それにおいて向上することができるようにすること及びそれにより障害者の社会への統合又は再統合を促進すること」とされている。障害者雇用促進法では，障害者本人に対して「職業リハビリテーションの実施」があげられており，さまざまな職業リハビリテーション機関が設置されている。
障害者の就労に対する合理的配慮	障害者雇用促進法に基づき，募集・採用時に障害者と障害者でない人との均等な機会を確保するための措置や，採用後に均等な待遇の確保または障害者の能力の有効な発揮の支障となっている事情を改善するための措置を行うこと。

第13章

成人期以降における障害者の施設・地域での支援

この章では，成人期以降の障害者の支援に関連する制度や専門職について学び，心理的理解と福祉の援助を結び付けていきます。障害者の支援には個々人の背景や生活環境を把握し，理解することが求められます。支援に関わる専門職は，障害者が施設や地域で日常的に生活していく際に起こり得る課題を分析し，支援を行うと同時に，多職種多機関との協力・連携体制の整備と地域社会のあり方について考えることが求められます。

1 障害者児に関する社会福祉援助の体制

　障害者児の人々に対しては，心理的理解と同時に生活していくためのさまざまな援助・支援が必要です。社会福祉の援助には，医療・保健・福祉等に関する法律・制度・政策（社会福祉：Social welfare）と援助を確実に届ける専門技術（ソーシャルワーク：Social work）が関わっています。法律・制度・政策は障害者児に対する社会全体の理解が深まるにつれて改正されます。これらの変化とともに，専門職に期待される知識や技術，役割も変わってきました。

　また日本では，児童，成人，高齢者などの年齢や，障害の種類等によって該当する法制度や支援の枠組みが異なります。たとえば児童福祉法や介護保険サービスなどは，該当する年齢であることや介護が必要な状態と認定されると利用することができます。そして当事者が有効に制度を利用できるように，児童指導員やケアマネジャーなどの専門職がサポートします。

　人は誰でも，成長とともに生活ニーズが変化し，可能なあるいは必要なサポートが変わってきます。たとえば身体の障害があって子どものころから家族が生活全般の援助をしてくれていたけれど，成人して一人暮らしをしてみたくなったとか，中学のころからひきこもっている息子が40歳代になり心配し続けている高齢の母親とか，本人のニーズはもちろん，環境の変化や周囲のニーズも変化してきます。このような個人的な事情と同時にその時々で利用可能な制度について知っておくことは，目の前の障害者児の人々の生活を支えるうえで重要になります。そして知識や理解を援助実践に活かすためは，社会福祉や周辺領域の専門職との連携が必要なのです。

プラスα

社会福祉・ソーシャルワーク

日本では社会福祉は広義で制度政策・援助技術の両方を指すことがある。制度政策と援助技術は車の両輪といわれ，両者が機能することが支援・援助につながる。

1 障害者児に関する法制度

　社会福祉の法体系は，社会福祉に関する事業範囲や社会福祉法人の定義などの枠組みを示す「社会福祉法」を基盤に，高齢者，障害者，児童，低所得者等の対象ごとに法制度があります。障害者は，「身体障害，知的障害，精神障害（発達障害を含む）のある者」とされ，それぞれに関する法律があります。また全障害に関する法律の基本となる「障害者基本法」と，障害や病気等で支援が必要な人（子どもを含む）のサービス利用に関する「障害者総合支援法」があります。18 歳までは児童として「障害児」の扱いで児童福祉法の対象に含まれますが，それ以降はそれぞれの障害の制度に該当します。障害の種類によって，手帳の交付，等級数，受けることができるサービスなどが異なっています。障害者総合支援法は身体障害，知的障害，精神障害（発達障害を含む）のほか，難病の方も対象としています（障害者総合支援法では 2013 年 130 疾病⇒ 2021 年 366 疾病）。介護給付を希望する場合は市町村に利用を申請し，認定調査を受けて障害支援区分の認定を受けます。訓練等給付の場合は障害支援区分の認定は行われません。

2 障害者児に関わる福祉の機関・施設・専門職

　障害者児はさまざまな制度政策によるサービス等を利用することができますが，その専門的支援にあたるのは公的・民間等の機関や施設であり，専門的知識や技能を備えた専門職が対応します。障害の種類や程度によって該当する制度やサービスの種類が異なり，対応する施設・機関および専門職も異なります。生活支援施設（入所・通所・訪問），就労・作業等の支援施設，相談施設等があり，介助・介護，看護，訓練，相談などを受けることができます。

　それぞれの施設・機関の目的に応じて専門職種が配置されています。福祉の国家資格は，**社会福祉士**，**精神保健福祉士**，介護福祉士の 3 福祉士がありますが，いずれも名称独占で，業務にあたり資格をもっているとは限りません。しかし，資格保有者は専門的な知識・技能を身につけており，医師や看護師，理学療法士等の医療系職種や公認心理師・臨床心理士等の心理系職種，行政や法関連職種等と連携して援助を実践しています。特に社会福祉士と精神保健福祉士はソーシャルワーカーと呼ばれ，利用者の自立生活に向けて，さまざまな制度・サービスやその他の資源を活用できるよう相談に応じ，調整する役割を担っています。

　成人期以降の障害者は，生活支援だけでなく就労による社会参加や自立した生活を希望することも多く，その機会も広がっています。その人の状況によっては，「一人暮らしをしてみたい」「行きたいときに行きたい場所に行く」「自分で働いたお金を好きなことに使いたい」という当たり前の希望を叶えること

参照
障害者総合支援法
→ 1 章

語句説明
難病
「難病の患者に対する医療等に関する法律」に定められる基準に基づいて医療費の助成制度の対象としている難病を「指定難病」と呼ぶ（2021 年指定難病は 338）。指定難病と障害者総合支援法の支援対象難病とは範囲が異なる。

プラスα
社会福祉士・精神保健福祉士
ソーシャルワーカーと呼ばれ相談援助業務を行う。社会福祉士は多様な問題に対応するジェネリックな存在であり，精神保健福祉士は精神障害等の特定領域を専門とする。医療，司法を専門とするソーシャルワーカーもいる。

は容易ではありません。一人ひとりの障害を含めた特性を理解し，支援に結びつけることで自立した生活をサポートすることが求められています。

　また，成人するまでに培ってきたそれぞれの人の暮らし方，価値観が身についています。個人の内面的特徴はもちろん，人との付き合い方や空間利用の仕方など，それぞれの心地よさがあります。疾患等によってそうした状況を上手く維持することが難しくなった場合，それまでの自分との差を気に病むこともあります。個別性を理解したうえで生活全体をサポートしていくことが求められます。

2 ｜ 精神・発達障害の施設や地域におけるケア

　障害者総合支援法によるサービスは，「自立支援給付」と「地域生活支援事業」に大別されます。「自立支援給付」は利用者に個別に給付されるサービスで，「地域生活支援事業」は啓発や研修等です。施設でも在宅でも，利用者は「自立支援給付」を受けています。また，2018年度からは介護保険のサービスと障害者福祉のサービスに共通した「共生型サービス」が創設され，一部の在宅サービスを高齢者も障害者児も利用できるようになりました。

　障害のなかでも精神疾患による障害者の約9割が25歳以上の成人です（内閣府，2018「障害者白書平成30年版」）。65歳以上の高齢者の割合も増加しています。障害の状態や家族の状況，そして何よりも本人の希望によって生活する場は変わってきます。障害者は施設，グループホーム，自宅などで生活しています。施設は入所型の障害者支援施設のほか，特別養護老人ホームや他の介護保険関連の施設，その他の制度に関連する施設（救護施設，更生施設等）があります。また近年，地域における共同生活住居として**グループホーム**が増加しています。「障害者の住まいの場の確保に関する施策について」（厚生労働省，2016）によれば，身体，知的，精神障害者ごとに施設入所あるいは入院と在宅の別でみると，身体障害者（児）で1.9%，知的障害者（児）で16.1%，精神障害者で10.1%が入所・入院しています。障害者支援施設の入所者は減少傾向にあり（図13-1），施設等を退所した33.8%は地域生活に移行しています。また地域生活にはグループホーム等での共同生活，家庭復帰等が含まれます。

　在宅の精神障害のある65歳未満の人のうち，半数以上は自宅（自分・家族），約3割は民間・公営住宅に居住していて，グループホーム等は4.4%です。65歳以上の場合は65%以上が自宅（持ち家や賃貸住宅）で生活されていて，グループホーム等は6.6%と少ないのが現状です（厚生労働省「平成28年生活

参照
自立支援給付
地域生活支援事業
→1章

プラスα
障害者支援施設
生活介護，自立訓練または就労移行支援の対象者に，日中活動と合わせて夜間に入浴，排せつ，食事等の介助，食事の提供，生活に関する相談・助言を行う。法改正前からの施設（授産）から継続して入所している人もいる。

図13-1　施設等から地域への移行の推進

> 入所施設の利用者数は，障害者自立支援法前から着実に減少している。
> ケアホーム・グループホーム利用者は着実に増加している。

○施設入所者数の推移

注：2005年度データは2005年10月1日分，2008〜2014年のデータはいずれも10月の国保連データ。
出所：厚生労働省，2016

○ケアホーム・グループホーム利用者の推移

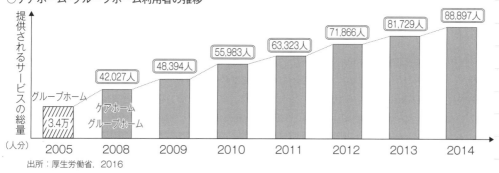

出所：厚生労働省，2016

のしづらさなどに関する調査：全国在宅障害児・者等実態調査」）。グループホーム
は共同生活を行う住まいの場であり，施設と地域生活の中間のような場と考え
られます。ここではグループホームを施設ケアに含めて紹介します。

1　精神・発達障害の施設ケア

　認知症以外の精神障害の人々の施設ケアには，病院や障害者支援施設，近年
増加しているグループホームがあります（図13-2）。病院や障害者支援施設で
は，医療的な処置やケアが必要な人が利用されています。病院や施設は生活上
の介護等も手厚く，障害の状態が重度の人，あるいは悪化した際に利用されま
す。成人の障害者は家族も高齢化している場合が多く，退院・退所しても自宅
に戻って安心して生活することが難しいこともあります。病院や施設において，
心理職は患者・利用者を理解・支援するとともに，患者・利用者に関わる多職
種それぞれの思いを受け止めて，調整する役割を期待されています。

　入所型の施設では，「施設入所支援」として夜間に入浴，排せつ，食事など
の介護を行い，日中は「生活介護」などで生活に関する相談・助言，日常生活
に関わる基本的な支援をしています。それに対してグループホーム（共同生活

図13-2　グループホームの概要

☆　グループホームは，障害のある方が地域の中で家庭的な雰囲気の下，共同生活を行う住まいの場。

☆　1つの住居の利用者数の平均は**5名程度**

具体的な利用者像

☆　単身での生活は不安があるため，一定の支援を受けながら地域の中で暮らしたい方

☆　一定の介護が必要であるが，施設ではなく，地域の中で暮らしたい方

☆　施設を退所して，地域生活へ移行したいがいきなりの単身生活には不安がある方　など

具体的な支援内容

☆　障害者の方に対し，共同生活住居において，相談，入浴，排せつ又は食事の介護，家事等の日常生活上の支援を併せて提供。

必要な設備等

☆　共同生活住居ごとに1以上のユニットが必要

☆　ユニットの入居定員は2人以上10人以下

☆　居室及び居室に近接して設けられる相互に交流を図ることができる設備を設ける

☆　居室の定員：原則1人

☆　居室面積：収納設備を除き7.43m²

☆住宅地に立地

☆入居定員は原則10名以下

（既存建物を活用する場合は，最大30名以下）

	グループホーム（共同生活援助）	
	（介護サービス包括型）	（外部サービス利用型）
利用対象者	障害支援区分にかかわらず利用可能	
サービス内容	食事や入浴等の介護や相談等の日常生活上の援助	
介護が必要な者への対応	当該事業所の従業者により介護サービスを提供	外部の居宅介護事業所に委託
報酬単位	世話人の配置及び支援区分に応じて　668単位～182単位	世話人の配置に応じて（基本サービス）259単位～121単位　サービスに要する標準的な時間に応じて（受託居宅介護サービス）95単位～
事業所数	5,338事業所	1,487事業所
利用者数	83,248人	16,154人
	99,402人	

事業所数・利用者数については，国保連平成27年8月サービス提供分実績

出所：厚生労働省，2016

援助）は，地域での単身生活は不安があるため一定の支援を受けながら生活したい人などが利用しています。1つの住居に5～10名が，食事や入浴等の介護や相談支援などの事業所内外のサービスを利用しながら生活しています。グループホームは，戸建て住宅や集合住宅などさまざまな形態があります。本体住居（居間や食堂などの交流スペース）とアパートなどのサテライト型の住居を構えた住まい方もあります。

障害者支援施設，精神科病院，生活保護法に基づく更生施設，刑務所や拘置所などの矯正施設等に入所している成人障害者の人が地域生活に移行するための支援を「地域移行支援」といいます。本人の希望・意向を確認し，施設や病院と相談支援事業者（専門職）とが協力して，情報提供，短期間の体験的利用等をしながら地域生活へと移行することを支援します。また地域生活を営むうえでの生活能力の維持・向上の支援を行う「自立訓練（生活訓練）」など，施設・病院・グループホームから在宅生活への移行を助けるさまざまなサービスがあります。

プラスα

地域移行支援

市町村が行う自立支援給付の一つ。自立支援給付には介護給付，訓練等給付，自立支援医療，補装具，相談支援があり，相談支援のなかに地域移行支援，地域定着支援，サービス利用支援等がある。

2 精神・発達障害の地域と在宅ケア

　成人障害者の人々には一人暮らしや就労して自立することを希望する人もいます。上記の「地域移行支援」等によって単身で地域生活を始めた人が安心して生活していくために，「地域定着支援」があります。**地域定着支援**は緊急時の支援が見込めない場合に，常に連絡がとれる体制を確保して「見守り」，地域生活の継続を目指します。また地域移行後の日常生活で定期的な訪問等による相談を行う「自立生活援助」（2018 年度～）は，障害者支援施設やグループホームのほか，病院，救護施設，刑事施設等から地域社会で生活するための相談や助言を行います。具体的には食事や洗濯，ごみ捨てなどの生活行動，家賃や公共料金の支払い，健康状態や通院，地域住民との関係などに課題がないか，相談支援員専門等が確認し，相談・助言，連絡調整を行います。生活上の課題は気づかれにくく，解決しないままにしていると大きな問題に発展することがあります。たとえば，服薬の管理ができずに発作等で救急搬送されたり，ごみ捨てがうまくできずにゴミ屋敷状態になって居室で生活できなくなったりします。知的・精神・発達障害の人は，外見からは障害を抱えていることがわかりづらい場合が多いので，近隣から理解されず，手助けを得ることができず，苦情や排除の対象になってしまうことがあります。

　また，精神障害者の地域生活支援として，多職種がチームを組んで訪問支援を行う**アウトリーチ事業**があります。精神疾患が疑われるのに未受診で日常生活上の危機が生じている人や，長期ひきこもりで対応困難な人，受診や服薬を中断して生活上の危機がある人などが対象となります。チームは保健師・看護師と精神保健福祉士等のソーシャルワーカー，作業療法士等のリハビリテーション職などが含まれます。24 時間 365 日の相談支援体制で，訪問，相談，連絡調整を行います。障害による症状や困難だけでなく，近隣や家族との間でトラブルが生じると，生きにくさは増大してしまいます。本人の意向に即した充実した生活の実現および家族への支援としても，重要な支援となっています。

　日常生活を営むなかでは，少しの不都合があることで課題が生じ，危機的状況に陥ることがあります。一人ひとりの障害者が制度やサービスからこぼれることがないよう，専門職はネットワークを組み，一体的に支援することが求められます。医療，心理，福祉等の専門職だけでなく，社会全体で理解が広がり，連携できることが望まれます。

3 | 認知症の施設や地域におけるケア

先に年齢階層別精神障害者数の推移を紹介しましたが，65歳以上の割合は年々上昇しています。高齢者に多い精神症状・疾患にはうつや心気症，認知症がありますが，なかでも認知症有病率は伸び続け，2025年には5人に1人になるとの推計もあります（内閣府「高齢社会白書 平成29年版」）。医療，心理，福祉領域において，認知症の本人や周囲の人々の理解が今後の社会のあり方にも影響するカギになると考えます。

認知症は70種類以上の病気が原因となって発症する症状群のことで，高齢になってから発症することが多い病気です。罹患者はさまざまな人生経験を積み重ねてきた，個別性の高い成人です。認知症のケアには症状の理解とともにその人らしさを理解することが求められます。

認知症は高齢者にとって「わからなくなる」「迷惑をかける」恐ろしい病気と考えられており，「認知症になったらおしまいだ」と過剰に心配されている側面もあります。実際にはその症状も進行もそれぞれ異なり，家族や仲間と生活したり，一人暮らしを続けている人もいらっしゃいます。

認知症の人は高齢で介護が必要な人が多いので，介護保険サービスを中心としたケアを利用することができます。介護保険のサービスを利用するには，市区町村等に要介護認定を申請し，要支援1，2・要介護1～5のいずれかの認定を受ける必要があります。介護保険サービスは大別して訪問型，通所型などの生活の部分的支援を活用する居宅サービスと，生活全般の支援を受ける施設サービスがあります。居宅サービスと施設サービスの中間のような，認知症の人が共同で生活するグループホームも増加しています。介護保険サービスの利用にあたり，ニーズに合ったサービスの選定や費用の算出，事業所との契約など，ケアプランを作成する必要があります。その専門職として**介護支援専門員（ケアマネジャー）**が活躍しています。

認知症は，自身の行動の適切性や記憶が不確かで，自分のことが「よくわからないことがわかってしまう」ため不安が強く，苛立ち，落ち込むことが多くみられます（図13-3）。ご本人がとてもつらい状態である一方で，家族も思いがけない言動に遭遇し，先の見えない不安が増長して関係が壊れてしまうことがあります。環境の変化にも敏感であるため，変化に適応できずに妄想や幻覚症状が現れることもあります。家族も対処に戸惑い，疲弊し，周囲に迷惑をかけるという加害意識が生じます。本人にも家族にも支援が必要になります。

プラスα

認知症高齢者数

認知症高齢者数は2012年の調査で462万人，2025年には推計700万人になるといわれている（内閣府，2017）。

プラスα

介護支援専門員（ケアマネジャー）

約20種類の国家資格を基礎資格として，5年以上の相談援助業務の経験が受験資格となる。都道府県ごとに試験，研修，登録が行われる。介護保険サービスの一つとして，要介護者のケアプランを立てる。

図13-3　認知症の症状

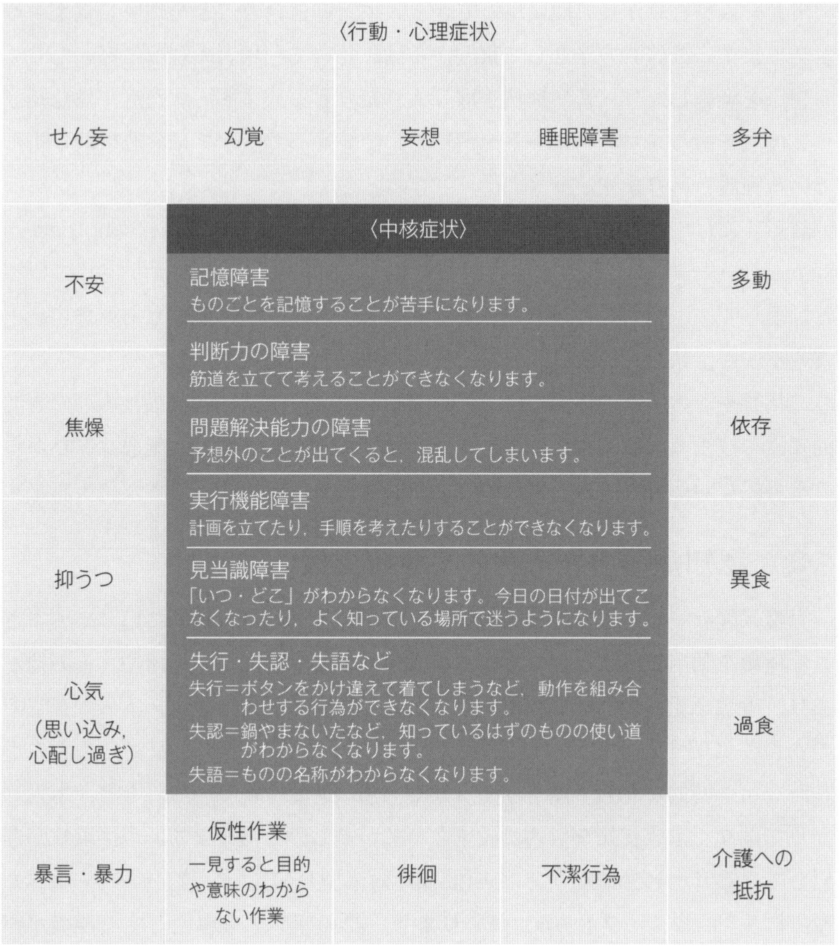

〈行動・心理症状〉				
せん妄	幻覚	妄想	睡眠障害	多弁
不安	〈中核症状〉 記憶障害 ものごとを記憶することが苦手になります。			多動
焦燥	判断力の障害 筋道を立てて考えることができなくなります。 問題解決能力の障害 予想外のことが出てくると，混乱してしまいます。			依存
抑うつ	実行機能障害 計画を立てたり，手順を考えたりすることができなくなります。 見当識障害 「いつ・どこ」がわからなくなります。今日の日付が出てこなくなったり，よく知っている場所で迷うようになります。			異食
心気 （思い込み， 心配し過ぎ）	失行・失認・失語など 失行＝ボタンをかけ違えて着てしまうなど，動作を組み合わせする行為ができなくなります。 失認＝鍋やまないたなど，知っているはずのものの使い道がわからなくなります。 失語＝ものの名称がわからなくなります。			過食
暴言・暴力	仮性作業 一見すると目的や意味のわからない作業	徘徊	不潔行為	介護への 抵抗

出所：認知症フォーラム .com「認知症の基礎知識」

1　認知症の施設ケア

　施設は 2015 年度の介護保険法改正から原則要介護3以上の認定を受けていることが入所の条件になっており，心身に重度の障害があって生活困難な状態の人が入所・生活されています。高齢者施設は「姥捨て山」イメージが抜けきらず，在宅生活ができない諦めのように考えられがちです。しかし，本人や家族が自宅では得られなかった安全，安心，豊かな暮らしを得ることができる場合もあります。高齢者施設では介護・看護等の専門的知識・技術を備えた専門職が対応し，現在の生活面だけでなく人生全体，そして家族との関係についてもサポートしてくれます。長い人生の締めくくりの時期に発症した病気によって，それまでの人生や家族関係が壊れてしまうのはあまりにも悲しいことです。施設ケアでは本人の人生を尊重し，穏やかに過ごす手助けをすることが求められています。

語句説明

要介護 3
IADL（手段的日常生活動作）および ADL（日常生活動作）が著しく低下し，立ち上がりや歩行が自力ではできず，排泄や入浴，衣服の着脱などにもほぼ全面的な介護が必要な状態。

回想法

1960年代に精神科医バトラー（Butler）が提唱した。高齢者の回想を自然なこととしてとらえ，治療あるいはアクティビティとして実施する。個人回想法・グループ回想法があり，場所や時間など参加者のニーズに応じて選択する。

音楽療法

音楽のもつ特性を活用してリハビリテーションを行う。歌を歌う，楽器を演奏する，音楽を聞く，音楽に合わせて動くなど，さまざまな方法で健康の維持，生活の質の向上，問題行動の改善などを目指す。

ユマニチュード

フランス語で「人間らしさ」を意味する言葉。心身に問題を抱える人をケアするプロとしての技術。

地域包括支援センター

市町村が主に日常生活圏域（中学校区）に設置。地域包括ケアシステムの拠点の一つ。主な業務は，介護予防ケアマネジメント，総合相談支援，介護支援専門員のサポート，各医療・福祉機関との連携構築，地域ケア会議の主催，権利擁護業務など。

施設で利用者を直接ケアするのは介護福祉士をはじめとする介護職員です。利用者一人ひとりが長い間に培ってきた人生と向き合うことを理解し支えようと努めます。具体的方法として家族から話を聴いて利用者の理解に努めたり，回想法を実施したり，音楽療法を取り入れたりしています。また近年は認知症ケア技法であるユマニチュードを習得し，認知症高齢者ケアに熱心に取り組んでいる施設もあります。

認知症には中核症状とBPSD（Behavioral and Psychological Symptoms of Dementia）と呼ばれる周辺症状があります（図13-3）。症状は安定しているとは限らず，一つのことがさまざまな症状を引き起こす可能性もあります。不安や不快が症状を強めたり，一方で安心や快適さが穏やかにしたり，一人ひとりの状態やその時々の体調によっても症状は異なります。介護福祉士等の専門的知識や技術，客観的視点，またチームケア体制，環境など，施設ケアだからこそ可能な対応で，本人と家族の生活が心身ともに充実することが望まれます。

2　認知症等の在宅ケア・地域支援

介護保険サービスにおける高齢者の在宅ケアサービスは目的に応じてさまざまな種類を利用することができます。大きく分けて訪問型・通所型・その他があり，複数を組み合わせて利用することもできます。たとえば，本人の在宅での衣食住に関する支援は「訪問介護（身体介助，生活支援）」，家族介護者の不在時など一時的な施設入所をする「短期入所（ショートステイ）」など，本人ばかりではなく家族支援を目的に設置されているものもあります。市区町村が運営しているサービスのなかには，「認知症対応型」の通所介護（デイサービス）や共同生活（グループホーム）があります。認知症ケアを専門とする環境が整備され，スタッフが配置されています。

介護保険サービスの利用以外にも，地域で生活する高齢者を支援する取り組みがあります。2005年度の介護保険制度改正から，**地域包括支援センター**の設置や地域密着型サービスが始まりました。その背景には住み慣れた地域で生活し続けるために，介護保険サービスばかりでなく，地域に拠点を置いて相談や対応を行い，地域の力を活用して介護予防や見守りを推進することが期待されていることがあります。地域包括支援センターには，主任介護支援専門員，保健師，社会福祉士が配置されており，健康や生活に不安のある高齢者やその家族の相談にのるとともに，介護支援専門員（ケアマネジャー）のサポートや，介護予防や認知症ケアの普及など地域社会に働きかける役割を担っていて，住民主体の活動を開始・継続する支援も行います。まさに，誰もが地域で生活するために，さまざまな資源を活用した包括的な支援を展開する要となる機関です。

また，地域包括支援センターを中心に高齢者の権利擁護事業が運営されてい

ます。具体的には虐待防止やその後の対応，財産管理のための成年後見制度につなぐ等の支援です。地域における認知症高齢者は，本人だけでなく家族も慣れない介護や予想以上の負担，いつまで続くかわからない不安，自分の生活の犠牲など，心穏やかに介護生活を受け入れているとは限りません。普段は何ら問題がなくても，家族だからこそ受け入れられない本人の言動に，苛立ちや怒りを感じることもあります。家族による身体的・心理的虐待は，高齢者本人が傷つくこともありますが，介護者である家族も傷つき，介護を継続する自信をなくしてしまいます。また高齢者の財産等が不当に扱われてしまう経済的虐待は，他人であれば盗みや詐欺等に該当しますが，家族であるからこそ解決が難しい場合もあります。法的な判断が関連するので，弁護士や司法書士など，多職種との連携が必要です。高齢者を守ると同時に，家族の理解や家族関係を守ることも大切なのです。

　また，軽度の認知症の人が利用している制度として，社会福祉協議会が運営している日常生活自立支援事業があります。認知症に限らず，知的・精神の障害があって金銭管理，契約等のサポートが必要な場合に利用することができます。ご自身がこの制度の利用を理解し，希望することが要件となります。認知症になっても，地域で単身で生活している人はたくさんいます。時には不当な契約を結ばされたり，お金の使い方がわからなくなって支払いを怠ってしまったり，お金をめぐってトラブルになることがあります。定期的に社会福祉協議会の専門員が相談・助言，同行するなどのサポートをしています。

　さらに，地域における認知症ケアも広がっています。認知症を理解する研修会として，認知症サポーター養成講座が地域の各地で開かれ，受講すると認知症サポーターの証であるオレンジリングを受け取ることができます。2019年現在，延べ1200万人以上が修了しています。また，地域包括支援センターを中心に，地域に暮らしている認知症の人，家族，認知症介護を卒業された人や関心がある人などが集まって，認知症カフェを開催しています。本人が穏やかに過ごすこと，家族が介護の悩みを話し共感したり助言したりすること，認知症の理解が拡がることを目的に，小さな地域単位で開催されています。認知症が特別な病気ではなく，不幸なことではなく，地域のなかでともに暮らしていくことができる大切な基盤づくりとなっています。そして，地域では自治会等を単位として単身や高齢者のみの世帯を訪問するなどして，見守りを行うところが増えてきました。日常のことは近隣の目が最も気づきやすく，訪問以外でもこうした近隣の気づきが見守りのネットワークにつながっていきます。あいさつしたときの反応がいつもと違う，怒っている声が聞こえる，季節感の合わない服を着ている，見知らぬ人が出入りしているなど，近隣の気づきが専門職につながれば，大きな問題に発展する前に解決することができます。認知症に限らず，高齢者の生活，地域生活の安心のために，住民の見守りネットワーク

プラスα

成年後見制度

認知症などによって判断能力が低下し，自分では適切に財産管理できなくなった人が，第三者である「成年後見人」に財産管理をしてもらう制度。本人の判断能力の程度に応じて，成年後見人の権限が異なる。

身体的・心理的虐待

高齢者虐待は，身体的虐待，心理的虐待，性的虐待，経済的虐待，ネグレクトと定義され，家族からの虐待は身体的虐待が最も多く，家族のなかでも介護や家事に不慣れな男性介護者（夫，息子）による虐待が多い（厚生労働省，2019）。

日常生活自立支援事業

認知症，知的・精神障害者等のうち判断能力が不十分な人が地域において自立した生活が送れるよう，利用者との契約に基づき福祉サービスの利用援助や金銭管理等を行うもの。成年後見制度は本事業より幅広い権限が認められている。

認知症サポーター養成講座

認知症に対する正しい知識と理解をもち，地域で認知症の人やその家族に対してできる範囲で手助けする「認知症サポーター」を養成する講座。認知症サポーターキャラバンという活動として，全国で実施されている。

の発展が期待されています。地域包括支援センターや社会福祉協議会が，見守り活動の立ち上げと継続，そして連絡先としてサポートしています。

4 | 多様な対象・課題への支援

　軽度の知的障害，精神障害，発達障害等の場合，症状や支援の必要性に気づかれず，理解されず，周囲からは「わからない人」「変わった人」「困った人」などと敬遠されることがあります。その影響もあって生活環境や対人環境が悪化し，社会で受け入れられ得る価値観の理解が難しいこともあります。さらに判断力が十分でなかったり，相談する人がいなかったりして，騙され，犯罪に巻き込まれたり損害を受けたりする場合もあります。

　また，外見からわかりにくい障害は，理解されずに本人の能力が低く評価されることにつながり，社会のなかでの役割遂行や対人関係の構築に大きな影響を及ぼします。他人事ではなく，一人ひとりが身近な人々を理解するところから始める必要があります。

1 ホームレス

　個人の人生における問題や社会的経済危機や災害によって，それまでの生活の継続が難しく，困窮しホームレス生活になることがあります。**ホームレス**は大都市に多く，バブル崩壊（1991年），リーマンショック（2008年），東日本大震災（2011年）など社会における大きな出来事に関連して，職や住まいを失うことが影響しています。社会では自業自得だとか，働かない怠けものだとか，臭い・汚い，治安が悪化するなど迷惑の対象とされがちですが，一人ひとりにはさまざまな事情があります。近年では路上生活者だけでなく，車上生活者やインターネットカフェで過ごす人も増えていて，その実態の把握が困難になっている側面もあります。

　2018年の厚生労働省の「ホームレスの実態に関する全国調査」では，全国で約5000人，最も多かったのは東京都1242人，次いで大阪府1110人，神奈川県934人でした。2003年に報告されている全国のホームレスの数2万5296人の約1/5に減少しています。2002年に「ホームレスの自立支援等に関する特別措置法」（時限立法）が制定され，支援事業が展開されてきたことも影響しています。これらの支援によって，自立支援施設への入所，緊急一時宿泊施設（シェルター等）の利用，生活保護受給による賃貸アパートへの入居など，生活基盤を得た人もいます。

　支援を受けて住まいを確保しても，社会生活から長い時間離れていたことで

生活上のルールや公的機関の手続きなどで戸惑うことがあります。2018年に始まった「自立生活援助事業」は，定期的に居宅を訪問し，日常生活の課題，公的手続きや支払い，通院や体調管理，地域とのトラブルがないかなど，相談・助言を行います。食べ物の偏りによって体調を崩したり，お金の使い方が上手くいかずに支払いが滞ったり，周囲との関係を拒否して閉じこもったり，ギャンブルや過度の飲酒が止められず生活資金がなくなってしまうなど，「普通に生活をしていくこと」は案外難しいものです。社会との関係を断ち切ってきたことから，孤立し，生活上の異変に気づかれないこともあります。孤立した生活の末，自室で亡くなり，何か月も経ってから発見される「孤独死・孤立死」という最期を迎える人もいます。軽度の障害によって支援を受けられず，本人にも支援の必要性の自覚がなく，生活が破綻してしまうことは，制度のはざまに陥る一つの例です。さまざまな人の状況に対応できる，支援が途切れることがない，包括的なケアシステムが求められています。

プラスα

自立生活援助事業

2018年に始まった新しい事業で，障害者支援サービスの訓練等給付に分類される。
障害者支援サービス以外でも新たに生活保護を受給する人をサポートする事業が一部の区市町村でNPO等に委託されている。

2　難病・内部障害

　子どものころから，あるいは成人してから，病気とともに生活している人もいます。病気によって生活に支障がある場合，内部障害という身体障害の一つと認められることもあります。高齢者は体力の低下，長年の生活習慣から，何らかの病気や病気による麻痺やこわばり，筋肉や関節の痛みなどの身体的障害を抱えています。高齢者は「年だから」と本人も周囲も認めている一方で，加齢と病気と障害を別に考えていることも多いため，サポートを求めず，我慢してしまうことがあります。病気は外見からはわかりづらく，職場や家庭でさえ理解を得られにくいことがあります。体調の悪さや発作等を起こした場合，気持ちの弱さを指摘されたり，怠けていると受け取られることもあります。理解を得られず，能力が低いと評価され，就労を継続することが難しいケースも少なくありません。近年では東京都が始めた「ヘルプマーク」が全国に広がりつつあり，外から見てもわかりにくい支援や配慮の必要性を知らせる運動となっています（図13-4）。日常生活に限らず，災害時は支援や配慮が必要になります。ヘルプマークがいろいろな障害を抱えている人の存在を社会が理解するはじめの一歩になればと期待されています。

　「難病の患者に対する医療等に関する法律」（通称：難病法）において難病は，原因不明で治療方針が未確定なものであり，慢性的な介

図13-4　ヘルプマーク

ヘルプマークは、外見からは分からなくても援助が必要な方が身につけるマークです。

助け合いのしるし
ヘルプマーク

出所：東京都福祉保健局ホームページ

プラスα

ヘルプマーク

外見からわからなくても援助や配慮を必要としている人々が，それを知らせることで援助を得やすくなるよう東京都が作成したマーク。

護・看護による経済的，精神的負担が大きい病気と定義されています。2021年11月の告示で338の病気が難病として指定されています。原因の究明や治療法の開発，医療費の助成など，国の研究機関や公的支援が進められています。障害者に対する支援が整備されるなか，障害者総合支援法におけるサービスも難病患者が利用できるようになりました。患者本人にも家族にも生き方の選択肢が増えることは当たり前のようで難しい問題でしたが，生活上の支援が拡がり，その人らしさを求められるようになったことは大きな進歩です。

考えてみよう

1．一般的に成人すれば，就職・就労，結婚，出産・育児などのライフイベントが考えられますが，障害がある場合，課題となることは何でしょう。その具体例を考えてみましょう。
2．「認知症」の患者・利用者を支援するには，本人や家族の心理的理解だけでなく，制度やサービスについて知っておくことが必要です。本章で出てきた認知症の高齢者が利用可能なサービス，関わり得る専門職種をピックアップして，さらに調べてみましょう。

🌿 本章のキーワードのまとめ

社会福祉士・精神保健福祉士	ソーシャルワーカーと呼ばれ相談援助業務を行う。社会福祉士は多様な問題に対応するジェネリックな存在であり，精神保健福祉士は精神障害等の特定領域を専門とする。医療，司法を専門とするソーシャルワーカーもいる。
グループホーム	共同生活を営む住居において，主に夜間に相談，入浴，排せつまたは食事の介護，その他の日常生活上の援助を行う。サービスが一体となっているもの，外部サービスを利用するものなどさまざまな形態がある。
地域移行支援	障害者支援施設や病院から地域生活に移行するための支援。住居の確保，在宅時に利用できるサービスの体験利用など，地域生活に移行する相談，必要な支援を行う。
地域定着支援	単身等で生活する場合，常に連絡がとれる体制を確保し，緊急に支援が必要な場合には訪問や相談などの必要な支援を行う。グループホーム等の利用者は対象外。
アウトリーチ事業	精神障害者が地域移行，地域生活継続するための支援を多職種による訪問支援によって行う。保健師・看護師，精神保健福祉士，作業療法士等のチームのほか，関係機関との連絡調整も行う。
認知症	70種類以上の病気が原因・きっかけで起こる症状群。脳の器質的な変化が生じ，変化した部分によって現れる症状も異なっている。わが国の四大認知症は，アルツハイマー型，脳血管性，レビー小体型，前頭側頭型認知症である。
介護支援専門員（ケアマネジャー）	約20種類の国家資格を基礎資格として，5年以上の相談援助業務の経験が受験資格となる。都道府県ごとに試験，研修，登録が行われる。介護保険サービスの一つとして，要介護者のケアプランを立てる。
地域包括支援センター	人口2，3万人，中学校区（日常生活圏域）に1か所をめどに市町村が設置する。センターには主任介護支援専門員，保健師，社会福祉士が配置され，総合相談のほか，地域を支援する活動など幅広い業務に対応している。
ホームレス	ホームレスとは「ホームレスの自立の支援等に関する特別措置法」にある「都市公園，河川，道路，駅舎その他の施設を故なく起居の場所とし，日常生活を営んでいる者」。近年，車上生活やインターネットカフェで寝泊まりする人もあり，把握が難しい。

引用文献・参考文献

●第 1 章

引用文献

外務省（2018）．障害者権利条約パンフレット　https://www.mofa.go.jp/mofaj/gaiko/jinken/ebook/html5.html#page=1（最終アクセス日：2021 年 4 月 11 日）

外務省（2019）．障害者の権利に関する条約（略称：障害者権利条約）https://www.mofa.go.jp/mofaj/gaiko/jinken/index_shogaisha.html（最終アクセス日：2021 年 4 月 11 日）

厚生労働省（2002）．「国際生活機能分類－国際障害分類改訂版－」（日本語版）の厚生労働省ホームページ掲載について　https://www.mhlw.go.jp/houdou/2002/08/h0805-1.html（最終アクセス日：2022 年 2 月 23 日）

厚生労働省　障害者雇用促進法に基づく障害者差別禁止・合理的配慮に関する Q&A（第二版）https://www.mhlw.go.jp/file/06-Seisakujouhou-11600000-Shokugyouanteikyoku/0000123072.pdf（最終アクセス日：2021 年 4 月 11 日）

厚生労働省　障害者手帳　https://www.mhlw.go.jp/stf/seisakunitsuite/bunya/hukushi_kaigo/shougaishahukushi/techou.html（最終アクセス日：2022 年 2 月 23 日）

厚生労働省　精神保健福祉法について　https://www.mhlw.go.jp/kokoro/nation/law.html（最終アクセス日：2022 年 2 月 23 日）

内閣府（2021）．障害者差別解消法リーフレット「『合理的配慮』を知っていますか？」https://www8.cao.go.jp/shougai/suishin/sabekai_leaflet.html（最終アクセス日：2022 年 2 月 25 日）

大川弥生（2006）．ICF（国際生活機能分類）──「生きることの全体像」についての「共通言語」，第 1 回 社会保障審議会統計分科会生活機能分類専門委員会参考資料 3，厚生労働省　https://www.mhlw.go.jp/stf/shingi/2r9852000002ksqi-att/2r9852000002kswh.pdf（最終アクセス日：2022 年 2 月 26 日）

社会福祉法人全国社会福祉協議会（2018）．障害福祉サービスの利用について（2018 年 4 月版）https://www.mhlw.go.jp/stf/seisakunitsuite/bunya/0000096052.html（最終アクセス日：2021 年 4 月 24 日）

社会福祉法人全国社会福祉協議会（2021）．障害福祉サービスの利用について（2021 年 4 月版）https://www.shakyo.or.jp/download/shougai_pamph/date.pdf（最終アクセス日：2022 年 2 月 26 日）

参考文献

大塚玲（編著）（2019）．インクルーシブ教育時代の教員をめざすための特別支援教育入門（第 2 版）萌文書林

柘植雅義・「インクルーシブ教育の未来研究会」（編著）（2019）．小中学生のための障害用語集──皆に優しい社会を願って　金剛出版

土橋圭子・渡辺慶一郎（編）（2020）．発達障害・知的障害のための合理的配慮ハンドブック　有斐閣

●第 2 章

引用文献

相澤雅文・本郷一夫（2011）．「気になる」児童の学級集団適応に関する研究──「気になる」児童のチェックリストと hyper-QU を通して　LD 研究，**20**(3)，352-364.

古市真智子（2018）．人との関係に問題をもつ子どもたち──小学校における「気になる子」への指導の実際と巡回相談の課題　発達，**156**，83-90.

本郷一夫（編著）（2008）．子どもの理解と支援のための発達アセスメント　有斐閣

本郷一夫（編著）（2010）．「気になる」子どもの保育と保護者支援　建帛社

本郷一夫（編著）（2018）．「気になる」子どもの社会性発達の理解と支援──チェックリストを活用した保育の支援計画の立案　北大路書房

本郷一夫（2019）．「気になる」子どもと発達障害　日本臨床矯正歯科医会雑誌，**30**(2)，6-10.

本郷一夫・相澤雅文・飯島典子・半澤万里・中村佳世（2009）．高校における「気になる」生徒の理解と支援に関する研究　東北大学大学院教育学研究科教育ネットワークセンター年報，**9**，1-10.

本郷一夫・八木成和（1997）．鳴門市の 1 歳 6 カ月健診の改善に関する研究──全健診児に対する「簡易発達検査」の導入結果を中心に　発達障害研究，**19**(1)，72-80.

小枝達也（2016）．5 歳児健診をめぐって　小児保健研究，**75**(2)，146-148.

文部科学省（2013）．教育支援資料

文部科学省（2018）．特別支援教育資料（平成 29 年度）

中塚志麻・高田哲（2014）．通常学級に所属する知的障害の子どもの実態と乳幼児健診での結果及びその後の支援　神戸大学大学院保健学研究科紀要，**30**，43-54.

小渕隆司（2018）．1 歳 6 か月児健診，3 歳児健診における社会性発達スクリーニング評価の検討──感覚の問題に関する「生活問診票」と社会的行動指標を用いて　小児保健研究，**77**(1)，68-77.

奥野みどり・矢島正榮・小林亜由美（2014）．1 歳 6 か月児健康診査における共同注意に関する評価指標導入の試み　小児保健研究，**73**(5)，751-757.

参考文献

本郷一夫（編著）（2018）．「気になる」子どもの社会性発達の理解と支援──チェックリストを活用した保育の支援計画の立案　北大路書房

本郷一夫(編著) (2015). シードブック　障害児保育 (第3版) 建帛社

辻井正次・宮原資英(監修) 澤江幸則・増田貴人・七木田敦(編著) (2019). 発達性協調運動障害 [DCD] ——不器用さのある子どもの理解と支援　金子書房

● 第3章

引用文献

American Association on Intellectual and Developmental Disabilities (2009). *Intellectual Disabilities: Definition, classification, and systems of supports-11th ed.* American Association on Intellectual and Developmental Disabilities. Washington, D.C. (太田俊己・金子健・原仁・湯汲英史・沼田千妤子(共訳) (2012). 知的障害　定義, 分類および支援体系　日本発達障害福祉連盟)

American Psychiatric Association (2013). *Diagnostic and Statistical Manual of Mental Disorders, Fifth Edition,* American Psychiatric Association. Washington, D.C. (日本精神神経学会(監修) 髙橋三郎・大野裕(監訳) (2014). DSM-5 精神疾患の分類と診断の手引　医学書院)

独立行政法人　国立特別支援教育総合研究所(編著) (2011). 特別支援教育充実のためのキャリア教育ガイドブック　ジアース教育新社

遠藤浩 (2014). 知的障害者の入所施設の現状と課題, 今後の方向性について　発達障害研究, **36**(4), 312-320.

片岡美華 (2017). セルフアドボカシーと合理的配慮　片岡美華・小島道生(編著)　事例で学ぶ発達障害者のセルフアドボカシー (pp. 2-23) 金子書房

小島道生・池田由紀江・山下勲 (1998). 「退行」に陥った青年期ダウン症者の一事例　心身障害学研究, **22**, 117-125.

小島道生・片岡美華 (2013). 発達障害・知的障害のある児童生徒の豊かな自己理解を育むキャリア教育　ジアース教育新社

水内豊和・岩坪夏穂 (2019). 知的障害者における療育手帳の認識に関する研究　LD研究, **28**(1), 154-163.

文部科学省　特別支援教育について http://www.mext.go.jp/a_menu/shotou/tokubetu/004/003.htm (最終アクセス日：2022年1月20日)

内閣府 (2018). 平成30年版　障害者白書 (全体版) https://www8.cao.go.jp/shougai/whitepaper/h30hakusho/zenbun/index-w.html (最終アクセス日：2022年1月20日)

杉田穏子 (2017). 知的障害のある人のライフストーリーの語りからみた障害の自己認識　現代書館

若林功 (2017). 知的障害者就労の多様な場——組織・職場運営の観点から　発達障害研究, **39**(4), 299-309.

横田圭司 (1996). ダウン症候群における「退行」　日本精神薄弱者福祉連盟(編) 発達障害白書 (1996年版) (pp. 31-33) 日本文化科学社

参考文献

菅野敦・玉井邦夫・橋本創一・小島道生 (2013). ダウン症ハンドブック改訂版　家庭や学校・施設で取り組む療育・教育・支援プログラム　日本文化科学社

中島由宇 (2018). 知的障碍をもつ人への心理療法　＝関係性のなかに立ち現れる "わたし"　日本評論社

菊地一文 (2013). 実践キャリア教育の教科書 (ヒューマンケアブックス)　学研プラス

● 第4章

引用文献

American Psychiatric Association (2013). *Diagnostic and statistical manual of mental disorders fifth edition.* Arlington: American Psychiatric Publishing. (American Psychiatric Association(編) 日本精神神経学会(監修) 髙橋三郎・大野裕(監訳) (2014). DSM-5 精神疾患の診断・統計マニュアル　医学書院)

American Psychiatric Association (1994). *Diagnostic and statistical manual of mental disorders fourth edition.* Washington: American Psychiatric Association. (The American Psychiatric Association(編) 髙橋三郎ほか(訳) (1996). DSM-IV 精神疾患の診断・統計マニュアル　医学書院)

Baron-Cohen, S. (2008). *Autism and Asperger syndrome -the facts.* Oxford: Oxford University Press. (バロン゠コーエン, S. 水野薫・鳥居深雪・岡田智(訳) (2011). 自閉症スペクトラム入門——脳・心理から教育・治療までの最新知識　中央法規)

別府哲 (2011). 自閉症児者の社会性に関する発達研究の最前線　臨床発達心理実践研究, **6**, 5-10.

Centers for Disease Control and Prevention (2020). Data and Statistics on Autism Spectrum Disorder. https://www.cdc.gov/ncbddd/autism/data.html (最終アクセス日：2021年3月19日)

傳田健三 (2017). 自閉スペクトラム症 (ASD) の特性理解　心身医学, **57**(1), 19-26.

Frith, U. (2003). *Autism: explaining the enigma second edition.* Oxford: Blackwell Publishing. (フリス, U. 冨田真紀・清水康夫・鈴木玲子(訳) (2009). 自閉症の謎を解き明かす (新訂版)　東京書籍)

藤野博 (2013). 学齢期の高機能自閉症スペクトラム障害児に対する社会性の支援に関する研究動向　特殊教育学研究, **51**(1), 63-72.

本郷一夫(編著) (2014). 保育の心理学ワークブック　建帛社

Lai, M., Lombardo, M.V., & Baron-Cohen, S. (2014). Autism. *Lancet,* **383**, 896-910.

文部科学省（2003）．今後の特別支援教育の在り方について（最終報告）参考3　定義と判断基準（試案）等　https://www.mext.go.jp/b_menu/shingi/chousa/shotou/054/shiryo/attach/1361233.htm（最終アクセス日：2019年9月24日）

日本発達障害学会（2008）．発達障害基本用語事典　金子書房

須藤邦彦（2018）．わが国の自閉症スペクトラム障害における応用行動分析学をベースにした実践研究の展望　教育心理学年報，**57**，171-178.

Wing, L. (1996). *The autistic spectrum: A guide for parents and professionals*. London: constable and company limited.（ウィング，L. 久保紘章・佐々木正美・清水康夫（監訳）（1998）．自閉症スペクトル――親と専門家のためのガイドブック　東京書籍）

World Health Organization (1992). *The ICD-10 classification of mental and behavioral disorders: clinical descriptions and diagnostic guideline*. (World Health Organization（編）融道男・中根允文・小見山実ほか（監訳）(1993). ICD-10 精神および行動の障害――臨床記述と診断ガイドライン　医学書院)

参考文献

Frith, U. (2008). *Autism: a very short introduction*. First edition. Oxford: Oxford University Press.（フリス，U. 神尾陽子（監訳）華園力（訳）（2012）．ウタ・フリスの自閉症入門――その世界を理解するために　中央法規）

小野次郎・上野一彦・藤田継道（編）（2010）．よくわかる発達障害（第2版）――LD・ADHD・高機能自閉症・アスペルガー症候群　ミネルヴァ書房

千住淳（2014）．自閉症スペクトラムとは何か――ひとの「関わり」の謎に挑む　ちくま新書

●第5章

引用文献

Oller, D. K. (1980). The Emergence of the Sound of Speech in Infancy. In G. Yeni-Komshian, J. Kavanagh, & C. Ferguson (Eds.), *Child Phonology: Vol. 1. Production*. New York: Academic Press.

参考文献

藤田郁代・北義子・阿部晶子（編）（2019）．言語聴覚障害学概論第2版　医学書院

加藤正子・竹下圭子・大伴潔（編）（2012）．特別支援教育における構音障害のある子どもの理解と支援　学苑社

大伴潔・大井学（編）（2011）．特別支援教育における言語・コミュニケーション・読み書きに困難がある子どもの理解と支援　学苑社

●第6章

引用文献

American Psychiatric Association（編）日本精神神経学会（監修）髙橋三郎・大野裕（監訳）（2014）．DSM-5 精神疾患の診断・統計マニュアル　医学書院 (American Psychiatric Association (2013). *Diagnostic and Statistical Manual of Mental Disorders Fifth edition (DSM-5)*. American Psychiatric Association.)

Barkley, R. A. (1997). Attention-deficit/hyperactivity disorder, self-regulation, and time: Toward a more comprehensive theory. *Journal of Developmental and Behavioral Pediatrics*, **18**, 271-279.

Friedman, N.P., Miyake, A., Young, S.E., DeFries, J.C., Corley, R.P., & Hewitt, J.K. (2008). Individual differences in executive functions are almost entirely genetic in origin. *Journal of Experimental Psychology: General*, **137**(2) 201-225.

Frith, U. (1985). Beneath the surface of developmental dyslexia. In K. Patterson, J. Marshall, & M. Coltheart (Eds.), *Surface dyslexia, neuropsychological and cognitive studies of phonological reading* (pp. 301-330). Erlbaum.

Katusic, S. K., Colligan, R. C., Barbaresi, W. J., Schaid, D. J., & Jacobsen, S. J. (2001). Incidence of reading disability in a population-based birth cohort, 1976-1982, Rochester, Minn. *Mayo Clinic Proceedings*, **76**(11), 1081-1092.

川﨑聡大・奥村智人・中西誠・川田拓・水田めくみ・若宮英司（2019）．児童期の読解モデルの構築とその妥当性の検証　日本教育情報学会論文，**43**，161-164.

Miyake, A. et al. (2000). The Unity and Diversity of Executive Functions and Their Contributions to Complex "Frontal Lobe" Tasks: A Latent Variable Analysis. *Cognitive Psychology*, **41**(1), 49-100.

Miyake, A., & Shah, P. (1999). *Models of Working Memory: Mechanisms of Active Maintenance and Executive Control*. Cambridge University Press.

文部科学省（2012）．通常の学級に在籍する発達障害の可能性のある特別な教育的支援を必要とする児童生徒に関する調査　https://www.mext.go.jp/a_menu/shotou/tokubetu/material/__icsFiles/afieldfile/2012/12/10/1328729_01.pdf（最終アクセス日：2022年2月10日）

奥村智人・川﨑聡大・西岡有香・若宮英司・三浦朋子（著）玉井浩（監修）（2014）．CARDガイドブック　ウィードプランニング

関あゆみ（2015）．治療介入法の考え方　シンポジウム2：発達性読み書き障害（dyslexia）診断と治療の進歩――医療からのアプローチ　脳と発達，**47**(3)，198-202.

Thapar, A., & Cooper, M. (2016). Attention deficit hyperactivity disorder. *Lancet*, **387**, 1240-1250.

Uno, A., Wydell, T. N., Haruhara, N., Kaneko, M., & Shinya, N. (2009). Relationship between reading/writing skills and cognitive abilities among Japanese primary-school children: normal readers versus poor readers (dyslexics). *Reading and Writing, 22*, 755-789.

Wydell, T. N., & Butterworth, B. (1999). A case study of an English-Japanese bilingual with monolingual dyslexia. *Cognition, 70*, 273-305.

Zelazo, P.D. et al. (2003). The development of executive function in early childfood. *Monographs of the Society for Research in Child Development, 68*(3), vii-137.

●第7章

引用文献

American Psychiatric Association (2013). *Diagnostic and statistical manual of mental disorders fifth edition.* Arlington: American Psychiatric Publishing. (American Psychiatric Association(編) 日本精神神経学会(監修) 髙橋三郎・大野裕(監訳) (2014). DSM-5 精神疾患の診断・統計マニュアル 医学書院)

医療情報科学研究所 (2011). 病気がみえる――脳・神経 メディックメディア

厚生労働省 (2002). 「小児慢性特定疾患治療研究事業の今後のあり方と実施に関する検討会」の報告書について

厚生労働省 (2008). 平成18年身体障害児・者実態調査結果

文部省 (1994). 病気療養児の教育について

文部科学省 (2021). 障害のある子供の教育支援の手引～子供たち一人一人の教育的ニーズを踏まえた学びの充実に向けて～

日本クリニクラウン協会 http://www.cliniclowns.jp/ (最終アクセス日：2022年2月12日)

ラッセル, D. ほか 近藤和泉・福田道隆(監訳) (2000). GFMF 粗大運動能力尺度――脳性麻痺児のための評価的尺度 医学書院

知念洋美(編) (2018). 言語聴覚士のための AAC 入門 協同医書出版社

東條惠 (2015). 脳性まひ(脳性疾患)の医学 安藤隆男・藤田継道(編著)よくわかる肢体不自由教育 (pp. 18-21) ミネルヴァ書房

参考文献

安藤隆男・藤田継道(編著) (2015). よくわかる肢体不自由教育 ミネルヴァ書房

連合大学院小児発達学研究科・森則夫・杉山登志郎 (2014). こころの科学神経発達障害のすべて 日本評論社

日本療育学会(編) (2019). 標準「病弱児の教育」テキスト ジアース教育新社

●第8章

引用文献

武居渡 (2010). 日本手話文法理解テスト実用版の開発 第4回ことばと教育研究助成事業研究成果論文集 公益財団法人博報児童教育振興会

武居渡・四日市章 (1999). 聾児の言語獲得に関する文献的考察――手話言語獲得の側面から 心身障害学研究, 23, 147-157.

テクノエイド協会 (2012). 聴覚障害児の日本語言語発達のために――ALADJIN のすすめ テクノエイド協会

米川明彦 (1984). 手話言語の記述的研究 明治書院

参考文献

日本聴覚医学会(編) (2009). 聴覚検査の実際 改訂3版 南山堂

大川原潔・香川邦生・瀬尾政雄・鈴木篤・千田耕基(編) (1999). 視力の弱い子どもの理解と支援 教育出版

全国盲学校長会(編著) (2018). 新訂版視覚障害教育入門 Q&A ジアース教育新社

●第9章

引用文献

国立障害者リハビリテーションセンター (2004). 高次脳機能障害支援事業モデル事業報告

中島恵子 (2009a). 理解できる高次脳機能障害 三輪書店

中島恵子 (2009b). 認知リハビリテーション 総合リハビリテーション, 37(1), 17-22.

中島恵子 (2012). みんなでわかる高次脳機能障害 生活を立て直す脳のリハビリ「注意障害編」 保育社

中島恵子 (2013a). 生活を立て直す脳のリハビリ「記憶障害編」 保育社

中島恵子 (2013b). 注意・遂行機能のリハ――グループ療法の効果 渡邊修(編) Medical Rehabilitation NO. 153 (pp. 31-38) 全日本病院出版会

中島恵子 (2016a). 神経心理学的検査の実際・3. WISC-Ⅳ 総合リハビリテーション, 44(3), 231-236.

中島恵子 (2016b). 神経心理学的検査の実際・4. WMS-R 総合リハビリテーション, 44(4), 321-324.

中島恵子 (2016c). 神経心理学的検査の実際・5. RBMT 総合リハビリテーション, 44(5), 407-410.

中島恵子 (2016d). 神経心理学的検査の実際・6. BADS 総合リハビリテーション, 44(6), 513-516.

中島恵子（2018）．高次脳機能障害のアセスメントと支援　本郷一夫・田爪宏二（編著）講座・臨床発達心理学　認知発達とその支援（pp. 224-239）　ミネルヴァ書房

Sohlberg, M.M., & Mateer, C.A. (2001). *COGNITIVE REHABILITATION: An Integrative Neuropsychological Approach.*（中島恵子（2012）．注意障害の管理，遂行機能障害の管理　尾関誠・上田幸彦（監訳）高次脳機能障害のための認知リハビリテーション──統合的な神経心理学的アプローチ（pp. 103-134, pp. 193-225）　協同医書出版社）

参考文献

中島恵子（2009）．理解できる高次脳機能障害　三輪書店

中島恵子（2013）．注意・遂行機能のリハ──グループ療法の効果　渡邊修（編）Medical Rehabilitation NO. 153（pp. 31-38）　全日本病院出版会

中島恵子（2012）．みんなでわかる高次脳機能障害　生活を立て直す脳のリハビリ「注意障害編」　保育社

●第10章

引用文献

American Psychiatric Association (2013). *Diagnostic and Statistical Manual of Mental Disorders: DSM-5.* American Psychiatric Association. 日本精神神経学会（監修）髙橋三郎・大野裕（監訳）（2014）．DSM-5 精神疾患の診断・統計マニュアル　医学書院

Bowlby, J. (1988). *A secure base.* New York: Basic Books.

Flores, P. J. (2004). *Addiction as an Attachment Disorder.*（小林桜児・板橋登子・西村康平（訳）（2019）．愛着障害としてのアディクション　日本評論社）

Herman, J. L. (1992). *Trauma and recovery: The aftermath of violence-from domestic abuse to political terror.* New York: Guilford Press.（中井久夫（訳）（1999）．心的外傷と回復［増補版］　みすず書房）

岩田泰秀（2014）．統合失調症スペクトラムおよび他の精神病性障害　森則夫・杉山登志郎・岩田泰秀（2014）．臨床家のためのDSM-5虎の巻（pp. 64-73）　日本評論社

Levy, T.M., & Orlans, M.O. (1998). *Attachment, Trauma, and Healing: Understanding and Treating Attachment Disorder in Children and Families.* Washington, DC.: CWLA Press.（リヴィー，T.M., &オーランズ，M.O. 藤岡孝志・ＡＴＨ研究会（訳）（2005）．愛着障害と修復的愛着療法──児童虐待への対応　ミネルヴァ書房

松本ちひろ（2019）．パーソナリティ障害　精神医学，**61**(3), 293-300.

小野善郎（監修）・和歌山大学教育学部附属特別支援学校性教育ワーキンググループ（代表　藤田絵理子）（編著）（2019）．児童青年の発達と「性」の問題への理解と支援──自分らしく生きるために　包括的支援モデルによる性教育の実践　福村出版

Prior, V., & Glaser, D. (2006). *Understanding Attachment and Attachment Disorders: Theory, Evidence and Practice.* The Royal College of Psychiatrists.（プライア，V., & グレイサー，D. 加藤和生（監訳）（2008）．愛着と愛着障害──理論と証拠にもとづいた理解・臨床・介入のためのガイドブック　北大路書房）

杉山登志郎（2019）．発達性トラウマ障害と複雑性ＰＴＳＤの治療　誠信書房

Van der Kolk, B. (2005). Developmental trauma disorder: Toward a rational diagnosis for children with complex trauma histories. *Psychiatric Annals, **35**(5), 401-408.

World Health Organization (WHO) (2003). *International Statistical Classification of Diseases and Related Health Problems.*（融道男・小見山実・大久保善朗・中根允文・岡崎祐士（訳）（2005）．ICD-10 精神および行動の障害──臨床記述と診断ガイドライン　医学書院）

World Health Organization (WHO) (2018). *International Statistical Classification, 11th Version.* The Global Standard for Diagnostic Health Information.（そのポイントについては，「精神医学」2019年，61巻3号　医学書院」を参照）

山口創（2019）．愛着の視点からの支援──身体心理学の立場から　米澤好史（編著）愛着関係の発達の理論と支援（pp. 13-22）　金子書房

米澤好史（2015）．「愛情の器」モデルに基づく愛着修復プログラム──発達障害・愛着障害　現場で正しくこどもを理解し，こどもに合った支援をする　福村出版

米澤好史（2018）．やさしくわかる！愛着障害──理解を深め，支援の基本を押さえる　ほんの森出版

米澤好史（編著）（2019a）．愛着関係の発達の理論と支援　金子書房

米澤好史（2019b）．事例でわかる！愛着障害　第2回　発達障害と愛着障害を見分けるポイントと愛着障害の3つのタイプ　月刊学校教育相談　5月号（pp. 64-69）　ほんの森出版

米澤好史（2019c）．愛着障害・愛着の問題を抱えるこどもをどう理解し，どう支援するか？──アセスメントと具体的支援のポイント51　福村出版

米澤好史（2020a）．「愛着障害」と発達障害の違い・見分け方と支援のあり方　月刊実践障害児教育　6月号（pp. 12-15）　学研教育みらい

米澤好史（2020b）．事例でわかる！愛着障害──現場で活かせる理論と支援を　ほんの森出版

参考文献

本郷一夫・金谷京子（編著）（2016）．臨床発達心理学の基礎（第2版）　ミネルヴァ書房

森則夫・杉山登志郎・岩田泰秀（2014）．臨床家のための DSM-5 虎の巻　日本評論社

米澤好史（編著）（2019）．愛着関係の発達の理論と支援　金子書房

●第 11 章

引用文献

Drotar, D., Baskiewicz, A., Irvin, N., et al. (1975). The Adaptation of Parents to the Birth of an Infant with a Congenital Malformation: A Hypothetical Model. *Pediatrics, 56*, 710-717.

稲葉正充・小椋たみ子・Rogers, C. ほか（1994）．障害児を育てる親のストレスについて　特殊教育学研究, 32, 11-21.

厚生労働省（2014）．今後の障害児支援の在り方について（報告書）～「発達支援」が必要な子どもの支援はどうあるべきか～？ https: //www. mhlw. go. jp/file/05-Shingikai-12201000-Shakaiengokyokushougaihokenfukushibu-Kikakuka/0000051490.pdf（最終アクセス日：2022 年 1 月 30 日）

桑田左絵・神尾陽子（2004）．発達障害児をもつ親の障害受容過程——文献的検討から　児童青年精神医学とその近接領域, 45(4), 325-343.

中田洋二郎（1995）．親の障害の認識と受容に関する考察——受容の段階説と慢性的悲哀　早稲田心理学年報, 27, 83-92.

西村辨作・原幸一（1996）．障害児のきょうだい達（1）　発達障害研究, 18(1), 56-67.

尾崎康子（2014）．自閉症スペクトラム障害の親支援にかかわる要因の探索的研究——間主観性, 愛着, 育児不安, 障害受容に焦点をあてて　相模女子大学紀要, 78, 63-74.

尾崎康子（2018a）．社会的コミュニケーション発達が気になる子の育て方がわかる ふれあいペアレントプログラム　ミネルヴァ書房

尾崎康子（2018b）．Ⅹ章 2 節 親への支援　尾崎康子ほか（編著）よくわかる障害児保育（第 2 版）ミネルヴァ書房

坂口美幸・別府哲（2007）．就学前の自閉症児をもつ母親のストレッサーの構造　特殊教育学研究, 45, 127-136.

吉川かおり（1993）．発達障害者のきょうだいの意識——親亡き後の発達障害者の生活と, きょうだいの抱える問題について　発達障害研究, 14, 253-263.

参考文献

日本発達心理学会（編）藤野博・東條吉邦（責任編集）（2018）．自閉スペクトラムの発達科学　新曜社

尾崎康子・三宅篤子（編著）（2016）．知っておきたい発達障害の療育　ミネルヴァ書房

●第 12 章

引用文献

阿部秀樹・加藤ひと美・佐善和江・渡辺由美（2013）．発達障害者のワークシステム・サポートプログラムにおける特性に応じた作業支援の検討（4）——疲労を軽減するための支援の取組　第 21 回職業リハビリテーション研究発表会論文集, 396-399. https://www.nivr.jeed.go.jp/vr/p8ocur00000088ez-att/vr21_essay23.pdf（最終アクセス日：2022 年 2 月 5 日）

阿部秀樹・加藤ひと美・佐善和江・渡辺由美（2016）．発達障害者の感覚特性の気づきの促進——ワークシステム・サポートプログラムにおける支援モデルの施行　第 24 回職業リハビリテーション研究・実践発表会　発表論文集, 180-181 https://www.nivr.jeed.go.jp/vr/p8ocur00000088h2-att/vr24_essay23.pdf（最終アクセス日：2022 年 2 月 5 日）

阿部秀樹・加藤ひと美・佐善和江・渡辺由美（2017）．発達障害者の「正確な指示内容の理解」のための支援の工夫——ワークシステム・サポートプログラムの事例から　第 25 回職業リハビリテーション研究・実践発表会　発表論文集, 208-209 https://www.nivr.jeed.go.jp/vr/p8ocur00000088hr-att/vr25_essay23.pdf（最終アクセス日：2022 年 2 月 5 日）

厚生労働省　合理的配慮指針事例集（第三版）https://www.mhlw.go.jp/tenji/dl/file13-05.pdf（最終アクセス日：2022 年 2 月 5 日）

厚生労働省（2018）．障害者雇用のご案内～共に働くを当たり前に～　https://www.mhlw.go.jp/file/06-Seisakujouhou-11600000-Shokugyouanteikyoku/0000201963.pdf（最終アクセス日：2022 年 2 月 5 日）

厚生労働省（2020）．平成 30 年度工賃（賃金）の実績について　https://www.mhlw.go.jp/content/12200000/000571834.pdf（最終アクセス日：2022 年 2 月 5 日）

厚生労働省（2021）．令和 2 年　障害者雇用状況の集計結果　https://www.mhlw.go.jp/content/000747751.pdf（最終アクセス日：2022 年 2 月 5 日）

厚生労働統計協会（2018）．国民の福祉と介護の動向 2018/2019

障害者雇用事例リファレンスサービス　独立行政法人高齢・障害・求職者雇用支援機構　https://www.ref.jeed.go.jp/（最終アクセス日：2022 年 2 月 5 日）

障害者職業総合センター（2000）．「学習障害」を主訴とする者の就労支援の課題に関する研究（その 1）——職業リハビリテーションの支援を利用した事例に基づく検討　障害者職業総合センター調査研究報告書 No. 38 https://www.nivr.jeed.go.jp/research/report/houkoku/p8ocur0000000u6f-att/houkoku38.pdf（最終アクセス日：2022 年 2 月 5 日）

障害者職業総合センター職業センター（2016）．発達障害者のワークシステム・サポートプログラム　ナビゲーションブックの作成と活用　障害者職業総合センター職業センター支援マニュアル No. 13　https://www.nivr.jeed.go.jp/

center/report/p8ocur00000001o1-att/support13.pdf（最終アクセス日：2022 年 2 月 5 日）

参考文献

佐々木正美・梅永雄二（監修）（2009）．こころライブラリーイラスト版　アスペルガー症候群就労支援編　講談社

障害者職業総合センター職業センター（2015）．発達障害者に対する雇用継続支援の取組み——在職者のための情報整理シートの開発　障害者職業総合センター職業センター実践報告書 No. 27　https://www.nivr.jeed.go.jp/center/report/p8ocur0000000283-att/practice27.pdf（最終アクセス日：2022 年 2 月 5 日）

梅永雄二（2012）．発達障害者の雇用支援ノート　金剛出版

●第 13 章

引用文献

厚生労働省（2016）．「障害者の住まいの場の確保に関する施策について」厚生労働省障害保健福祉部障害福祉課

厚生労働省（2018a）．「平成 28 年生活のしづらさなどに関する調査：全国在宅障害児・者等実態調査」厚生労働省社会・援護局障害保健福祉部

厚生労働省（2018b）．「ホームレスの実態に関する全国調査」厚生労働省社会・援護局地域福祉課

厚生労働省（2019）．令和元年度「高齢者虐待の防止，高齢者の養護者に対する支援等に関する法律」に基づく対応状況等に関する調査結果

厚生労働省（2021）．「障害者総合支援法の対象疾病（難病等）の見直しについて」

内閣府（2017）．平成 29 年版高齢社会白書（概要版）

内閣府（2018）．障害者白書　平成 30 年版

認知症フォーラム.com　https://www.ninchisho-forum.com/knowledge/kaigo/007.html（最終アクセス日：2020 年 1 月 30 日）

認知症サポーターキャラバン　www.caravanmate.com（最終アクセス日：2020 年 1 月 30 日）

東京都福祉保健局　ヘルプマーク　https://www.fukushihoken.metro.tokyo.lg.jp/helpmarkforcompany（最終アクセス日：2020 年 1 月 30 日）

参考文献

藤田孝典（2019）．中高年ひきこもり——社会問題を背負わされた人たち　扶桑社新書

長谷川和夫（2019）．ボクはやっと認知症のことがわかった　KADOKAWA

結城康博・嘉山隆司（2010）．高齢者は暮らしていけない——現場からの報告　岩波書店

このページでは，「考えてみよう」の回答例や回答するためのヒントを示しています。
自分で考える際の参考にしましょう。

■ 第 1 章 （10 ページ）

（回答のためのヒント）ICF モデルは「医学モデル」と「社会モデル」とを総合した「統合モデル」です。ICF モデルのなかの各因子をキーワードとして，医学モデル，社会モデルについて考えてみよう。

　医学モデルでは，医学モデルでは，障害を個人の問題としてとらえ，「心身機能」によって，「活動」も「参加」も決まってしまうかのように，「心身機能」「および「健康状態（病気など）」を過大視しがちであるのに対し，社会モデルでは障害を個人の特性ではなく，主として社会によって作られた問題とみなし，社会的な「参加」と「環境因子」を過大視する傾向がある（大川，2006）。障害の医学的な状態を正しく把握することで，治療やリハビリテーションに何が必要かがわかる。また社会モデルからは，障害理解や人権意識，施設設備，支援機器の整備などのような社会変革に何が必要かがみえてくる。

■ 第 2 章 （22 ページ）

（回答のためのヒント）保育の場における発達アセスメントとしては，保育者からの聞き取りと行動観察の 2 つが中心となる。保育者からの聞き取りでは，衝動的な行動や他児とのトラブルが起こりやすい場面やその原因について尋ね，整理することが必要となる。また，「気になる」子どもの行動チェックリスト（本郷，2010）や社会性発達チェックリスト（本郷，2018）などを利用して，日常の子どもの様子を保育者にチェックしてもらうこともできる。

　行動観察では，日常の生活をそのまま観察するだけでなく，ルール遊び場面など子どもの特徴があらわれやすい場面を設定して観察することも有効である。なお，必要に応じて児童票などに記されている子どもの成長記録を参考にするとよい。

■ 第 3 章 （34 ページ）

（回答のためのヒント）

1. 知的障害の程度によっては実施困難な心理検査もあることから，知的発達の程度を十分に考慮したうえで，テストバッテリーを組む必要がある。そのために，検査前の行動観察や聞き取りなどからおよその発達の状態像を把握しておくことが求められる。また，新奇な場面を苦手とする場合なども多いため，検査場面への適応，ラポール形成に十分に配慮したうえで実施していく必要がある。

2. 難しい課題であり，その人の状況によっても解決策は異なると想定され，一概に結論づけられる内容ではない。しかし，知的障害の人が，自分自身の障害に気づき悩んでいること

も少なくはない。まずは，その人の悩みが，自分自身の障害そのものなのか，あるいは，社会や他者との関係（例；誤解や偏見など）から悩んでいるのか，など悩みの原因について分析していく必要がある。そして，その悩みに寄り添い，解決に向けた支援を検討していくことが望まれる。周囲の適切な理解を支援すること，あるいは本人の誤解などを適切な考えに導くなど解決に向けて取り組んでいくことになる。

■第4章（46ページ）
（回答のためのヒント）2. 自閉スペクトラム症の人は，不安症やうつ病，強迫性障害，注意欠如・多動症，反抗挑戦症，チック障害，てんかん発作，睡眠障害などを併発する頻度が高いことが知られている（傳田，2017）。不安症においては社会不安症や全般的不安障害がよくみられること，うつ病においては子どもよりも成人においてよくみられることも知られている（Lai, Lombardo, & Baron-Cohen, 2014）。

■第5章（58ページ）
（回答のためのヒント）本人が経験している困難の実態を整理し，その状況の背景となる要因（認知や情動面などの特徴といった個人内の要因や，家族や仲間との関係といった環境的要因）を考え，対応づける。本人の思いを丁寧に受け止めながら，各要因に関連した支援の方策を仮説化する。特に発声・発語領域の困難については，言語聴覚士（ST）との連携を図る。また，コミュニケーション障害は対人的関係への影響が大きいことから，本人と家族，仲間などとの関係性の改善に向けた環境調整を行う。

■第6章（70ページ）
（回答のためのヒント）学習障害は医学診断で指す定義と教育界の定義の2つが存在する。限局性学習症（SLD）は医学診断名であり，教育界でのいわゆる学習障害にはSLDに含まれないさまざまな要因の結果で学習面の躓きを示した可能性があることを考慮しておく。

　環境調整はすべての発達障害児者に対する支援の第一歩であることを踏まえておく。よく余計な刺激を取り除いておくことだけが環境調整と思われがちであるが，働きかけの難易度や配分的注意への負荷の軽減など，個々の状態に応じてさまざまな側面に留意してオーダーメイドで環境調整を行う。

（回答のためのヒント）

1．肢体不自由という四肢の運動に関する困難だけではなく，そのことに付随する経験や誤学習によっても困難は生ずる。

2．長期にわたる入院や治療による心理的な困難と，長期の入院生活によっても生ずる発達や学習に関する困難がある。

■ **第8章**（94 ページ）

（回答のためのヒント）眼鏡をかけている人はたくさんいますが，補聴器をしている人はそれに比べると少ないかもしれない。眼鏡をかけている人は多くいますが，眼鏡をかけた瞬間，見える世界を瞬時に取り戻すことができる。一方，補聴器は，聞きたい音だけでなく雑音まで大きくしてしまい，補聴器を通して聞こえる音は聞こえる人の聞こえとは大きく異なる。また，弱視の人は眼鏡をかけても見える世界を取り戻せるわけではないので，そこは補聴器をしている聴覚障害のある人と同じかもしれない。

　点字は，基本的には日本語の文字の1つであり，文法や語彙は日本語と同じである。それに対して，手話は独自の語彙と文法体系を有した日本語とは異なる言語である。点字と手話についてはさまざまな本や解説書が出ていますので調べてみよう。

■ **第9章**（106 ページ）

（回答のためのヒント）自分の注意が低下していることに気づくためには，注意を向けることが必要になる。認知リハビリテーションにより自分の注意力が弱くなっていることに気づいてもらい，反復訓練（例，APT；Attention Process Training）を実施し注意機能の回復にもつなげる。

■ **第10章**（118 ページ）

（回答のためのヒント）ASD と愛着障害を併せもっていて，反抗挑戦性障害（DSM-5；反抗挑戦症）を示すこどもには，どのような特徴がみられ，どんな支援が必要だろうか？

■ **第11章**（129 ページ）

（回答のためのヒント）自分と親との関係，自分が大切にされていないという思い，障害児をケアする負担，将来障害児の面倒をみることへの負担や心配などを具体的にあげて，それに対してきょうだいがどのように困っているかを考えてみる。

■第12章 （144ページ）

（回答のためのヒント）厚生労働省の示した合理的配慮指針事例集（第三版）では，具体的な配慮事例が示されており，「障害類型別」及び「募集及び採用時，採用後」の分類で示されている。

　ヒントとして，次のような観点があげられる。

・障害の特性に対する配慮（視覚障害，聴覚・言語障害，肢体不自由，知的障害等）

・体調面への配慮（出退勤時刻・休憩・休暇，通院等）

・相談体制（担当者，相談方法等）

・他の労働者への説明（障害の内容や配慮等）

・関連機関との連携

■第13章 （158ページ）

（回答のためのヒント）

1．たとえば恋愛で，本人は障害を気にして自分らしさを表現できない，相手は障害に注目して偏った見方をしてしまうと，どのような課題が生じるだろうか？

2．介護保険サービスは要介護度によって利用制限があるが，施設サービス，居宅サービス，地域密着型サービスなど多様で，組み合わせてその人らしい生活を継続できる。事例と照らし合わせてみると，わかりやすいかもしれない。

索引

執筆者紹介（執筆順）

涌井　　恵　（わくい・めぐみ，白百合女子大学人間総合学部准教授）第 1 章

本郷一夫　（ほんごう・かずお，東北大学名誉教授）編著者まえがき，第 2 章

小島道生　（こじま・みちお，筑波大学人間系准教授）第 3 章

平野幹雄　（ひらの・みきお，東北学院大学教養学部教授）第 4 章

大伴　　潔　（おおとも・きよし，東京学芸大学特別支援教育・
　　　　　　　教育臨床サポートセンター教授）第 5 章

川﨑聡大　（かわさき・あきひろ，東北大学大学院教育学研究科准教授）第 6 章

渡邉流理也　（わたなべ・るりや，新潟大学教育学部准教授）第 7 章

武居　　渡　（たけい・わたる，金沢大学人間社会研究域学校教育系教授）第 8 章

中島恵子　（なかしま・けいこ，京都文教大学臨床心理学部教授）第 9 章

米澤好史　（よねざわ・よしふみ，和歌山大学教育学部教授）第 10 章

尾崎康子　（おざき・やすこ，東京経営短期大学こども教育学科教授）第 11 章

阿部秀樹　（あべ・ひでき，NPO 法人はらから生活支援員）第 12 章

野﨑瑞樹　（のざき・みずき，東北文化学園大学医療福祉学部教授）第 13 章

監修者

下山晴彦（しもやま・はるひこ，跡見学園女子大学心理学部教授）

佐藤隆夫（さとう・たかお，人間環境大学人間環境学部教授）

本郷一夫（ほんごう・かずお，東北大学名誉教授）

編著者

本郷一夫（ほんごう・かずお）

東北大学大学院教育学研究科博士後期課程単位修得退学，博士（教育学）
現在：東北大学名誉教授，AFL 発達支援研究所代表
主著：『認知発達とその支援』（共編著）ミネルヴァ書房，2018 年
　　　『実践研究の理論と方法』（編著・監修）金子書房，2018 年

大伴　潔（おおとも・きよし）

ワシントン大学博士課程修了　Ph.D.（言語聴覚学）
現在：東京学芸大学特別支援教育・教育臨床サポートセンター教授
主著：『言語・コミュニケーション発達の理解と支援
　　　──LC スケールを活用したアプローチ』（編著）学苑社，2019 年
　　　『アセスメントにもとづく学齢期の言語発達支援
　　　──LCSA を活用した指導の展開』（編著）学苑社，2018 年

公認心理師スタンダードテキストシリーズ⑬
障害者・障害児心理学

2022 年 4 月 30 日　初版第 1 刷発行　　　　　〈検印省略〉

定価はカバーに
表示しています

監 修 者	下　山	晴	彦
	佐　藤	隆	夫
	本　郷	一	夫
編 著 者	本　郷	一	夫
	大　伴		潔
発 行 者	杉　田	啓	三
印 刷 者	坂　本	喜	杏

発行所　株式会社　ミネルヴァ書房
607-8494　京都市山科区日ノ岡堤谷町 1
電話代表 (075) 581 - 5191
振替口座 01020 - 0 - 8076

Ⓒ 本郷・大伴ほか, 2022　冨山房インターナショナル・新生製本

ISBN 978-4-623-08623-8

Printed in Japan

公認心理師スタンダードテキストシリーズ

下山晴彦・佐藤隆夫・本郷一夫　監修

全23巻

B5判／美装カバー／各巻200頁程度／各巻予価2400円（税別）

<table>
<tr><td>❶ 公認心理師の職責
下山晴彦・慶野遥香 編著</td><td>⓭ 障害者・障害児心理学
本郷一夫・大伴　潔 編著</td></tr>
<tr><td>② 心理学概論
サトウタツヤ・佐藤隆夫 編著</td><td>⑭ 心理的アセスメント
本郷一夫・吉田沙蘭 編著</td></tr>
<tr><td>❸ 臨床心理学概論
下山晴彦・石丸径一郎 編著</td><td>⑮ 心理学的支援法
下山晴彦・森田慎一郎 編著</td></tr>
<tr><td>❹ 心理学研究法
三浦麻子・小島康生・平井　啓 編著</td><td>⑯ 健康・医療心理学
鈴木伸一 編著</td></tr>
<tr><td>⑤ 心理学統計法
星野崇宏・岡田謙介 編著</td><td>⓱ 福祉心理学
渡部純夫・本郷一夫 編著</td></tr>
<tr><td>⑥ 心理学実験
高橋康介・山田祐樹 編著</td><td>⓲ 教育・学校心理学
小野瀬雅人 編著</td></tr>
<tr><td>⑦ 知覚・認知心理学
佐藤隆夫・河原純一郎 編著</td><td>⑲ 司法・犯罪心理学
原田隆之 編著</td></tr>
<tr><td>⑧ 学習・言語心理学</td><td>⑳ 産業・組織心理学
島津明人 編著</td></tr>
<tr><td>⑨ 感情・人格心理学
内山伊知郎 編著</td><td>㉑ 人体の構造と機能及び疾病
熊野宏昭 編著</td></tr>
<tr><td>⑩ 神経・生理心理学
望月　聡・宮川　剛 編著</td><td>㉒ 精神疾患とその治療
滝沢　龍 編著</td></tr>
<tr><td>⑪ 社会・集団・家族心理学
北村英哉 編著</td><td>㉓ 関係行政論
伊藤直文・岡田裕子・下山晴彦 編著</td></tr>
<tr><td>⓬ 発達心理学
林　創 編著</td><td>※黒丸数字は既刊</td></tr>
</table>

――――――――― ミネルヴァ書房 ―――――――――

https://www.minervashobo.co.jp/